經義考新校

三

卷三四～卷六一

易

［清］朱彝尊 撰

林慶彰 蔣秋華 楊晋龍 馮曉庭 主编

上海古籍出版社

經義考卷三十四

易三十三

高氏元之**易解**

一卷。

佚。

寧波府志：「高元之，字端叔，鄞人。受易、春秋於程迥，五上禮部，不第。嘗集春秋説三百家，號義宗，凡百五十卷。易、詩、論語解各一卷，人號萬竹先生。」

錢氏佃**易解**

三十卷。

佚。

姑蘇志：「佃，字仲耕，常熟人。以進士爲分水尉，歷吏部郎中，權吏、兵、工三部侍郎，後爲江西路轉運副使，官至中奉大夫秘閣修撰，有易解三十卷。」

佚。

胡氏謙易說、易林

魏了翁序曰：「易之書，自秦、漢以來，何啻數千家？四明胡牧之又爲之科别圖指，參稽文義，稡說成編，尚慮所見未廣，則裹糧千里，介余友袁廣微將就正於余。甚矣牧之之嗜學也，而余非其人也。牧之謂文王重卦，雖不爲無據，而余以爲是自伏羲以卦變，皆自乾、坤，雖本諸先儒，余謂其於六畫卦之義有所未盡。牧之於先天之易咸無取焉，而余謂繫辭之說爲先天而發者非一。牧之於中爻、互體、象數、占筮說或未有取，余謂此惡可盡廢？不然，則易中如觀山、困紱、壯羊、屯馬，此類甚廣，謀□①取象，此其不同之大略若此②。至於要言精義，不能妙合者，則又未能以殫舉，方將與之切問而研講焉。牧之倦于役，願得一言以歸。余謂：『古之學道者，雖分古今、越宇宙，而義理之會若合符節，今牧之於余，乃有未可強同者，固亦足以交警互發，抑必有一是非於此者矣。聖人之道，如置樽③衢中，取之不禁，隨其

① 「□」，文津閣四庫本作「及」，備要本作「義」。

② 「此」，文津閣四庫本誤作「比」。

③ 「樽」，備要本誤作「撙」。

淺深高下，皆足以有得，寧可限以一律？然而盈宇宙間，莫非太極流行之妙，而人物得之，以各正性命，則易固我之所自出，無須臾可離者也。學易者要在內反諸心，精體實踐，近之則遷善遠罪之歸，充之而至於位天地、立生民、命萬物，皆分之所得爲者。蓋不敢惟文字故訓之泥，以自绝於道，自薄其身，況皆資之以羔雉乎？邵子曰：『先天學，心法也，萬化萬物，生於心也。』每味其言，先儒之所謂學者蓋如此，故更願牧之歸而求之，而余亦以是自警焉。」

寧波府志：「胡謙，字牧之，奉化人。師事袁燮，傳陸象山之學，著易說、易林。」

司馬氏子已**先後天圖**

佚。

魏了翁跋曰：「涑水司馬叔原覃思義理之學，自羲、文、周、孔之易，河圖、洛書之數，陰陽動静之義，日月遲速之度，以及周、程、張、邵、朱、張子之書，旁觀歷覽，爲圖爲書，時賢皆有題識。又欲求一言於余，余遷靖未返，不得與叔原共學，姑識數者之疑於末。且先天圖自魏伯陽參同、陳圖南爻象卦數，始略見此意，至邵堯夫而後大明。千數百年間，不知此圖安所托①，而圖南始得，此亦已奇矣，而諸儒無稱焉。數往者順，謂震、離、兑、乾；知來者逆，謂巽、坎、艮、坤，皆以左旋言之。今叔原以爲自乾至震、自坤至巽，此必有所據。朱文公以十爲河圖，九爲洛書，引邵子說辨析甚精，叔原從之。而邵子不過

①「托」，四庫薈要本、文津閣四庫本俱作「託」。

曰：『圓者，河圖之數，方者，洛書之文。』且戴九履一之圖，其象圓；五行生成之圖，其象方，是九圓而十方也，安知邵子不以九爲圖、十爲書乎？故朱子雖力攻劉氏，而猶曰：『易、範之數，誠相表裏，爲可疑耳。』又曰：『安知圖之不爲書，書之不爲圖？』則朱子尚有疑於此也。近世朱子發、張文饒精通邵學，而皆以九爲圖、十爲書，朱以列子爲證，張以邵子爲主。余嘗以乾鑿度及張平子傳所載太乙下行九宫法考之，即所謂戴九履一者，則是圖相傳已久，安知非河圖耶？靖士蔣得之云：『當以先天圖爲河圖，生成數爲洛書。』亦是一説。叔原謂日月亦左旋，此張説朱意也。第日起北陸，春西陸，夏南陸，秋東陸，而冬返乎北陸，則爲右乎？左乎？謂日速月遲，讀書窮理，正欲其自得，況叔原所引『見處一分虧』之詩，即予少作也。吾儕所見，本不相遠，第以曆家細算分數言之，則月行十三度餘者，特約法耳。其實則一日至四，二十四至晦，行十四度餘；五日至八，二十至二十三，行十三度餘；惟自九日至十九，僅行十二度餘，此猶二至之晷刻稍遲，不爲無理。而叔原反疑之，獨取望日爲證，則望日正行遲之日也，況本乎陽者常舒遲，本乎陰者常急促，若日遲而月速，大者舒而小者促，此即陰陽自然之分也。叔原之圖精且密矣，盍更以是審思之。日食如甲乙，如辛卯，日與辰相克爲異，尤不經。康成雖有是説，然春秋壬午日食，亦日與辰相克也，而左氏不謂災，又何邪？叔原謂分星起於漢、唐，謂漢則已後，謂唐則滋邈，豈以左氏内、外傳與周禮爲不可信邪？是三書亦有可疑，而分次之説相傳已久，獨星不依方，而以受封之日爲始，此傳注之可疑，而未有説以破之爾。大抵叔原之説，十得六七，予方斂衽之不暇，尚有未能釋然者，姑摘一二以備審訂，他時道夔以如邛，叔原必有以復於予也。」

姓譜：「司馬子巳，温公七世孫，寓居戎州，不事科舉，召補嘉定州司户參軍。」

柳氏申錫**三易圖説**

十卷。

佚。

魏了翁曰：「潼川柳申錫彦養於先天、太極諸書，自一歲一月一日一身，皆有圖説。至於九疇會極，中央立極，中星合極，復分畫而附益之。又作三易圖説十卷，以探羲、文、孔氏之秘，而上、下經六十四卦，卦爲二圖，以釋其義。申錫身既隱矣，明既喪矣，非以釣名干澤也。自陰陽五行、星曆氣候，反覆參驗，以求諸心，凡以自明爾矣。」

按：潼川柳氏著三易圖説，本鶴山同時人。淩氏萬姓統譜乃去其姓爲申氏，且以爲明代人，謬戾如此，可發一噱也。

楊氏泰之**大易要言**

二十卷。

佚。

易類

五卷。

佚。

魏了翁誌墓曰：「公諱泰之，叔正其字，眉之青神人，官大理少卿，直寶謨閣。所著有論語解，春秋列國事目，公羊、穀梁類，易類，詩類，詩名物編，論、孟類，又集諸儒易解爲大易要言二十卷，皆手自編綴也。」

任氏直翁**易心學**

佚。

魏了翁曰：「知眉州任侯直翁，著易心學。太極兩儀之説，惟朱文公初畫爲儀、再畫爲象之説，足以一洗傳注之陋，然其爲圖，每一畫也，已而分而①爲二，而後更加一畫。此圖自中而生，遂一而分爲陰，而八卦具，比朱圖似徑便。」

林氏叔清**古易**

佚。

魏了翁跋曰：「易之爲書，廣大悉備，知仁隨見，小大由識，各適所求。至近世周、程、邵、張子之後，諸儒輩出，易道幾無餘藴矣。三山林君又爲周易古經解，依上、下部敘，以六十四卦、三百八十四

① 「而」字，文津閣四庫本脱漏。

爻，臚分彪析，而證以古今善惡是非之事。此非積歲累月不能爲，或曰：『審爾則易之書四百五十事而已乎？』曰：『不然也，林君之爲是也，亦不過約爲之説，以自識其知仁之見云爾，非斷斷然以是爲不可易也。』程正公易傳晚而後出，猶以迫於門人再三之請，且自謂僅得七分，然則林君尚勉之哉。」

虞氏剛簡**易説**

佚。

姓譜：「剛簡，允文之孫，講學於蜀東門外，著易、書、論語説以發明其義，蜀人師之。」

魏了翁誌曰：「剛簡，字仲易，一字子韶，夔州路提點刑獄，兼提舉常平，改利州路，主管沖祐觀，積官至朝請大夫。公築室成都之合江，以成雍公卜居未遂之志，曰滄江書院。沉潛六經，於易尤爲精詣，以周、程、朱子遺言與邵子先天書、漢上朱氏之説參貫融會，隨文申義，閱十有六年書成。大抵賾諸陰陽五行之奥，必約諸躬行日用之近，讀者玩辭觀變，則有所據依以遷善遠過。又有論語解、詩説，皆未及編次。」

徐氏相**周易直説**

佚。

趙與峕序曰：「幼侍先伯氏殿撰受易於鄉先生徐公之門，先生不鄙其愚，集諸家之長，著爲直説一編，授與峕兄弟。且謂：『此爲初學設，非曰盡在是也。』佩服師説，早夜究心，不敢自謂有得，然發蒙開覆，實昉自兹。先生命與才仇，卒老於儒，幸有是書，可惠後學，詎容使之無傳也哉？曩伯氏守嘉禾，嘗欲鋟梓而未果。與岦繼領郡紱，簿書之暇，亟取是書而公之，不惟不失伯氏之志，而先生之學，亦於是乎傳矣。先生諱相，字子材，婺之蘭谿人。」

趙氏共父**古易補音**

佚。

樓鑰跋曰：「小學之廢久矣，陸氏經典釋文可謂詳盡，近世讀書，或至苟簡，率意誦習，字有不識者，始加閱視，有訛謬，終身不自覺知，而況補音乎？吴氏好古博洽，始作詩補音，雖不能變儒生之習，而讀之者始知詩無不韻，韻無不叶，袪所未悟，有功於古詩多矣。吾友趙共父又取其説，以補古易之音，用意甚勤，遠以示余，閱之不去手。某老矣！愧不能盡力也。噫！凡將、爰歷等書，今不復見，惟許叔重説文解字爲小學之本，顔黄門家訓稱其檢以六文，貫以部分，櫽括有條，析根窮源，集韻雖博贍，於倣古則未可全據。共父今本之吴氏，多以集韻爲證，更當以説文解字定之，可傳無窮。吴氏之書，不知者以爲苟然而已，共父祖其餘論，某又喋喋及此，皆謂之癖可也。雖然，當自有好之者。」

鄭氏汝諧**易翼傳**

宋志：「二卷。」

存。

〔校記〕

四庫著録作東谷易翼傳，亦二卷。（易，頁一一）

汝諧自序曰：「古今傳易者多矣，至河南程氏始屏諸家艱深之説，而析之以明白簡易之理，一時學者知所師承，如瞽者之明，如聵者之聽，如倀倀於冥涂者識其所趨，猗與盛哉。汝諧伏讀其書，而遡其所得者，曰：『體用一源①，顯微無間也。』學者不得此理，而謂得三聖之心，皆妄也。何者？易，精微之書也。然聖人所以仁天下來世者，欲其皆可知、皆可從，至其精微者，則存乎人②之自得爾，非以③其艱深者而眩其入也。世之傳易者，實不得乎精微之旨，慮其凡近之易忽也，乃委之於象數儻怳④之中，而立於不可詰知之地，援怪以爲艱，指迂以爲深，幸其一説之合，則其所不合者，挽而傅致之。學者駭其然而求其入也，疲心刓精，以志於得，既得之，於道無補也，於聖人仁天下之心無與也。蓋舉體而遺用，則非體，狥微而廢顯，則非微，汝諧每念聖人之經得程氏而始昭昭於天下，不敢以他説亂之，慮其雜⑤也，不敢以已見先之，慮其偏也。信之篤，故其思深，思之深，故或因程氏而有得者。夫信之足矣，因之而有得，何也？誠然之理，取則於吾心，心之所安者信之，其所未安者疑之，疑斯辨，辨斯明矣。謂其爲

① 「源」，文津閣四庫本作「原」。

② 「人」，文津閣四庫本作「吾」。

③ 「以」字，文津閣四庫本脱漏。

④ 「儻怳」，依補正應作「儻怳」。

⑤ 「雜」，文津閣四庫本作「心」。

程氏，而亦信其所未安者，命之曰欺，非心學也。乃以程氏之説疏於經之左，程氏有所未及與及之而未明，凡可傳以己意者①，則題以爲翼傳。私竊識之，非敢並駕其説也。其在睽曰：『君子以同而異，同異之相形也，猶水火之相滅而相成也，同而不異，則喪其所以爲同矣。』此書非立異於程氏也，秪以爲同也。」

又曰：「余始作翼傳，以程氏之説繫於經之下，而以翼傳繫於程氏之下，部帙太繁，今於諸卦盡用程氏傳者，題曰『從程氏』，其附以翼傳者，曰『餘從程氏』，所以尊河南之學，而示無去取之義也。」

〔補正〕

自序内「戃怳」，「戃」字訛「儻」，應改正。（卷二，頁四）

陳振孫曰：「翼云者，所以爲程傳之輔也。大抵以程傳爲主，而附以己見之異，然汝諧立朝，多爲善類所不可，至互相排擊，仕至吏部侍郎。」

鄭如岡跋曰：「河南先生序易傳曰：『予所傳者，辭也，由辭以得意，則在乎人焉。』此易翼傳之所以作也。先君玩大易之理，誦易傳之辭，研精覃思，凡數十年而後就，如岡以廣其傳爲請，先君以爲程子續道統於千載之後，成書既久，莫得傳授，自謂精力未衰，尚冀少進。其後寢疾，始以授尹焞、張繹。先覺猶不敢自足，矧後學耶？歲在壬辰，如岡②持節閩嶠，以稿本求是正於西山真公貳卿，且論敘於篇

① 「凡可傳以己意者」，文津閣四庫本作「凡可以傳己意者」。
② 「如岡」，備要本誤作「如門」。

首。公雄文大册，焜燿斯世，不斬淵源之論，爲之發揮所得，不既多乎？已而謂如岡曰：『先君子没已久矣，精力已畢見於此書矣，詎可不使流布以示學者？』如岡拜手而謝曰：『謹受教。』是歲仲夏刻於漕司之澄清堂。」

鄭陶孫跋曰：「後六十年，陶孫勸學七閩，訪澄清堂板，已罹兵燬。又十有六年，陶孫由詞垣勸學江左，年踰學易，愚未聞道，無所肖似，缺焉私淑。會廬陵學官來徵遺書，謹取家藏本授之，能刻梓以與程、楊兩先生參①，亦斯文之一幸也。惟曾大考歷事四朝，紹興得謝後，屢召不起，與誠齋同被褒異，出處同，則其著書亦同於翼經而已。其於誠齋不能無異同者，亦猶於伊川不能無異同也。善讀者諒能因其同而觀其所以異，因其異而究其所以同者焉。西山先生不云乎：『其不同也，乃所以相發也。』」

胡一桂曰：「汝諧，字舜舉，翼傳二卷，蓋謂孔子翼文王之經，此則翼伊川之傳。」

浙江通志：「汝諧，處州人。中教官科，遷知信州，召爲考功郎，累階勳猷閣待制。」

傅氏子雲易傳

佚。

黄震曰：「傅琴山子雲以屢舉推恩，嘗爲西甌縣主簿，其徒貴溪葉夢得知撫州日，嘗刻其文於郡齋，然世未有傳其書者也。琴山稱象山赴荊門軍，付以講席。又嘗作易、詩、論語解，孟子指義，中庸、

① 「參」，四庫薈要本、文津閣四庫本俱誤作「此」。

大學解，河圖、洛書釋義，離騷經解①，揲蓍説，且欲剖判象山②及朱晦翁之説，其自任亦果矣。第其人雖博學多聞，好爲議論，而辭煩理寡，終無發明，雖呶呶數萬言，攻排佛學，以解外人謂其師談禪之譏，亦不過襲不耕不蠶等陳言，以雜置汎濫浮辭中爾。」

江西通志：「傅子雲，字季魯，金谿人。甌寧主簿，決訟必傅以經義，陸象山稱爲天下英才。」

湯氏建**周易筮傳**

佚。

胡一桂曰：「建，字達可，號藝堂先生，温州樂清人，交於楊慈湖。門人知惠州趙汝馭作序，淳祐四年刊於郡齋。」

林氏萬頃**易解**

佚。

閩書：「林萬頃，字叔度，福清人。作易解，陳藻不善也。其解『同聲相應』章，曰：『蠶絲吐而商絃絶，銅山崩而洛鐘應，其聲同也。磁石引鍼，琥珀拾芥，其氣同也。氣同聲異，天壤咫尺，聲同氣異，咫

①「離騷經解」，文淵閣四庫本脱漏作「離經解」。
②「象山」，備要本誤作「象揲」。

尺天壤。平地而水濕者先濡，水上而下也；抱薪而火燥者先燃，火下而上也；龍興而雲從，雲自下而上應者也。虎嘯而風號，風自上而下應者也。水火燥濕，無情而應有情；雲龍風虎，有情而應無情者也。』藻見之，曰：『當北面矣。』」

張氏孝直**周易口義**

佚。

姓譜：「孝直，字英甫，臨川人，受學象山之門。有易、書、詩、語、孟、中庸口義五十餘篇，心所未安，雖伊、洛諸儒議論，亦不苟同。」

申氏孝友**易説**

佚。

按：孝友易説，丁氏大衍索隱引之。孝友又嘗著西南會要，見王象之輿地碑目。

劉氏彌邵**易稿**

佚。

劉克莊序曰：「易學有二，數也，理也。漢儒如京房、費直諸人，皆舍章句而談陰陽災異，往往揆之前聖而不合，推之當世而少驗。至王輔嗣出，始研尋經旨，一掃漢學，然其弊流而爲玄虛矣。本朝數學有華山陳氏、河南邵氏，今邵氏之書雖存，通者極少。理學有伊川程氏、新安朱氏，舉世誦習，衆説幾廢。余嘗謂程、邵同時，不相折衷，曰傳，曰皇極經世圖譜，遂刊爲二書而不可合。天下豈有難通之書？亦豈有理外之數哉？噫！易更三聖，説易者非一家，程氏排臨川之學者，及教人讀易，必先輔嗣、介甫。朱氏尊伊川之言者，至本義則多程氏所未發。議論以難疑問答而詳，義理以講貫切磋而精，此季父易稿之所爲作也。初余爲建陽令，季父訪余縣齋，因質易疑於蔡隱君伯静，後二十餘年而書成。大抵由程、朱以求周、孔，由周、孔以求羲、文，其篤守師説，雖譙天授、袁道潔無以加。視世之高談先天，徑造微妙者，彼虚而此實矣。季父名彌邵，字壽翁，中歲棄科舉，閉門著書，動必由禮，行義爲鄉先生。家貧，入於學，晚舍去，併學俸卻之。太守眉山楊侯棟、郡博士括蒼俞君來即學，爲堂，示舍蓋之意，季父僅一至焉。後楊侯使本道，又論薦於朝，不報，卒年八十二。俞君乃取昔所卻俸，爲刊易稿，而授簡其猶子克莊序之。」

趙氏善湘**周易説約**

八卷。

周易或問

四卷。

周易續問

八卷。

周易指問①

四卷。

〔補正〕

案：指問，宋史及續通攷皆作指要。（卷二，頁四）

學易補過

六卷。

俱佚。

宋史：「趙善湘，字清臣，濮安懿王五世孫。江淮安撫制置使，進資政殿大學士，封天水郡公。淳祐五年②帝手詔，求所解春秋，進觀文殿學士，致仕。卒，贈少師。所著有周易説約八卷、周易或問四

①「周易指問」，四庫薈要本作「周易指要」。

②「五年」依補正、四庫薈要本應作「二年」。

卷、周易續問八卷、周易指要①四卷②、學易補過六卷、洪範論一卷、中庸説約③一卷、大學解十篇、論語大意④十卷、孟子解十四卷、春秋三傳通義三十卷。」

〔補正〕

又宋史條内「淳祐五年」當作「二年」，「中庸説約」當作「約説」。（卷二，頁四）

孟氏珙**警心易贊**

佚。

宋史：「孟珙，字璞玉，隨州棗陽人。樞密都承旨制置使，檢校少保，漢東郡公，授檢校少師，寧武軍節度使致仕。卒，贈太師，封吉國公，謚忠襄。其學邃於易，六十四卦各繫四句，名警心易贊。」

① 「周易指要」，文津閣四庫本脱漏作「周易要」。
② 「四卷」二字下，文津閣四庫本誤衍「卷」字。
③ 「中庸説約」，依補正應作「中庸約説」。
④ 「論語大意」，備要本誤作「論語大學」。

經義考卷三十五

易三十四

林氏子雲**易說**

十卷。

佚。

閩書：「林子雲，字質夫，福寧人。寶慶二年進士，除融州教授。著易說十卷。」

羅氏大經**易解**

十卷。

佚。

黄虞稷曰：「大經，字景綸，吉水人，寶慶六年進士。」

林氏希逸**易講義**

未見。

姓譜：「希逸，字肅翁，福清人。紹定間進士，淳祐中，遷秘書省正字。景定間，官司農少卿，終中書舍人。有鬳齋易義、春秋傳、考工記解。」

閩書：「希逸，中[1]端平二年進士。」

陳氏沖飛[2]**易原**

十卷。

佚。

興化府志：「陳沖飛，紹定中，特奏名。」

卓氏得慶**易解**

佚。

---

① 「中」，文津閣四庫本脱漏。

② 「沖飛」，四庫薈要本作「冲飛」。

黄淵曰：「卓樂山以易解屬余序篇端，未①七日而以兵死。」

姓譜：「卓得慶，字善夫，號樂山。登紹定五年甲科，教授道州，歷官秘書著作郎，出知漳州，召還，授兵部郎中。景炎二年，除右文殿修撰、户部尚書，是年元兵逼城，被執，并二子規、權殺之。」

謝氏升賢**易通**

佚。

閩書：「謝升賢，字景芳，興化軍人。端平二年進士，官至興寧令。所著有太極説、易通、四書解，大意皆推本朱文公之言。」

蕭氏山**讀易管見**

②

閩書：「蕭山，一名石，沙縣人。端平二年，特奏名，仕長溪丞。著有詩傳、論語説、讀易管見。」

尤氏彬**讀易**

四卷。

---

① 「未」，四庫薈要本作「末」；文淵閣四庫本、文津閣四庫本俱作「來」。

② 依文淵閣四庫本、備要本應補「佚」；四庫薈要本、文津閣四庫本亦俱脱漏。

佚。

興化府志：「尤彬，端平中，特奏名。」

吴氏如愚準齋易説

宋志：「一卷。」

佚。

趙希弁曰：「右武林吴準齋如愚所著也，一則明象，一則明爻。喬文惠公行簡嘗薦之曰：『成忠郎吴如愚，隨身右列，尋即隱居，雖在都城，而杜門不出，臣欲識之而不可得。其人行醇而介，氣直而温，講道窮經，膹有著述，欲乞特與换授從事郎，並與秘書校勘。』有旨從之，而如愚不受。」

館閣續録：「吴如愚，字子廢①，臨安府人。嘉熙二年五月，以成忠郎特换授從事郎②，差充秘書校勘，辭免，特轉秉義郎，與祠。」

方氏濯易注解義

佚。

---

① 「子廢」，文淵閣四庫本作「子發」。

② 「郎」，文津閣四庫本誤作「從」。

興化府志：「方濯，嘉熙二年進士，廣州觀察推官。」

錢氏時周易釋傳

二十卷。

未見。

館閣續録：「錢時，字子是，嚴州人。嘉熙二年五月，以布衣特補迪功郎，差充秘閣校勘，仍下本州，取所著周易釋傳、尚書演義、學詩管見、論語、古文孝經、大學、中庸四書管見、兩漢筆記、國史宏綱繕寫繳進，十一月，添差浙東提舉常平司幹辦公事。」

胡一桂曰：「融堂周易釋傳二十卷，其説謂：『伏羲、文王、周公之經既孔子爲之傳，後學何容①置喙，敬於傳下略釋本旨，而曰周易釋傳焉。』其書文辭雖明，而意義亦淺略，不及象數，釋物理，間有可采者。嘉熙二年，喬丞相行簡薦進其書，稱其山居讀書，理學淹貫。時嘗從故寶謨閣學士楊簡游，蓋其所深許，與以秘閣校勘，嚴州人。」

按：宋史本傳時所著尚有春秋大旨、冠昏記。

① 「容」，文津閣四庫本作「由」。

張氏志道**易傳**

三十卷。

佚。

鎮江府志：「張志道，字潛夫，金壇人。嘉熙間，上書言事，景定初，特恩免解，趙葵辟置幕府，宋亡，不仕。」

王氏應麟**古易考**

未見。

館閣續録：「王應麟，字伯厚，貫開封，寄居慶元府。辛丑進士，丙辰宏詞，景定五年五月，以太常博士除秘書郎，十二月，爲著作佐郎。」

袁桷曰：「王先生應麟兄弟中博學宏詞科，爲翰林學士、禮部尚書。所著書有春秋考、逸詩考、古易考。」

浙江通志：「王應麟，淳祐元年進士，爲揚州教授。寶祐四年，中博學宏詞科，遷太學録，轉給事中。歸，召爲翰林學士，辭。」

輯周易鄭注

一卷。

存。

應麟自序曰：「鄭康成學費氏易，爲注九卷，多論互體。以互體求易，左氏以來有之，凡卦爻二至四、三至五兩體交互，各成一卦，是謂一卦含四卦，繫辭謂之中爻，所謂『八卦相盪，六爻相雜，唯其時物，雜物撰德』是也。惟乾、坤無互體，蓋純乎陽，純乎陰也，餘六子之卦，皆有互體。坎之六畫，其互體含艮、震，而艮、震之互體亦含坎；離之六畫，其互體含兑、巽，而兑、巽之互體亦含離。三陽卦之體，互自相含，三陰卦之體，亦互自相含①也。王弼尚名理，譏互體，然注睽②六二③曰：『始④雖授困，終獲剛助，睽⑤自初至五成困。』此用互體也。弼注比六四之類，或用康成之説，鍾會著論，力排互體，而荀顗難之。江左鄭學與王學並立，荀崧謂康成書根源□□⑥，顔延之爲祭酒，黜鄭置王。齊陸澄遺王儉書云：『易自商瞿之後，雖有異家之學，同以象數爲宗，數年後，乃有王弼之説。』王濟云：『弼所誤者多，何必能頓廢先儒？若今弘儒，鄭注不可廢。』河北諸儒專主鄭氏，隋興，學者慕弼之學，遂爲中

①「互自相含」，文津閣四庫本誤作「互相自含」。
②「睽」，四庫薈要本、備要本俱誤作「暌」。
③「六二」，備要本誤作「六三」。
④「始」，備要本作「初」。
⑤「睽」，四庫薈要本、備要本俱誤作「暌」。
⑥「□□」，各本俱脱漏，依備要本應補「費氏」。

原之師①，此景迂晁氏所慨嘆也。易有聖人之道四焉，義理之學，以其辭耳，變象占，其可闕乎？李鼎祚云：『鄭多參天象，王全釋人事。易道豈偏滯於天人哉？』今鄭注不傳，其說間見於鼎祚集解及釋文，詩、三禮、春秋義疏，後漢書，文選注，因綴而録之，先儒象數之學，於此猶有考云。然康成箋詩多改字，注易亦然，如『包蒙爲彪，豶豕之牙』爲『互包』，『荒』讀爲『康』。『錫馬蕃庶』讀爲『蕃遮』，『皆甲宅』之『皆②』讀爲『解』。『一握爲笑』之『握』讀爲『屋』。其說近乎鑿，學者盍謹擇焉，猒常喜新，其不爲荄茲者，幾希。」

佚。

馮氏去非**易象通義**

宋史：「馮去非，字可遷，南康都昌人。淳祐元年進士，幹辦③淮東轉運司，寶祐四年，召爲宗學論④罷歸。」

胡一桂曰：「去非，厚齋子，周易二篇通故圖說。又有易象通義，其文專解上、下經，大象。」

① 「師」，文津閣四庫本誤作「原」。
② 「皆」，文津閣四庫本脱漏。
③ 「辨」，備要本誤作「辨」。
④ 「論」，四庫薈要本、備要本俱作「諭」。

歐陽氏守道**易故**

佚。

宋史：「歐陽守道，字公權，一字迂父，吉州人。淳祐元年進士，官著作郎。」

蔡氏模**易傳集解**

佚。

翁合志墓曰：「先生諱模，字仲覺，九峰先生冢子。淳祐四年，以丞相范鍾薦，謝方叔亦乞表異之，詔補迪功郎，添差本府教授。嘗輯文公所著書，爲續近思録及易傳集解、大學衍説、論孟集疏、河洛探賾等書行世，學者稱曰覺軒先生。」

戴氏仔**易傳**

佚。

姓譜：「仔，字守鏞，永嘉人。常以孝廉薦，年四十，即棄去場屋，肆力於學，詩、書、易、周禮、四書皆有傳述。」

戴氏侗**周易家説**

未見。

姓譜：「侗，字仲達，永嘉人，仔弟。登淳祐第，由國子簿守台州，德祐初，秘書郎，遷軍器少監，辭疾不起。」

方氏逢辰**易外傳**

五卷。

未見。

逢辰自序曰：「以文王、周公之辭證伏羲之畫，以孔子之傳求文王、周公之心，非愚己説也。或曰：『子以乾之彖、象傳各附經下，不僭乎？』曰：『古易經、傳各爲一書，至漢以上、下經及十翼爲十二篇，則已合經、傳爲一矣。後漢鄭氏懼學者未能一貫，遂以彖、象傳附各卦經後，魏①王氏又以彖、象傳各附經下，獨乾則鄭氏之舊耳。乾，聖人之事，全體大用②，規模宏擴，非切己實下工夫，則羲、文、周、孔

① 「魏」，文津閣四庫本誤作「漢」。
② 「用」，文津閣四庫本誤作「全」，備要本誤作「川」。

之心實未易窺之。予暗室屋漏，自謂進德功①夫，正欲以文王、周、孔之辭求伏羲之畫，以孔子之傳求文王、周公之心，不得不引傳各附經下，以便省察，以自求切己實踐之益，非爲人爲之也。』」

董真卿曰：「蛟峰易外傳五卷。其書以上、下經各分一二，作四卷。乾、坤彖辭附入彖傳，又附入文言傳説彖處，繼以大象傳；爻辭附入小象傳，又附入文言於小象之下。凡傳低一字，餘六十四卦倣此。外有周易辨僞，辨諸本互有不同，易數圖、易象圖各附論説，共爲一卷。」

浙江通志：「方逢辰，字君錫，淳安人。淳祐十年舉進士第一，累官兵部侍郎、國史修撰，兼侍讀，除吏、禮尚書，俱不拜。宋亡，元世祖詔御史中丞崔彧起之，辭不赴，卒於家。學者稱爲蛟峰先生。」

胡氏仲雲周易見一

佚。

江西通志：「胡仲雲，字從甫，高安人。淳祐十年登進士第，歷官樞密院編修，攝尚書右司，以忤賈似道，出爲浙東提舉，兼權紹興安撫、九江太守。將避地南海，至廬陵，卒。所著有六經蠡測、周易見一、四書管窺等書，總百餘卷②。」

① 「功」，文津閣四庫本作「工」。
② 「卷」，文津閣四庫本作「篇」。

林氏光世**水村易鏡**

一卷。

存。

光世自序曰：「『古者包犧氏之王天下也，仰則觀象於天，俯則觀法於地，觀鳥獸之文與地之宜，近取諸身，遠取諸物，於是始作八卦，以通神明之德，以類萬物之情。』此數語者，實先聖夫子教人入易之序也。古之君子，天地、日月、星辰、陰陽、造化、鳥獸、草木，無所不知，不必讀繇辭、爻辭，眼前皆自然之易也。世道衰微，易象幾廢，孔聖懼焉，於是作大象、小象，又作繫辭，明明以人間耳目所易接者立十二象，令天下後世皆知此象自仰觀俯察而得也。曰鳥獸、曰身、曰物則，次之大象、小象者，釋易也；繫辭者，又釋大象、小象也；十二象者，又釋繫辭也。後世諸儒釋易，凡天地變化、陰陽消長、君子小人進退之道，言之詳矣，不可復加矣，獨仰觀府①察之學，則置而不言。臣拘拘塵世，磨蟻醯鷄，何能透徹？家有藏書萬卷，少年父師律舉子業，不許讀，晚始窺先大父删定臣霆手校靈憲圖。時秦師垣爲同年，屢詆和戎之非，掛冠歸莆，愴然語鄭夾漈曰：『吾向在汴，送季父主客郎中臣沖之②使虜也③，至孟津，夜

① 「府」，依四庫薈要本、文津閣四庫本、備要本應作「俯」。

② 「沖之」，四庫薈要本作「冲之」。

③ 「使虜也」，文淵閣四庫本作「北」，文津閣四庫本作「出吏也」。

見天牀星動，未幾國事叵言，今約子夜觀星，問何年當太平。』臣讀靈憲圖，雖知天，然未知星與易合。歲在丙午，朝賢喧易九之戒，天子恐懼修省，星之逆者皆軌道。臣時居海上，自幸此身不死，可以觀星，可以讀易，從事心目，不顧寒暑。忽一夕觀天有①所感，縱觀天澤火雷風水山地八宫之星，皆自然六十四卦也，遂頓悟聖人畫卦初意。臣何修得此於天，隱而不言，咈天也，敢先以繫辭自離至夬十三卦，凡十二象筆之書。願與通天地人之君子，演而伸之，亦以補諸儒之所未言焉。」

館閣續録：「林光世，字逢聖，興化軍莆田縣人。淳祐十一年，以易學召赴闕，充秘書省檢校文字，十二年，教授常州文學，職事仍舊，寶祐二年，補迪功郎，添差江西提舉司幹辦②公事。」

閩書：「林光世，景定二年賜進士出身。初，淮東漕臣黄漢章上其所著易鏡，由布衣召爲史館檢閲，遷校勘，改京秩，自將作丞知潮州。開慶元年，召爲都官郎中，後入爲司農少卿，兼史館。」

陽氏枋**存齋易説**

佚。

四川總志：「陽枋，銅梁人，淳祐中進士。」

①「有」，備要本脱漏。

②「辦」，四庫薈要本誤作「辨」。

陽氏𣅀**字溪易説**

佚。

按：二陽易説，其學本於朱子門人晏氏，黄晉卿所謂大陽先生枋、小陽先生𣅀也，其後裔又有玉井易説，而楊用修志全蜀藝文、曹能始記蜀中著作，均未之及，何與？

時氏少章**周易大義**

佚。

周易卦贊

佚。

吴師道曰：「少章，字天彝，瀾之季子，著撰最多。其所性叢稿，起嘉定甲戌，止淳祐壬子，惟用編年，不復銓序，凡三十六卷。至若易、詩、書、論、孟大義六十餘卷，春秋四志日記二十餘册，皆無所考，則今之所得，又特其細者而已。時子年餘五十始登一第，用薦者擢史館檢閲，未上而罷。」

金華志：「少章博極群書，談經多出新意。登寶祐癸丑進士，調麗水縣主簿，改婺州教授，兼麗澤書院山長，又改南康軍教授，兼白鹿書院山長，用薦擢史館檢閲，改授保寧軍節度掌書記。」

季氏可**大易體卦**

五十卷。

佚。

宋登科録：「可，字與可，小名斯可，貫龍泉縣，寄居飛溪。」

括蒼彙記：「季可，字處仁，龍泉人。寶祐丙辰進士，累官兵部尚書、行樞密院都承旨。」

周氏方**學易説**

一卷。

未見。

宋登科録：「方，字義翁，小名介，小字方俶。」

曹溶曰：「周方，建昌南城人。寶祐四年文信公榜登第，其書崑山葉氏菉竹堂目有之。」

黄氏震**讀易日抄**

一卷。

存。

震自序曰：「易，聖人之書也，所以明斯道之變易，無往不在也。王弼間以老、莊虚無之説參之，誤矣。我朝理學大明，伊川程先生始作易傳，以明聖人之道，謂：『易有聖人之道四焉，以言者尚其辭，以動者尚其變，以制器者尚其象，以卜筮者尚其占。吉凶消長之理、進退存亡之道備於辭，推辭考卦，可以知變，而象與占在其中。』故其爲傳，專主於辭，發理精明，如揭日月矣。時則有若康節邵先生，才奇學博，探賾造化，又別求易於辭之外，謂今之易後天之易也，而有先天之易焉，用以推占事物，無不可以前知。自是二説並興，言理學者宗伊川，言數學者宗康節，同名爲易，而莫能相一。至晦庵朱先生作易本義、作易啓蒙，乃兼二説，窮極古始，謂易本爲卜筮而作，謂康節先天圖得作易之原，謂伊川言理甚備，於象數猶有闕。學之未至於此者，遂亦翕然向往之，揣摩圖象，日演日高，以先天爲先，以後天爲次，而易經之上，晚添祖、父矣。愚按：易誠爲卜筮而作也，考之經、傳，無有不合者也；爻者誠爲卦之占，吉凶悔吝者誠爲占之辭，考之本文，亦無有不合者也。且其義精辭覈，多足以發伊川之所未及，易至晦庵，信乎其復舊而明且備也。然吉者必其合乎理，凶悔吝者必其違乎理，因理爲訓，使各知所趨避，自文王、孔子已然，不特伊川也。伊川奮自千餘載之後，易之以卜者，今無其法，以制器者，今無其事，以動者尚變，今具存乎卦之爻，遂於四者之中，專主於辭以明理，亦豈非時之宜而易之要也哉？若康節所謂先天之説，則易之書本無有也，雖據其援易爲證者凡二章，亦未見其確然有合者也。其一章援『易有太極，是生兩儀，兩儀生四象，四象生八卦』，曰：『此先天之卦畫。』於是盡改易中伏羲始作八卦之説與文王演易、重爲六十四卦之説，而以六十四卦皆爲伏羲先天之卦畫。其法自一畫而二，二而四，四而八，八而十六，十六而三十二，三十二而六十四。然生兩、生四、生八，易有之矣；生十六，生三十二，易此章有之否耶？其一章援『易言天地定位，山澤通氣，風雷相薄，水火不相射』，曰：『此先天之卦位也。』於是盡變易中離南坎北之説與凡震東方卦、兑西方卦之説，而以乾南坤北爲伏羲先天之卦位。其説以離爲東，以坎爲西，以兑、巽爲東南、西南，以震、艮爲東北、西北。然天地定位，安知非指天位乎上、地位乎下？而言南方炎爲火、北方寒爲水，亦未見離與坎之果屬東與西，而可移離、坎之位以位乾、坤也？易之此章，果有此位置之意否耶？且易之此二章，果誰爲之也？謂出於孔子，孔子無先天之説也；謂出於伏羲，伏羲未有易之書也。何從而知此二章爲先天者耶？圖方畫於①康節，何以明其爲伏羲者耶？然聞先天爲演數設也，夫易於理與數固無所不包，伊川、康節皆本朝大儒，晦庵集諸儒之大成，其同其異，豈後學所能知？顧伊川與康節生同時、居同洛，相與二十年，天下事無不言，伊川獨不與言易之數，康節每欲以數學傳伊川，而伊川終不欲。康節既没，數學無傳，今所存之空圖②，殆不能調絃者之琴譜。晦庵雖爲之訓釋，他日晦庵答王子合書，亦自有康節説伏羲八卦近於附會穿鑿之疑，則學者亦當兩酌其説而審所當務矣。伊川言理，而理者，人心之所同，今讀其傳，犁然即與妙合。康節言數，而數者，康節之所獨，今得其圖，若何而可推驗？此宜審所當務者也。明理者雖不知數，自能避凶而從吉，學數者儻不明理，必至舍人而言天，此宜審所③當務者也。伊川之言理，本之文王、孔子，康節之言數，得之李挺之、穆伯長、陳希夷，此宜審所當務者也。窮理而精，則可修己治人，有補當世；言數

① 「於」，備要本誤作「之」。
② 「圖」，文津閣四庫本作「説」。
③ 「所」，文津閣四庫本誤作「務」。

而精，不過尋流逐末，流爲技術，此宜審所當務者也。故學必如康節，而後可創言先天之易；學必如晦庵，而後可兼釋先天之圖。易雖古以卜筮，而未嘗聞以推步，漢世納甲、飛伏、卦氣，凡推步之術，無一不倚易爲説，而易皆實無之。康節大儒，以易言數，雖超出漢人之上，然學者亦未易躐等；若以易言理，則日用常行，無往非易，此宜審所當務者也。」

浙江通志：「黄震，字東發，慈谿人。寶祐四年進士，歷官史館檢閲，門人私謚曰文潔先生。」

楊氏文焕**五十家易解**

宋志：「四十二卷。」

佚。

董真卿曰：「文焕，字彬夫，泰州人，釋褐狀元。」

鄭氏起**易注**

佚。

子思肖家傳曰：「先君字叔起，號菊山，名與字之下字同。以道自鳴，白首六經，不言私事。自庚辰出閩游京師，庚子主於潛學，早年場屋不利，即潛心窮理盡性之學。至老，造詣益深，有太極無極説，并注易六十四卦。」

呂氏中**易圖**

一卷。

佚。

閩書：「中，字時可，晉江人。爲國子監丞，兼崇政殿説書，丁大全忌其直，徙知汀州，演易爲十圖。景定中，復官秘書郎。」

舒氏滸**易釋**

二十卷。

佚。

寧波府志：「舒滸，字平叟，奉化人。景定元年入太學，講明正學，寒暑勿懈。」

按：奉化二舒①，兄津，字通叟，弟滸，字平叟，著易釋、繫辭釋共二十有三卷。王氏續通考指爲通叟所作，誤也。

① 「舒」，文津閣四庫本誤作「年」。

齊氏夢龍**周易附説卦變圖**

佚。

董真卿曰：「夢龍，字覺翁，號節初，饒州德興人。與兄興龍先後登宋寶祐、景定年第。」

經義考卷三十六

易三十五

趙氏汝楳**周易輯聞**

六卷。

存。

汝楳自序曰：「易道函三極而神萬化，易書立三極而萬化神。道主於有，書主於用也。體易君子，處而用身，出而用世，皆於此焉。出以用爲動，則静者其體也。動之變無窮，近而顯者，百姓與能，遠而微者，賢智未易知。夫道，妙於無形，而著於有象，確乎不易，而變動不居。以虛而言，則至於無畔，以固而言，則或有所不通。聖人於是立象倚數，探賾索隱，載之於書，莫非日用常行之實，使人因有象而悟無形之妙，即變易以求不易之方，玩而體之，服而行之，言有據而動有則。措諸事業，自誠意正心以至於齊家治國平天下，隨用輒效。此體用兼該之學，伏羲畫卦之旨，文、周憂世之情，夫子傳易之志也。汝楳齒耄學荒，何敢言易？獨念先君子自始至末，於易凡六稿，日進日益，末稿題曰補過。汝楳得於口授者居多，外除以來，踰二十載，因輯所聞於篇，庶不忘先君子之教，且以觀吾過云。」

易雅

一卷。

存。

汝楳自序曰：「爾雅，訓詁之書也，目張而彙聚讀之，事義物理，秩然在前，富哉書也，經之翼乎？厥後廣雅、博雅、埤雅雖依放爲書，大概於道無所益，易雅之作，則異於是。易，變易也，卦殊其義，爻異其旨，萬變畢陳，衆理叢載，學者如乍入清廟，目衒於尊彝幣玉，體煩於升降盥奠，耳亂於鐘鼓磬簫。凡禮之文、樂之節，且不暇品名，況能因之以知其實乎？又若泛滄海而罔識鄉往之方，遊建章而不知出入之會。汝楳嘗病焉，乃復熟畫辭而爲此書，庶幾緣是指入易之迷津，求體易之實用。或曰：『子何沈錮辭畫，不能融渾希微若是哉？』余曰：『程子論爲學之害曰：「昔之害，乘其迷暗；今之害，①因其高明。』自謂之窮神知化，實則不足以開物成務；言爲無不周徧，實則外於倫理。嗟

① 文淵閣四庫本「因」上有「則」字。

乎！淺深非二水①，體用非二物，精粗無二理也。易之爲書，言近而指遠，不知言，何以知其指通乎？近則遠固在是，儻慕遠而失諸近，吾知兩失之而已爾。世或外辭畫以求易，則此書爲贅，否則不易吾言矣。程子之論，真爲學之大閑歟！』」

筮宗

三卷。

存。

〔四庫總目〕

筮宗一卷，朱彝尊經義考作三卷，蓋是書原本題明本第一、述筮第二、先傳考第三，彝尊以一篇爲一卷也。（卷三，頁四十四，周易輯問六卷附易雅一卷、筮宗一卷提要）

〔校記〕

四庫本及通志堂本筮宗一卷。（易，頁一一一）

汝楳自序曰：「神哉蓍乎！聖人所以決疑定志，明吉凶以成大業。斯與治輔化之務，君子所當盡心，非卜史事也。聖人無惑，衆人未能免惑，聖人不欲以己意解人之惑，天生神物，以前民用，聖人托之，雖曰神道設教，非無是理而矯誣斯世也。太極既判，氣化而凝，寒暑之往來，三光之運燭，動者植者

① 「水」，四庫薈要本誤作「本」。

之榮瘁消長，夫孰使然？必有妙於其間者。故禍福之至，有開必先，斯實然之理，若而吉，若而凶，曷去①曷就，衆人惑焉。聖人洞其幾而發其緼，而神蓍告焉，是以事舉而民信，業鉅而名巍。若夫進德修業之君子，趨吉避凶之衆人，莫不以之。嗟夫！有蓍道，道生於庖犧。有蓍用，用著於嬀帝，而詳於箕疇。筮有職，大宗伯率之；揲有法，大傳明之；占有驗，左氏傳、國語可考也。孔聖没，銷歇至唐，始有裔孫推明其法，幸經程子、朱子之訂正，後學得講求之。汝楳承先君子之訓，且俾博考先傳，麤得其説，作筮宗。宗，聚也，筮之學聚此編也。抑嘗謂太極未判，則爲陰爲陽不可測；判，則陰陽著矣。蓍未分，則爲九六爲七八未可辨；分，則九六七八定矣。人心未動，則爲吉爲凶未可必；動，則吉凶斷矣。方無思無爲，寂然不動之時，吾心猶太極也，猶未分之蓍也。一有感焉，圖存而亡兆，計安而危伏，固不待駟舌之追。措諸事業，而吉凶禍福已對立於胸中，是知吉凶界限，判於心動之初。君子必恐懼於不聞不睹，而致謹於喜怒哀樂之未發，使此心凝然湛焉，昭乎絜如，常若太極之未判，蓍策之未分，則天理全，人欲盡，念兹釋兹，語默出處，皆純乎道。夫如是有不動，動斯吉；有不筮，筮斯神。此聖人心筮之妙，是爲蓍筮之本。」

袁桷曰：「汝楳，善湘子，爲宰相壻。卑退自修，精易象，有易敍叢書即上三書也。可傳。官至户部侍郎，晚歲以理財進用，失士譽。」

① 「去」，備要本誤作「云」。

税氏與權校正周易古經

十二卷。

闕。

與權自序其後曰：「按：吕汲公元豐壬戌昉刻周易古經十二篇於成都學宫，景迂晁生建中靖國辛巳并爲八篇，號古周易，繕寫而藏於家。巽巖李文簡公紹興辛未謂北學各有師授，經名從吕，篇第從晁，而重刻之。逮淳熙壬寅，新安朱文公表出東萊吕成公古文周易經傳、音訓，迺謂編古易自晁生始，豈二公或不見汲公蜀本歟？然成公則議晁生并上、下經爲非，而文公易本義則篇第與汲公脗合。與權鄉侍先師鶴山魏文靖公討論此經，將以邵子觀物所言爲斷，著文王、周公正者八卦、變者二十八卦之繇辭於册，題曰周易古經上下篇，冠於十翼，以還孔子韋編之舊，使百世之下，學者復見全經，而附數公序辨於末。天不慭遺，先師夢奠，倏踰一紀，慨師友之凋謝，懼異學之支離，不量固陋，推本邵子所述，刊定周易古經上下篇如前，以卒先師之志。而羲、文經卦、重卦大義，則於易學啓蒙小傳詳之。若夫訓詁之真僞，講解之得失，則有漢、魏以來諸儒之説在，學者其審於決擇哉！」

俞琰曰：「税氏周易古經分爲二篇，彖上傳一、彖下傳二、象上傳三、象下傳四、繫辭上傳五、繫傳下傳①六、文言傳七、説卦傳八、序卦傳九、雜卦傳十。其經卦如乾、坤不可反，則畫兩卦；如屯、蒙可

① 「繫傳下傳」，依補正、四庫薈要本應作「繫辭下傳」。

反，止畫一卦；從邵氏本刻石而反復互觀，此古竹書體也。是書借陳笑閒寫本抄録，其正經二篇并十翼，與晦庵無異，其注十翼即晦庵本。」

〔補正〕

俞琰條内「繫傳下傳」，當作「繫辭下傳」。（卷二，頁四）

易學啓蒙小傳

一卷。

存。

〔校記〕

四庫及通志堂本易學啓蒙小傳一卷，附古經發題一卷。（易，頁一一）

與權自序曰：「易函萬象者也，三易經卦皆八，其別皆六十有四。至孔子時，周易獨存，漢、魏諸儒頗紛錯之。朱文公采二吕氏、晁氏所傳，著易本義，釐正文王、周、孔上、下經與十翼共十二篇，而各還其舊。又以伏羲先天理數之原，特於易學啓蒙而抉其秘，圖象咸本諸邵氏。間與袁機仲談後天易，則謂嘗以卦畫縱横，反覆求之，竟不得文王所以安排之意，是以畏懼，未敢妄爲之説。與權曩從先師鶴山魏文靖公講究邵氏諸書，迺於觀物篇得後天易上下經序卦圖，反覆觀之，皆成十有八卦，然後知乾，坤，坎，離，頤，中孚，大、小過不易之八卦，爲上下兩篇之幹，其互易之五十六卦，爲上下二篇之用。自漢楊子雲謂文王重易，六爻互用，兩卦十二爻；而唐孔穎達亦謂驗六十四卦，二二相偶，非覆即變，孔子取上、下經名而序其相次之義；非邵氏此圖，則後天易之旨，千載不明矣。竊嘗因此圖而推之，上、下經皆爲十八卦者，始終不出九數而已。九者，究也，萬物盈牣於天地間者，究之象也，是故易以十八變而起卦，玄以十八策而生日。大抵易六十四卦，不越乾、坤奇偶之九畫，而乾、坤奇偶之畫，又重爲二九而窮，窮則變，故革在先天當十八二九之究也，在後天當四十九蓍數之極也。四十九而革去故，五十而鼎取新，開物於寅，帝出乎震，而循環無窮矣。蓋天地五十有五之數，河圖、洛書實互用之，先天則河圖之九而分左右，皆疊二九而周乎六十四；後天衍洛書之九而分上下，亦合二九而總乎三十六。邵氏此圖，豈非明羲、文之易同中異、異中同也歟？嗚呼！孔子雜卦一傳，專以反對而發後天易互用兩卦十二爻之深旨也，學者潛玩雜卦，而參以子雲、穎達之説，則於邵氏此圖，信其爲寫出天地自然之法象矣。朱文公殆亦留斯義以俟後人耶？輒不自揆，敬述而申之，曰易學啓蒙小傳。」

史子翬跋曰：「予質顓蒙，固嘗讀易，實未始有得也。友人稅巽甫別十二年而會於京，一日，出所著易學啓蒙小傳序及圖舉示予，曰：『非吾臆説，此邵子奥學精義，前人偶未之思，吾故發明之爾。』予手其書，不能釋者累日，蓋犁然有會於心也。巽甫謂先天圖皆兩卦相對，合爲二九之數，而後天上、下經皆爲十八卦者，始終不出九數而已。予玩而樂之，因悟乾、坤納甲之義，乾自甲而壬，坤自乙而癸，其數皆九也。巽甫以後天以震、兑爲用，故孔子謂：『歸妹，天地之大義。』予因謂艮、巽者，震、兑之反也，震東兑西，乃天地生成之方，日月出没之位，實備乾、坤、坎、離，而爲下經之用也。故泰之六五亦曰：『帝乙歸妹。』亦以互體有震、兑焉爾。然則巽甫有得於邵子者固深，予因巽甫之書而有發焉。雖然，巽甫謂乾九能兼坤六，坤陰不能包乾陽，予謂六之中有一三五焉，則九數固藏於六也，乾、坤二卦陰中包陽、陽中包陰，巽甫以爲如何？」

方氏實孫宗山讀周易記

宋志：「八卷。」

存。

實孫自序曰：「易者，道也，象數也，言道則象數在其中矣。道果有耶？繫辭曰：『易無體。』道果無耶？繫辭曰：『易有太極。』是道自無而有也。有太極則有陰陽，陽奇屬乾，陰耦屬坤，易則有奇耦畫矣。有陰陽則有天地，天位於上，地位於下，易則有上下畫矣。有天地則有人，人位於中，曰三才，易則有三畫矣。有人則有男女，有三畫則有三索，說卦曰：『乾，天也，故稱乎父。坤，地也，故稱乎母。震一索而得男，故謂長男。巽一索而得女，故謂長女。坎再索而得男，故謂中男。離再索而得女，故謂中女。艮三索而得男，故謂少男。兑三索而得女，故謂少女。』譬諸天地有六子，如風雷日月山澤之類，易則有八卦矣。伏羲之易止於如是，豈其王天下也，始畫八卦以示教，自父子兄弟□□①之外，亦未暇盡傳耶②？繫辭曰：『八卦成列，象在其中。因而重之，爻在其中。』又曰：『兼三才而兩之，故六。』是易有三畫，則有六畫，有八卦，則有六十四卦也。使道果不離於象數，又何待文王而後得其傳哉？囚于羑里

① 「□□」，依文津閣四庫本、備要本應作「夫婦」。

② 「亦未暇盡傳耶」，四庫薈要本作「亦有未暇盡傳者耶」。

而演易，果何心也？周易六十四卦，先乾後坤，易則有定序矣。初二三爻是下卦也，唯二爲中爻，二，臣位也，屬於陰耦，故賤，孰敢以賤爲嫌乎？四五上爻是上卦也，唯五爲中爻，五，君位也，屬於陽奇，故貴，孰敢以貴爲嫌乎？易則有貴賤矣，繫辭曰：『天尊地卑，乾坤定矣。高卑①以陳，貴賤位矣。』是孔子知文王之心也。然考之於易，隨上六爻云：『王用亨于西山。』升六四爻云：『王用亨于岐山。』明夷彖云：『內文明而外柔順，以蒙大難，文王以之。』不知文王演易之後，亦自稱王乎？否乎？革彖云：『天地革而四時成，湯、武革命，順乎天而應乎人。』又不知文王演易之後，能預知有武王之事乎？否乎？序卦曰：『有父子，然後有君臣；有君臣，然後有上下；有上下，然後禮義有所錯。』嗚呼！君臣父子之間，人所難言，作易者其有憂患乎？若謂彖、象等辭非②□□③作於文王，既追稱王之後，則不可也。或問：『乾用九，坤用六，何也？』曰：『由天地數而論，天一、地二、天三、地四、天五，是天地之生數也。一三五爲九，二四爲六，是三天兩地而倚數也。陽有餘，陰不足也。地六、天七、地八、天九、地十，是天地之成數也。陽數極於九，陰數極於十，陰不可極而踰乎陽，故反而用六也。一三五七九，是天數也，而五爲中，二四六八十，是地數也，而六爲中，五六者，天地之中合也。乾不用五而用九，是易有四象，不用五也，不用五者，尊之也。坤不用十而用六，是陰不可終踰乎陽，惟用六則得中也。又由卦畫而

① 「高卑」，文淵閣四庫本誤作「卑高」。
② 「等辭非」，四庫薈要本作「所繫之辭」。
③ 「□□」四庫薈要本、文津閣四庫本、備要本俱脱漏。

論，乾畫三連，與坤之六爲九，是乾得有坤也。坤畫六斷，但得用六，是坤不得有乾也。又由爻位而論，二三四五，是卦之中位也，九二、九三、九四、九五爻則用九，以居於爻位之上，是尚剛也；初九、上九爻則變而用九，以居於爻位之下，是陽爻終始亦不欲專尚剛也。六二、六三、六四、六五爻則用六，以居於爻位之上，是尚柔也；初六、上六爻則變而用六，以居於爻位之下，是陰爻終始亦不欲專尚柔也。易三百八十四爻，或九或六，迭相爲用，是剛柔各隨時所尚也。又由蓍法而論，九爲老陽，是乾數，用九，以進爲老也；六爲老陰，是坤數，用六，以退爲老也；七爲少陽，是震、坎、艮數也，爻則例言九而不言七，是少陽可進而言九也；八爲少陰，是巽、離、兑數也，爻則例言六而不言八，是少陰可退而言六也。崇陽抑陰，是易進退之道，蓍法遇老陽老陰，所以又變也。變者以不變爲體，不變者又①變爲用，剛中有柔，柔中有剛，陽中有陰，陰中有陽，是道亦無定位也，吾願從有道者而取正焉。寶祐戊午三月朔日。」又後序曰：「孔穎達云：『重卦之人，諸儒不同，凡有四説。王輔嗣等以爲伏羲重卦，鄭玄以爲神農重卦，孫盛以爲大禹重卦，史遷等以爲文王重卦。』愚按：繫辭曰：『易之興也，其當殷之末世，周之盛德邪？當文王與紂之事邪？』皇甫謐曰：『文王在羑里，演六十四卦，著七八九六之爻，謂之周易。』自此而論，則知伏羲始畫八卦，但有其畫耳；神農取諸益、噬嗑卦，但取其象耳。夏曰連山，殷曰歸藏，皆未必有言語文字之可傳，今所謂易經者，先乾後坤，名以周易，乃文王所演之易也。坎卦獨加名以『習坎』者，文王在羑里時，陷於坎窞，習爲出坎之道，終欲事殷，而知有尊卑貴賤之定分，是文王之本心也。孔

① 「又」，四庫薈要本作「以」。

穎達又云：『左傳：「韓宣子適魯，見易象，曰：『吾乃知周公之德。』」周公被流言之謗，亦得爲憂患也，驗此諸説，以爲卦辭文王，爻辭周公也。』然考之大有六三爻云：『公用亨于天子。』解上六爻云：『公用射隼于高墉之上。』小過六五爻云：『公弋取彼在穴。』所謂公者，豈周公果自言之乎？又按孔穎達云：『彖、象等十翼之辭，以爲孔子所作，先儒更無異論。』又云：『上彖一、下彖二、上象三、下象四、上繫五、下繫六、文言七、説卦八、序卦九、雜卦十。』然考之隨卦云：『元亨利貞。』即卦辭也。左氏襄九年傳：『穆姜曰：「隨，元亨利貞，无咎。元，體之長也。亨，嘉之會也。利，義之和也。貞，事之幹也。」』穆姜已有是言矣，是時孔子猶未生也，豈文言皆孔子爲之乎？或謂文王作卦辭，周公作爻辭，孔子作十翼，彖一、卦象二、爻象三、乾文言四、坤文言五、上繫六、下繫七、説卦八、序卦九、雜卦十，是亦一説也。或問：『卦名何如？』曰：『「乾，健也。坤，順也。震，動也。巽，入也。坎，陷也。離，麗也。艮，止也。兑，説也。」説卦已言之矣。説卦又曰震卦「其究爲健」，豈震卦與乾果同體耶？離卦「其於人也，爲乾卦」，豈離卦亦可以謂之乾耶？巽「其究爲躁卦」，豈巽卦亦名爲躁卦耶？坎「正北方之卦也，勞卦也」，又謂坎「於人爲血卦」，豈坎卦亦名爲勞卦，又名爲血卦耶？序卦曰：「涣者，離也。」豈涣卦亦可謂之離耶？然則言卦名者不可以一例拘矣。』或問：『卦辭何如？』曰：『卦有大小，辭有險易，辭者各指其所之，繫辭已言之矣。然有以卦名而兩言之者：復卦曰：「復，亨。」又曰：「反復其道。」頤卦曰：「頤，貞吉。」又曰：「觀頤自求口實。」節卦曰：「節，亨。」又曰：「苦節不可貞。」未濟卦曰：「未濟，亨。」又曰：「小狐汔濟。」是也。有以卦名而三言之者，蒙卦曰：「蒙，亨。匪我求童蒙，童蒙求我。」是也。有以卦名而五言之者，井卦曰：「井，改邑不改井。」又曰：「往來井井，汔至，亦未繘井。」是也。有兩言貞者，坤卦曰：「利牝馬之貞。」又曰：「安貞吉。」是也。有兩言亨者，萃卦曰：「萃，亨。」又曰：「利見大人，亨。」是也。兩言吉者，解卦曰：「其來復，吉。」又曰：「夙吉。」是也。有兩言利者，坤卦曰：「利牝馬之貞。」又曰：「後得，主利。」屯卦曰：「利貞。」又曰：「利建侯。」同人卦曰：「利涉大川。」又曰：「利君子①貞。」大畜卦曰：「利貞。」又曰：「利涉大川。」恒卦曰：「利貞。」又曰：「利有攸往。」益卦曰：「利有攸往。」又曰：「利涉大川。」巽卦曰：「利有攸往。」又曰：「利見大人。」渙卦曰：「利涉大川。」又曰：「利貞。」中孚卦曰：「利涉大川。」又曰：「利貞。」是也。有三言利者，萃卦曰：「利見大人。」又曰：「利貞。」又曰：「利有攸往。」是也。有言利不利者，訟卦曰：「利見大人。」又曰：「不利涉大川。」无妄卦曰：「元亨利貞。」又曰：「不利有攸往。」蹇卦曰：「利西南，不利東北。」又曰：「利見大人。」夬卦曰：「不利即戎。」又曰：「利有攸往。」是也。又如乾卦曰：「元亨利貞。」屯、隨、臨、无妄卦亦曰：「元亨利貞。」坤卦則曰：「元亨利牝馬之貞。」旅卦曰：「小亨。」巽卦亦曰：「小亨。」賁卦則曰：「賁，亨。小利有攸往。」遯卦則曰：「遯，亨。小利貞。」既濟則曰：「亨，小利貞。」他如坤卦曰：「利牝馬之貞。」説卦則曰：「坤爲子母牛。」而不言馬。離卦曰：「畜牝牛，吉。」説卦則曰：「離爲雉。」而不言牛。中孚卦「遯魚」②，小過卦言「飛鳥」，未濟卦言「小狐」，説卦皆不言其爲何象，然則言卦辭者亦不可以一例拘矣。』或問：『彖與象何如？』曰：『易者，象也。象者，像也。彖者，材也。繫辭言之矣。然鼎卦

① 「子」，四庫薈要本誤作「字」。

② 「中孚卦『遯魚』」，依補正、四庫薈要本、文淵閣四庫本應作「中孚卦言『遯魚』」。

彖曰：「鼎，象也。」小過卦彖曰：「有飛鳥之象焉。」豈大象、小象之外，彖亦言象耶？他卦大象無不言卦名者，唯乾卦但言「天行健」，而不言乾。他卦無覆言上下卦象者，唯泰卦坤上乾下。而言：「天地交，泰。」噬嗑卦離上震下而言：「雷電，噬嗑。」他卦多言君子以當其象，惟言大人者一，離是也；言后者二，泰、姤卦是也；言先王者六，比、豫、觀、噬嗑、无妄、涣是也；言先王而又言后者一，復卦是也；言上下而不言其人者一，剥卦是也。然則言彖與象者亦不可以一例拘矣。』或問：『爻象何如？』曰：『「道有變動，故曰：爻。爻有等，故曰：物。」繫辭已言之矣。然卦有六爻而全取象者，如井卦初六言「井泥」，九二言「井谷」，九三言「井渫不食」，六四言「井甃，无咎」，九五言「井冽，寒泉食」，上六言「井收勿幕」；鼎卦初六言「鼎顛趾」，九二言「鼎有實」，九三言「鼎耳革」，九四言「鼎折足」，六五言「鼎黄耳，金鉉」，上九言「鼎玉鉉」；漸卦初六言「鴻漸于千①」，六二言「鴻漸于磐」，九三言「鴻漸于陸」，六四言「鴻漸于木」，九五言「鴻漸于陵」，上九言「鴻漸于陸」是也。有六爻而五取象者，如乾卦初九言「潛龍勿用」，九二言「見龍在田」，九四言「或躍在淵」，九五言「飛龍在天」，上九言「亢龍有悔」，唯九三言「君子乾乾」而不言龍；咸卦初六言「咸其拇」，六二言「咸其腓」，九三言「咸其股」，九五言「咸其脢②」，上六言「咸其輔頰舌」，唯九四言「朋從爾思」而不言心；艮卦初六言「艮其趾」，六二言「艮其腓」，九三言「艮其限，列其夤，厲熏心」，六四言「艮其身」，六五言「艮其輔」，唯

① 「千」，依四庫薈要本、文淵閣四庫本、文津閣四庫本應作「干」。
② 「脢」，文淵閣四庫本誤作「晦」。

上九言「敦艮吉」而不言背是也。有六爻而皆言卦名者，比、履、臨、觀、賁、復、蹇、困、震卦是也。有六爻而五言卦名者，蒙卦六三不言「蒙」，需卦上六不言「需」，訟卦六三不言「訟」，師卦上六不言「師」，謙卦六五不言「謙」，蠱卦上六不言「蠱」，剥卦六五不言「剥」，頤卦六五不言「頤」，遯卦六二不言「遯」，明夷卦上六不言「夷」，損卦六五不言「損」，旅卦六五不言「旅」，兑卦九五不言「兑」，涣卦初六不言「涣」是也。有六爻而四言卦名者，同人卦唯九三、九四不言「同人」，豫卦唯六二、六五不言「豫」，噬嗑卦唯初九、上九不言「噬」，无妄卦唯六二、九四不言「无妄」，坎卦唯六四、上六不言「坎」，晉卦唯六三、六五不言「晉」，家人卦唯六二、上九不言「家」，益卦唯初九、九五不言「益」，升卦唯九二、六四不言「升」，革卦唯九四、九五不言「革」，歸妹卦唯九二、上六不言「歸妹」，豐卦唯初九、六二不言「豐」，節卦唯初九、九二不言「節」，小過卦唯初六、六五不言「過」是也。有一爻而兩取象者，如否卦六二曰：「小人吉，大人否亨。」恒卦六五曰：「婦人吉，夫子凶。」隨卦六二曰：「係小子，失丈夫。」六三曰：「係丈夫，失小子。」之類是也。有一爻而三取象者，如大有卦九三曰：「公用亨于天子，小人弗克。」剥上九曰：「碩果不食，君子德輿①，小人剥廬。」之類是也。有一爻而四取象者，如坎卦六四曰：「樽酒簋，貳用缶，納約自牖。」小過卦六二曰：「過其祖，遇其妣，不及其君，遇其臣。」之類是也。有一爻而五取象者，如離卦九四曰：「突如其來如，焚如，死如，棄如。」又如中孚卦六三曰：「得敵，或鼓，或罷，或泣，或歌。」之類是也。有一爻而六取象者，如小畜上九曰：「既雨既處，

① 「君子德輿」，依補正、四庫薈要本、文淵閣四庫本、文津閣四庫本應作「君子得輿」。

尚德載，婦貞厲，月幾望，君子征凶。」是也。有一爻而七取象者，睽卦上九曰：「睽孤，見豕負塗，載鬼一車，先張之弧，後説之弧，匪寇婚媾，往遇雨則吉。」是也。有爻不以象而言者。訟卦九五曰：「訟元吉。」恒卦九二曰：「悔亡。」大壯九二曰：「貞吉。」解卦初六曰：「无咎。」无妄卦初九曰：「无妄，往吉。」是也。有爻反其卦名而言者，損卦九二、上九皆言弗「損」，小過卦九三、九四皆言「弗過」是也。有爻取卦名而複言者，如乾九三曰：「終日乾乾。」坎六三曰：「來之坎坎。」謙初六曰：「謙謙君子。」夬九三曰：「君子夬夬。」之類是也。有爻取他卦名而互言者，如小畜初九曰：「復自道。」九二曰：「牽復，吉。」是小畜亦言復也；臨初九曰：「咸臨，貞吉。」九二曰：「咸臨，吉，無不利。」是臨卦亦言咸也；夬卦初九曰：「壯于前趾。」九三曰：「壯于頄。」是夬亦言壯也。他如乾卦九四而有「乾道乃革」之象，兑卦九五而有「孚於剥」之象，離卦初九而有「履錯然」之象，然則言爻象者亦不可以一例拘矣。』或問：『爻用九六何如？』曰：『「二與四同功而異位，其善不同，二多譽，四多懼，近也。柔之爲道，不利遠者，其要无咎，其用柔中也。三與五同功而異位，三多凶，五多功，貴賤之等也。其柔危，其剛勝邪？」繫辭已言之矣。以見九二爻不如六二之爲柔中，六五爻不若九五之爲剛勝也。伊川曰：「凡六居五、九居二者，則由多助而有功，蒙、泰之類是也。九居五、六居二，則其功多不足者，屯、否之類是也。」是亦一説，故併録之，以爲後序。』」

〔補正〕

自序内「中孚卦『遯魚』」當作「『言豚魚』」，「君子德輿」當作「得輿」。（卷二，頁四）

曹溶曰：「實孫，字□仲①，其書宋志八卷，澹生堂目作十卷，聚樂堂目作十六卷。今本不分卷，不知孰合之。」

〔四庫總目〕

此書舊本但題曰讀周易，案：朱彝尊經義考作淙山讀周易記，蓋此本傳寫脱訛。經義考又引曹溶之言曰：「宋志八卷，澹生堂目作十卷，聚樂堂目作十六卷。」今世所行凡二本，一本不分卷，不知孰合之。此本上經八卷，下經八卷，繫辭二卷，序卦、説卦、雜卦各一卷，又不知誰所分也。（卷三，頁四十七，淙山讀周易記二十一卷提要）

〔校記〕

四庫本廿一卷，皕宋樓藏本廿卷，陸心源云：「實孫，字端仲，福建莆田人。慶元五年進士，嘗以所著易説上於朝，入史局。」（易，頁一一）

①「□仲」，校記作「端仲」，備要本作「候仲」。

經義考卷三十七

易三十六

陳氏友文**大易集傳精義**

六十四卷。綱領三卷。

存。

胡一桂曰：「隆山大易集傳精義六十四卷，無繫辭以後，讀易綱領上中下三卷，通十門，綱領正大可觀，集解詳贍，時及象數。學齋史繩祖序云：『學者不可曰易論理不論數，數非易所先。善易者必當因羲圖之象數而明周經之彖、象，方能得其門而入也。』誠哉是言。」

董真卿曰：「友文，號隆山，所集王輔嗣、孔穎達、周濂溪、司馬涑水、邵康節、程明道、程伊川、張横渠、蘇東坡、游廣平、楊龜山、郭兼山、郭白雲、朱漢上、朱文公、張南軒、楊誠齋、馮縉雲，又兩家失姓名，但稱先正先儒别之，寶祐甲寅自序。」

十四卷。

存。

董氏楷周易傳義附録

楷自序曰：「昔者聖人之作易也，因河圖而畫卦命爻，因卦爻而取象繫辭，更三聖人而卦爻象辭始備。其要①依卜筮筮以爲教②，使天下後世之人得以決嫌疑、定猶豫，不迷於吉凶悔吝之途而已。至夫子象傳與大、小傳③之辭，則推明其所以爲卦爻象辭之理，而大傳之書，又自夫卦爻象辭以推極乎陰陽變化、性命道德之藴奥，而河圖大衍之數、太極兩儀四象八卦相生之序、蓍策分揲掛扐之法，無不備具，其所以承三聖、開來學，功至大也。及秦焚滅典籍，此書以卜筮得不亡，而千餘年間，諸儒無有能明其義者，於是借異端空妙之説，而欲闡夫極深研幾之旨，以術數拘泥之學，而欲究夫開物成務之方，其去易也不其遠④？而⑤程子奮乎千載之下，始以隨時變易從道而發明陰陽變易之妙，因象以明理，由理以貫事，該體用，合顯微，使夫學是書者，立言制行，處己治人，守常應變，莫不有度。迨乎朱子本義，辭益

① 「其要」，四庫薈要本作「其大要」。

② 「依卜筮筮以爲教」，「筮」字重出，依補正、四庫薈要本、文淵閣四庫本、文津閣四庫本應删。

③ 「大、小傳」，依補正應作「大、小象傳」。

④ 「不其遠」，四庫薈要本作「不亦遠乎」。

⑤ 「而」，四庫薈要本脱漏。

簡嚴，深探古聖因卜筮教人之本意，而不墮於諸儒術數之末流，釋彖傳則第明其爲卦象、卦變、卦體、卦德，而不費於辭説，釋大傳則又精密微妙，明白簡易，有先儒所未及者。故楷竊嘗妄論，以爲三聖之易惟夫子能明之，而夫子十翼之外，其有功於易道者，則唯程子、朱子之書而已，其他不失於支離破碎，則失於誕謾怪僻，皆非卓然有見於斯道者也。抑楷嘗讀程子、朱子文集、語録，其間有成書所未備者，輒隨所得，附於各章之下，歲月既久，集録益多，因目曰周易程朱氏説，以與同志共之。極知難乎免於僭踰之罪，然學者苟能因是書以求四聖之心，則於學易①未必無小補云。咸淳丙辰。」又序曰：「楷既纂集此書，或曰：『程子言理而不及卜筮，朱子則推本古聖人因卜筮教人之意，二者固不同矣，子比而同之，何耶？』楷聞之北溪陳氏曰：『易之起，原於象數，自象數之既形，則理又具於象數之中，而不可以本末二其觀②也。易之作，本於卜筮，自占筮之既立，則理又寓於占筮之内，而不可以精粗二其用也。此正程子所謂體用一源、顯微無間者。若偏於象占，而不該夫理義，則孔子之意泯；一於理義，而不及夫象占，則羲、文、周公之心亦幾乎息矣。朱文公本義之書作，所以必表伏羲圖象，冠諸篇端，以明作易根源之所自來，一出於天之自然，而非人爲智巧之私。又復古經、傳次序，推原四聖所以成書之本意，遞相解釋，而惟占法之明，隨人取決，而無偏辭之滯，而天下義理爲之磨刮精明，依然涵萃於其中，本末精粗兼該具舉，近以補程傳之所不足，而上以承四聖之心。所謂開物成務之大用，至是益又周備，而易道之

①「易」，四庫薈要本作「亦」。
②「觀」，四庫薈要本作「體」。

盛，於此無餘藴矣。』又曰：『凡文公之説，皆所以發明程子之説，或足其所未盡，或補其所未圓，或白其所未瑩，或貫其所未一，其實不離乎程説之中，必如是而後謂有功於程子，未可以優劣校之。』此楷區區纂集之意也，夫朱子之書，固以補程子之所未及，而程子之名言，蓋有朱子不能加毫末於其間者，謂二書爲不可同乎①？讀者詳之。」

〔補正〕

自序内「依卜筮筮以爲教」，重一「筮」字，當删。（卷二，頁四）

又凡例曰：「程子易傳依王弼次序，而朱子則用古易次序，以彖傳，大、小傳②，文言各自爲卷。今③不敢離析程傳，又不敢盡失朱夫子之意，於是倣節齋蔡氏例，以彖傳，大、小象，文言各下經文一字，使不與正經紊亂。而程傳及朱子本義又下一字，程子、朱子附録又下一字，則其序秩然矣。」

〔補正〕

又凡例内「以彖傳，大、小傳，文言各自爲卷」，「大小」下脱「象」字，當補。（卷二，頁四—五）

浙江通志：「董楷，字正翁，寶祐進士。」

① 「爲不可同乎」，依文淵閣四庫本應作「爲不同可乎」。

② 「大、小傳」，文淵閣四庫本、文津閣四庫本俱作「大、小象」，依補正應作「大、小象傳」。

③ 「今」，文淵閣四庫本誤作「令」。

張雲章曰：「楷，字正叔，台州臨海人。從潛室陳器之遊，得朱子再傳之學者也。中文天祥榜進士，官至吏部郎中。」

按：程子傳依王氏本，朱子本義依吕氏本，本不可合而爲一，克齋董氏乃强合之。倪正甫曰：「易以理寓象數，因象數以明理，漢儒多明象數，而於理或泥而不通，自王弼以玄理注易，儒者於談理日勝，乃復盡略象數，二者皆得易之一偏。至本朝言理則程伊川爲最，兼象數則朱子爲詳，集二書爲一，庶幾理與象數兼得之。」則董氏未合之前，倪氏已有此論矣。

徐氏端方**易發揮**

佚。

南昌府志：「端方，字矩叔，豐城人，自號絜矩病叟。」

程氏新恩**易圖**

佚。

黄震序曰：「易出於河圖，故學易者往往爲之圖，然於易未必皆有補。邵子畫先天圖，自震至乾，陽長而三，自巽至坤，陰長而三，圓其外以象天之動；乾始於西北，坤極於東南，方其内以象地之静。於以推測伏羲畫卦之本體，與説卦八卦相錯之説合，其學始見尊信於天下。然亦未有能整圓轉方，稜角爲圖，以應甲子、節氣變，而合文王後天之用者。宣城程君自右庠擢第，將歸，别余十①官宅，留示其兄玉塘君爻象承乘之圖，以乾位乎正南，以坤位乎正北，而包六子其内。自坤而東轉，一陽爲復，二陽爲臨，至三陽爲泰，則位正東；大壯之四陽，夬之五陽，又自東而南，極於乾焉。而西轉，一陰爲姤，二陰爲遯，至三陰爲否，則位正西；觀之四陰，剥之五陰，又自西而北，極於坤焉。坤再爲復，生生無窮，伏羲先天之體，遂有合於文王後天之用。易道隱賾，雖非余晚學之所能知，然使玉塘君非真有精深之力、超特之見，亦安能變通先天之妙如此哉？抑聞邵子以圖數言易，雖二程與之同時，亦未嘗過而問，繼此兼明其説者，惟一朱子。朱子嘗採先天圖八卦爲一節，不論月氣先後，今玉塘君變先天而順月氣，其分其合，果何居邪？異日朱子又謂震一陽，離、兑二陽，乾三陽爲圖之左，屬陽；以巽一陰，坎、艮二陰，坤三陰爲圖之右，屬陰。夫既以三而分屬左右②，自三而各重之，即爲十有二矣。又謂先天圖一日有一日道理，一月有一月道理，且以自坤而震，象月之初生，乾以象月之望，坤以象月之晦。夫自日而月，可配之弦望晦朔，則自月而年，亦可配之十二月氣矣。玉塘君得無以朱子之學，善學邵子，不泥其論月氣之論，則亦不泥其方圓之圖耶？先聖作易，以前民用，邵子先天，本之華山陳氏，亦以氣數占來，使民知吉凶避就之所在。玉塘君之圖之辭曰：『以之經世，尚奚難哉？其用心探討，思濟斯世爲如何？』然邵子本以經言常，以世言變，常變相生，推演以至元會，而世者三十年一小變云耳。玉塘君將移其説以治世，豈無自得之妙乎？面質未能，姑遠貽其説以諗之。」

① 「十」，依四庫薈要本、文淵閣四庫本、文津閣四庫本應作「于」。

② 「三而分屬左右」，文津閣四庫本作「三分而屬左右」。

陳氏沂**讀易記**

佚。

閩書：「沂，字伯澡，號貫齋，仙遊人。光祖之子，篤志文公之學，受業陳淳之門。」

按：北溪集中載與伯澡書三卷、答問二十篇，又爲作貫齋記，稱其「天姿粹澹，用功懇切」，蓋其高弟也。

黄氏以翼**易説**

佚。

閩書：「黄以翼，字宗台，泉州人。受業陳北溪、蔡白石，析理精詣，暮年記問益富，所著有周易、禮説。」

饒氏魯**易説**

佚。

董真卿曰：「魯，字仲元，號雙峰，饒州餘干人，學於勉齋黄氏。」

江西通志：「魯，字伯輿，累薦不起，及卒，門人私謚曰文元。」

徐氏幾**易輯**

佚。

董真卿曰：「幾，字子與，號進齋，建安人。宣教郎崇政殿説書，通判建寧府。學於節齋蔡氏，易輯解環中意。」

毛氏友誠**玩易手抄**

佚。

湖廣通志：「毛友誠，字伯明，平江人，移居巴陵。謝棄科舉，闔户讀書，龔安國高其行誼，延領泮宫，李蟠教岳陽，尤加禮敬，既殁，岳陽泮宫祠之。」

章氏元崇**周易釋傳**

佚。

姓譜：「章元崇，字德昂，歙人。兩冠鄉書，授於潛簿，終奉議郎，人號環溪先生。」

楊氏明復**周易會粹**

未見。

謝鐸曰：「周易會粹，臨海楊明復著，今亡。」

浙江通志：「楊明復，字復翁，臨海人。博通經籍，學者稱曰浦城先生，著周易會粹、尚書暢旨、詩學發微、冠昏喪祭圖。」

胡氏維寧**易筌蹄**

佚。

江西通志：「胡維寧，字季懷，廬陵人。」

方氏汝一**易論**

二卷。

佚。

閩書：「方汝一，字清卿，莆田人，著易論十二篇。」

王氏鎡**易象寶鑑**

佚。

姓譜：「鎡，池州人，爲中書舍人，兼侍講，著春秋門例通解、易象寶鑑。」

薛氏舜俞**易抄**

佚。

閩書：「舜俞，字欽甫，泉州同安人。教授南劍州三府，交薦差江西漕司幹官，罷。起江東常平幹官，改知金華縣，罷歸。有易抄，詩、書指。」

詹氏天錫**大易内解**

佚。

俞琰曰：「詹氏内解，其説雖繁，儘有可觀。」

李氏杞①**謙齋周易詳解**

二十卷。

未見。

〔四庫總目〕

其書原本二十卷，焦竑經籍志作謙齋詳解，朱彝尊經義考作周易詳解。考杞自序稱：「經必以史證，

① 「杞」，備要本誤作「祀」。

後世岐而爲二，尊經太過，反入於虛無之域，無以見經爲萬世有用之學，故取文中子之言，以周易名編。」其述稱名之意甚詳，竑及彝尊殆未見原書，故傳聞訛異歟？外間久無傳本，惟永樂大典尚散見各韻中，採掇裒輯，僅缺豫、隨、无妄、大壯、睽、蹇、中孚七卦及晉卦後四爻，其餘俱屬完善，謹排次校核，釐爲十六卷。（卷三，頁四十五，周易詳解十六卷）

〔校記〕

四庫輯大典本十六卷。（易，頁一一一）

董鼎曰：「杞，字子材，眉山人。」

按：杞，或以爲朱子門人，考朱子實記著録姓氏，録甲寅問答者，其字良仲，平江人，蓋别是一人，非解易之謙齋也。

陳氏廷言**易義指歸**

四卷。

未見。

黄虞稷曰：「廷言，字君從，寧海人。」

王氏愷**易心**

三卷。未見①。

黄虞稷曰：「台州寧海人。」

按：葉氏菉竹堂目有之②。

李氏彖**易統論**

佚。

江西通志：「李彖，字材叔，南城人，居藍田山，於諸經無所不説。」

孫氏義伯**復古蓍法**

佚。

姓譜：「義伯，豐城人。」

① 「未見」二字，四庫薈要本脱漏。

② 「按：葉氏菉竹堂目有之」，文淵閣四庫本置於此條「未見」二字之下。

冀氏珍**周易闡微詩**

宋志：「六卷。」

佚。

張氏杲**周易罔象成名圖**

宋志：「一卷。」

佚。

李氏贊**周易説**

宋志：「九卷。」

佚。

鄭氏子厚**大易觀象**

宋志：「三十二卷。」

佚。

宋史：「張埜補注。」

朱氏承祖**易摭卦總論**

宋志：「十卷。」

佚。

劉氏禹偁①**易解**

宋志：「十卷。」

佚。

湯氏羲**周易講義**

宋志：「三卷。」

佚。

鄒氏巽**易解**

宋志：「六卷。」

---

① 「禹偁」，備要本誤作「禺偁」。

佚。

安氏泳**周易解義**

宋志：「卷亡①。」

佚。

陸氏太易**周易口訣**

宋志：「七卷。」

佚。

趙氏仲鋭**易義**

宋志：「五卷。」

佚。

---

①「卷亡」，文淵閣四庫本誤作「二卷」。

劉氏贊**易統**

佚。

括蒼彙記：「劉贊，遂昌人，特奏召①。」

林氏起鰲**易述古言**

宋志：「二卷。」

佚。

劉氏半千**羲易正元**

宋志：「一卷。」

佚。

江氏泳**易解**

佚。

---

① 「特奏召」，依四庫薈要本、文淵閣四庫本、文津閣四庫本應作「特奏名」。

樓鑰志墓曰：「君諱泳，字元適，世居衢之開化。再應鄉舉不利，遂不仕。所居西莊，堂室軒館，下至器用，悉有銘，榜家塾曰時善，易、中庸皆有解。」

田氏君右**周易管見**

佚。

括蒼彙記：「縉雲人。」

潘氏植**易説**

佚。

丁易東曰：「安正潘氏植，字子醇。」

按：閩書韋布傳：「侯官有潘植，字立之，與弟柄從朱文公游。」當别是一人。

劉氏澤**易説**

佚。

丁易東曰：「易齋劉氏澤，字志行。」

馮氏大受**易說**

佚。

丁易東曰：「東越馮大受。」

儲氏泳**易說**

佚。

丁易東曰：「雲間儲氏，名泳。」

按：泳，號華谷，嘗注老子，又有祛疑說。

吴氏綺**易說**

佚。

熊良輔曰：「綺，字忠畝。」

陳氏義宏**易解**

佚。

方氏泳之**易口義**

一卷。

佚。

譚氏大經**易説**

佚。

翁氏泳**周易思齋口義**

佚。

董真卿曰：「泳，字永叔。」

閩書：「翁泳，建陽人，從蔡節齋游，注釋河、洛講義，學者稱思齋先生。」

湯氏焕**周易講義**

□□①：「三卷。」

---

① 「□□」，文淵閣四庫本作「宋志」。

佚。

徐氏君平**易説**

佚。

按：徐氏易説，李氏學易記引之。

鄭氏廷芬**易索隱**

佚。

閩書：「鄭廷芬，字國華，興化故縣人。官太學博士，提舉漳州路常平，遷成都路轉運使。」

郭氏長孺**易解**

十卷。

佚。

曹學佺曰：「長孺，不知何許人，僑居成都，見隱逸志。」

經義考卷三十八

易三十七

呂氏大圭**易經集解**

佚。

學易管見

七卷。

佚。

胡一桂曰：「呂氏學易管見，上、下經五卷及繫辭上、下二卷，專取陰陽對卦並論，如乾、坤作一論，夬、剥作一論之類①，發明多好。」

中興館閣續録：「大圭，丁未進士，咸淳五年除著作郎。」

閩書：「大圭，字圭叔，泉州南安人。師事楊昭復，昭復之學得之陳淳，淳之學得之朱文公，世號温陵截派。登進士，授潮州教授，改贛州提舉司幹官，秩滿，連調袁州、福州通判，升朝散大夫，行尚書吏部員外郎，兼國子②編修實録檢討官，兼崇政殿説書，出知興化軍。德祐初元，轉知漳州軍，節制左翼屯戍軍馬，未行，屬蒲壽庚率知州田子真降元，捕大圭至，令署降表，大圭不署，變服逃入海，壽庚追殺之。所傳易經集解、春秋或問、學易管見行於世。」

佚。

孫氏嶸叟**讀易管見**

胡一桂曰：「讀易管見首列圖、書，先、後天等圖及説，仍逐③卦爻解説，不著經文，未有繫辭舉易。嶸叟，會稽人，咸淳丙寅倅新安，刊於郡齋。」

紹興府志：「孫嶸叟，字仁則，餘姚人。第進士，復中博學宏詞科，官至禮部侍郎兼太子賓客。卒，

---

①「類」，備要本誤作「數」。
②「國子」，依四庫薈要本、文淵閣四庫本、文津閣四庫本應作「國史」。
③「逐」，備要本誤作「遂」。

謚忠敏。」

王氏幼孫**易通**

一卷。

佚。

程鉅夫碣曰：「幼孫，字季稚，廬陵人。寶祐丙辰赴闕上書，言國事餘萬言①，不報，歸，教授於鄉。宋之亡，其友文丞相兵敗，執以歸，過廬陵，謁於驛舍，爲文祭之，期以必死，辭氣慷慨，左右嗚咽，莫能仰視。自是與賓客過從，守經執禮，浩然以終也。」

方氏回**讀易析**一作「釋」**疑**

佚。

易中正考

佚。

---

① 「餘萬言」，四庫薈要本、文津閣四庫本俱作「萬餘言」。

易吟

一百首。

存。載桐江續稿。

回自序曰：「回年三十六，别院省試第一，歷官隨州教授、江東提舉司幹辦公事、國子正太學博士，通判平江府，改常州，再改安吉州，除太常寺簿、監察御史，知建德府，除秘書郎，加直秘閣，於是年四十有九矣。丙子春二月六日，奉太皇太后、嗣君詔書，以郡歸附。始行在所，宰執大臣以嗣君名具表納土送璽於皋亭山，在正月十八日①；軍馬入臨安府，易守在二十日；回猶堅守孤城二月餘，王郎中世英、蕭郎中郁，提兵五千，賫②詔至郡，爲小郡者力不能全矣。」

洪焱祖曰：「方總管回，字萬里，歙縣人。」

黎氏立武周易説約

一卷。

佚。

①「日」，備要本誤作「目」。

②「賫」，四庫薈要本、文淵閣四庫本、備要本俱作「賫」，文津閣四庫本作「齎」。

吴澂撰碑曰：「元中子黎氏，諱立武，字以常，臨江新喻人。擢進士第三人，授承事郎，僉書鎮南軍節度判官，召試館職，除秘省校書，轉著作郎、國子司業。」

江西通志：「立武，淳熙四年進士，累官國子司業、文華閣待制，考試臨川，得吴澂，時稱其知人。其學宗白雲郭氏，自號寄翁，學者稱爲所寄先生。與文山、疊山相友善，建金鳳書院，以淑後學。」

高氏斯得**易膚説**

佚。

中興館閣續録：「高斯得，字不妄，貫邛州①，登己丑榜，咸淳五年，除著作佐郎。」

周密曰：「高耻堂自世變後，極意經史，著述甚多，手抄日以萬字。」又曰：「姚子敬處有耻堂易膚説。」又曰：「子昂云高耻堂有易説、詩、書解。」

姑蘇志：「高斯得，舉進士，官至簽書樞密參知政事，學者稱爲耻堂先生。」

徐氏直方**易解**

六卷。

未見。

---

① 「邛州」，四庫薈要本、文津閣四庫本俱誤作「印州」。

胡一桂曰：「直方，字立大，號古爲先生。初，補迪功郎，咸淳三年，進易解六卷，只上、下經，前有進表及圖象，後除正言，官至江東憲。」

胡氏次焱**餘學齋易説**

未見。

董真卿曰：「次焱，字濟鼎，徽州婺源人，有餘學齋易説。」

姓譜：「次焱，咸淳四年登第，授湖口主簿，改貴池尉。德祐乙亥，歸家，以易教授鄉里。」

何氏夢桂**易衍**

二卷。

未見。

姓譜：「夢桂，字巖叟，淳安人。咸淳乙丑進士第三，爲太常博士，歷監察御史，宋亡，不仕。所著有易衍、中庸致用等書，於易尤精，有先儒所未發者。」

方氏公權**古易口義**

佚。

閩大紀：「方公權，字立道，莆田人。咸淳元年進士，歷廣東教授、太常丞，景炎後不仕，人稱石巖先生。」

孟氏文龍**易解大全**

三十卷。

佚。

姑蘇志：「孟文龍，字震翁，浙東提舉常平幹辦公事，元平章史弼等薦起之，致書以死辭，不出户庭者三十年，著易解大全三十卷。」

曾氏子良**周易輯説**

佚。

吴澂序曰：「易之道，其大如天，其廣如地，其悉備也，如天地間之萬物，無所不有。世之説易者，各隨所見，苟不悖於理，其爲言也必有可觀。無他，易廣大悉備，無不包羅，無不該偏故也。金谿曾先生，諱子良，在宋兩貢於鄉，擢進士科，仕至縣令，晚節隱居教授，以通經學古、能詩能文爲後進師。臨川饒宗魯遊其門，每日授易，所聞皆能記憶。師既卒，乃祖述其意，撰著新辭，文口談之質俚，如傳注之純雅，名曰周易輯説。意或未安，不敢輒改，蓋有漢儒治經守家法之遺意焉。先生之年，吾父黨也，素所敬慕者，今因所輯，得窺前輩之所學，又嘉宗魯之能守其師説也，是以爲之序。」

江西通志：「曾子良，金谿人。登咸淳戊辰進士第，調興安尉，遷淳安令。入元，程鉅夫薦爲憲僉，不赴。扁其室曰節居，學者稱平山先生。」

嚴氏肅**樸山易説**

十四卷。

佚。

吴澂曰：「太和嚴肅辭達官，以秘書省校勘，而亦不仕，所著易解進於朝。」

揭傒斯曰：「樸山易説十四卷，宋末吉之太和嚴先生肅所著也。咸淳中，江丞相萬里、馬丞相廷鸞皆好其書，爲獻之天子，徵爲秘書省校勘。宋亡之歲三月，亦以疾亡。原夫易之道深遠矣，世之言易者至衆矣，嚴氏之書最晚出，致使名宰相獻之天子，藏之秘府，固有以得聖人之心乎？先生以四聖人之心，竭四十年之力，其書不與國俱盡，宜哉。」

吴氏霞舉**易管見**

六十卷。

佚。

筮易

七卷。

佚。

新安文獻志：「霞舉，字孟陽，號默室，休寧人。所著有易管見六十卷，筮易七卷，太玄、潛虚圖説十卷。」

史氏蒙卿**易究**

十卷。

佚。

宋史：「蒙卿，咸淳元年進士，調江陰軍教授，早受業於巴川陽恪，爲學淹博，著書立言，一以朱熹爲法。」

袁桷曰：「蒙卿，字景正，鄞人。仕宋，爲迪功郎、景陵縣主簿，喜奇説，禮部尚書王公應麟多傳授之，卒以奇不合於王公。」

鄧文原曰：「先生易究十卷，雖未及見，然聞所論河圖、洛書，足以抉先儒未發之藴。」

黄溍曰：「四明之學祖陸氏而宗楊、袁，其言朱子之學者，自黄氏震、史氏蒙卿始。繼朱子之學者，自旻氏淵、大陽先生枋、小陽先生岊，以至於史氏；黄氏主於躬行，而史氏務明體以達用。」

邱氏富國**周易輯解**

十卷。

佚。

學易說約

五篇。

佚。

閩書：「丘富國，字行可，建安人，受業朱氏之門人。爲端陽簽判①，宋亡，不仕。著周易輯解十卷、易學說約五篇、經世遺書三卷。」

包氏天麟易注

佚。

姓譜：「天麟，字仁甫，江陰人。咸淳間舉博學宏詞科，嘗注易、詩、書、春秋。」

鄭氏儀孫易圖說

佚。

① 「簽判」，文津閣四庫本作「僉判」。

閩書：「鄭儀孫，號翠屏，建安人，從丘①富國學易。咸淳癸酉應賢良舉，明年，少帝北行，儀孫退而著書，作易圖説解，大學、中庸章句。」

魏氏新之**易學蠡測**

佚。

宋濳室曰：「故宋迪功郎慶元府學教授魏新之，著易學蠡測，又見先儒列卦爲方圓圖，乃以己意成三隅圖，曲盡妙理，門人王德先演而傳之。」

張時徹曰：「魏新之，字德夫，桐廬人。咸淳辛未進士，爲慶元府教授，在官以濂、洛、關、閩正學爲己任。德祐丙子，元兵入臨安，游軍至蘄②，時學設兩教授，號東、西廳教授，王㮙懼曰：『吾儕死生決於今日矣。』新之從容曰：『非止今日，有生之初已定，不若聽之。』顔色不少變。」

汪氏深**周易占例**

佚。

---

① 「丘」，文津閣四庫本、備要本俱誤作「邱」。
② 「蘄」，文淵閣四庫本作「鄞」。

深自序曰：「昔者聖人作易以明①民，托之卜筮，然所得之辭，或有懸隔者，如問婚而得田獵，問祭祀而得涉川，問此荅彼，闊然不相對，豈有遷就迂誕而用之者哉？若是，則卦爻之辭皆贅言矣。傳曰：『其言曲而中，其事肆而隱，因貳以濟民行，以明失得之報。』又曰：『明於天之道，而察於民之故，是興神物，以前民用。』又曰：『探賾索隱，鉤深致遠，以定天下之吉凶，成天下之亹亹者，莫大乎蓍龜。』故繫辭焉，所以告也，定之以吉凶，所以斷也。』今占筮所得之辭，乃不應合，而在於遷就用之，則奈何哉？蓋嘗思之，易以卜筮設教，古人之卜筮，蓋少也，非有大疑，不疑②不卜也。其見於書者，虞有傳禪之筮，周有征伐之卜而已。故洪範曰：『汝則有大疑，謀及乃心，謀及卿士，謀及庶人，謀及卜筮。』而從逆之間，人謀先之，卜筮次焉。蓋誠以事有兩可之疑，而後托之卜筮也。而其占又必誠敬專一，積其求，決之真情，至誠以達於神明，故神明感應之誠亦正，告之以利害趨向，而不浪漫也。且易之初，其以六十四卦示人以占之例，亦已廣矣。求君父之道於乾，求臣子之道於坤，婚姻於咸、恒、漸、歸妹，待於需，進於晉，行師於師，爭訟於訟，聚於萃，散於渙，以至退於遯，守於困，安於泰、鼎，厄於夷、蹇，盈於豐、大有，壞於損、蠱，家人之在室，旅之在塗，既、未濟，損，益，大、小過，大、小畜，得失進退之義。雖卦名之爲七十九字，文義明白，條例具足，亦可決矣。此未有文王卦辭之前，已可占而斷者，況又三百八十四爻，而示之以變乎？夫人誠有大疑，謀及卜筮，必積其誠意，備其禮物，齋戒專一以占之。大傳曰：『是以將

① 「明」，依補正、四庫薈要本應作「前」。

② 「疑」，依文淵閣四庫本應作「筮」。

有爲也，將有行也，問焉而以言。其受命也如響，無有遠近幽深，遂知來物。』此占筮必得應合之辭，受命者，神明受禱占者之命辭也，如響者應之端的，而不漫浪以告也。儻有一毫不敬不誠不一之心，則問此而答彼，闊焉而不與事相酬，實神明之所不主而不告者也，又何受命如響之云？曷不即卦辭考之，文王於蒙嘗起其占，童蒙筮之教矣，其言曰：『匪我求童蒙，童蒙求我。初筮告，再三瀆，瀆則不告，利貞。』周子曰：『筮者，扣神也，再三瀆，瀆則不告矣。』此文王之所以起其例也。夫占而揲蓍，積十有八變，必成一卦，卦必有卦辭，爻必有爻辭，可以言其告不告也？蓋誠意專一而筮，則神之告之，卦辭、爻辭應合所問。如占婚姻，與之咸、恒，曰『納婦吉』、曰『勿用取女』、曰『歸妹征凶，無攸利』；占征伐，曰『利用侵伐』、曰『在師中，吉』、曰『不利行師』、曰『勿用師』；占田獵，曰『田獲三狐』、曰『田獲三品』、曰『即鹿無虞』、曰『田無禽』。若此者，皆所謂告也。若夫卦辭、爻辭不應所占之事，此則誠意不至，二三之瀆，而所謂不告者也，此即文王之所謂不告也。不然，則得卦爻，必有辭以告之，又何以有不告之云？夫誠敬不至，則吾心之神明不存，而神明之神亦爽，得不合之辭，而猶曰：『神明之告我也，必有他意。』揣摩臆度，遷就曲推，彊取以定吉凶，以至狂妄①僥倖、悖亂之念，皆自此生者，古有之矣，是惑之甚也。況世之占者，忽略滅裂，褻瀆瑣細，不敬尤甚，乃欲以此求神明之指其所之，至於不驗，又妄以爲卜筮之理不可信，彼②豈知夫告不告之道哉？余之有見於此也，乃取卦、爻辭，以人事分門別例，編爲一

---

① 「狂妄」，文津閣四庫本作「姦妄」。

② 「彼」，四庫薈要本、文津閣四庫本作「從」。

書，俾世之占者以類求之，必本乎誠敬專一之道，而知占之不妄以告人也。豈不有以解千古之惑，而發聖人之藴乎？羲、文、周、孔在天之靈，不易吾言矣。」

〔補正〕

胡一桂曰：「鄱陽汪深所性，先人私淑之友也。嘗作占例，自爲之序，足以發朱子之所未發。」

自序内「昔者聖人作易以明民」，「明」當作「前」。（卷二，頁五）

練氏耒**大易發微**

佚。

閩書：「練耒，或作來，字彦本，建安人。宋遺民，閉門著書，有大易發微、二禮疑釋。」

邱氏葵**易解義**

佚。

閩書：「邱葵，字吉甫，同安人。早有志考亭之學，初從辛介甫，繼從信州吴平甫授春秋，親炙①吕大圭、洪天錫之門。宋末科舉廢，杜門勵學，居海嶼中，因自號釣磯翁，所著有易解義、書解、詩口義、春秋通義、四書日講、周禮補亡。」

① 「親炙」，依文淵閣四庫本、文津閣四庫本應作「親炙」。

石氏一鰲周易互言總論

十卷。

佚。

黄溍表墓曰："一鰲，字晉卿，義烏人，宋鄉貢進士。初，徐文清公倡道丹溪上，及門者或仕或不仕，皆時聞人，文清之學蓋親得於考亭，而秘書丞王君世傑則有得於文清者也。先生少受業於王君若訥，既又從秘丞游，晚而覃思於易，其爲説皆本於徐氏。"

吴澂序曰："上古聖人作卦象以先天，而其體備於八八，作蓍數以前民，而其用衍於七七。八八之象本於一，而一無體，七七之數始於一，而一不用，合卦與蓍，是謂之易。中古聖人體卦用蓍，繫之彖、繫之爻，其辭雖爲占設，然擬議所言，理無不貫，推而行之，占云乎哉？秦、漢而下，泥術數者漏、演辭義者泛，而易道晦矣。至邵子極探卦象蓍數之原，而易之道大明，夫子以來一人而已，而於文王、周公之辭，有未暇及也。若程子之傳，則因文王、周公之辭，以發其真知實踐之理，推之爲修齊治平之用，宜與三古聖人之易而爲四，非可以傳注論。昔夫子年將七十，有『假我數年，卒以學易』之語，是經豈易學哉？主簿傅君，以其師石君晉卿所著易説示余，余讀之，喜其説理之當、説象之工，蓋於象數理學，俱嘗究心，世之剽掠掇拾以爲説者，何能幾其十一？聞石君兩目無見，古之瞽者爲樂師，取其用志不分也。樂，一藝耳，易之道，詎一藝所可比？瞽而爲易師，亦其外物不接，内境常虚，故能專致若是歟？或曰：『子之於易，與石君不同，何也？』曰：『予補朱義者也，石廣程傳者也。君釋象，予亦釋象，則皆程、朱之所未言者，雖有不同，而言固各有當也。予又安敢以予之未必是，而廢石君之是哉？』」

饒氏宗魯**易傳庸言**

佚。

江西通志：「饒宗魯，字心道，臨川人。」

黄虞稷曰：「宗魯嘗輯所聞於平山曾子良者，爲周易輯說，别自撰易傳庸言。」

熊氏采**周易講義**

佚。

萬姓譜：「采，建陽人，寧武州參軍，入元，不仕，著易講義、書說。」

衛氏富益**易經集説**

佚。

浙江通志：「衛富益，崇德人，從金履祥學，深探易旨。宋亡，富益日夜悲泣，設壇爲文，祭故相文天祥、陸秀夫、張世傑，聞者無不墮淚。晚歲隱居湖之金蓋山，年九十六，卒，門人謚曰正節先生。」

陳氏普**易經解注**

二册。

未見。

閩書：「陳普，字尚德，别號懼齋，福寧人，居石堂山，學者稱石堂先生。宋鼎既移，三辟本省教授，不起。作四書句解鈐鍵，學、庸旨要，孟子纂圖，周易解，尚書補微，四書、六經講義，凡數百卷。」

閔文振作傳曰：「石堂先生聞恂齋韓氏倡道浙東，負笈之會稽，從之游。韓之學出慶源輔氏，輔氏，朱門高弟也，淵源所自，屹爲嫡派，故其學甚正。嘗曰：『聆韓先生夜旦誦四書，如奏九韶，令人不知肉味。』故其用功本諸四書，四書通，然後求之六經，不貴文辭，不急禄仕，惟真知實踐，無媿古之聖賢。宋鼎既移，决意卷藏，朝廷三使辟爲本省教授，不赴。開門授徒，巋然以師道自任，四方及門數百人。」

易講義

一卷。

存。

陳氏煥**易傳宗**

佚。

江西通志：「陳煥，字時可，豐城人，兩與鄉漕薦。入元，隱居不仕，學者稱爲巏山先生。」

謝氏枋得**易説**

未見。

董真卿曰：「謝氏易説，十三卦取象。」

宋登科録：「枋得，字君直，小名鍾，小字君和，貫信州貴溪縣，見居弋陽新政鄉儒林里，寶祐四年二甲第一名。」

經義考卷三十九

易三十八

何氏基**易學啓蒙發揮**

二卷。

未見。

基自序曰：「圖、書出而易之數顯，卦、爻畫而易之象明，蓍、策設而易之占立。曰數、曰象、曰占，是三者乃聖人作易之大用，捨是則無以爲易。一以貫之，則畫前太極之妙，又易道之根源也。在昔伏羲氏繼天立極，不過因造化自然之數，推卦畫自然之象，倣蓍策自然之變，作爲卜筮，以告夫後世，使人得以決疑成務，而不迷吉凶，惟若指塗云爾。至文王之繫彖、周公之繫爻，雖曰因事設教，丁寧詳密，然又不過即卦象之所值，依卜筮以爲訓，俾之觀象翫占、避凶趨吉，以爲處己應物之方，而不失其是非之正而已。觀其爲書，廣大悉備，冒天下之道，變通不窮，盡事物之理，然其於易道之根源、義理之精蘊，未始數數言也。迨夫世變日下，易之爲用，浸淫於術數，故夫子十翼之作，始一以義理言之，而不專求之象數占筮之間，是故因俗淳漓爲教，不得不然也。然聖人之書，本末不遺，而顯微無間；極深研幾，固以爲開物成務之方；洗心藏密，亦豈忘與民同患之意。今觀大傳之篇，高極於陰陽變化之理，精究於性命道德之微，雖其閎遠藴奥，未易窺測，然而細研之，則亦莫非象數之深旨與夫占筮之妙用。至所謂君子居則觀象翫辭者，則又使人雖平居無事，亦得以從容玩釋，即燕閒静一之中，而自得夫齋戒神明之用。推之日用云爲，有不待列蓍求卦而占自顯者。其視羲、文之易，其爲教益備、爲用益廣、爲理益精耳。紫陽子朱子自少翫易，盡①洗諸儒之曲説，而獨得四聖之本心。謂易本爲卜筮而作，故觀爻、彖者要嘗深探占象之精意，而不必强合以外求之義理。至夫子大傳，雖曰發天之藴，莫非極致，然亦不過窮象數之本原，括②卦爻之凡例，若其微辭奥義，則又曲暢旁通，因而及之。故其言曰：『周子通書有云：「聖人之精，畫卦以示；聖人之藴，因卦以發。」以是觀之，經文主於占象者，畫卦以示之精也；大傳詳於義理者，因卦以發之藴也。其説的確簡明，聖人復起，不易吾言矣。』始愚讀大傳、説卦諸篇，見其淵微浩博，若無津涯，而説者類皆汗漫不精，涣散無紀，及得朱子本義之書，沉潛反復，犂然有會於吾心，洙、泗微旨，乃可得而尋繹。然其辭尚簡嚴，未能盡達也。因徧閲文集、語録諸書，凡講辨及此者，隨義條附於本義之後，首尾畢備，毫析縷解，疑義罔不冰釋。標曰朱子繫辭發揮，因藏之笥櫝，以備遺

① 「盡」，備要本誤作「書」。
② 「括」，備要本誤作「拞」。

忘。畏齋王君用功程傳，頃以精本刻梓盱江，謂大傳未有善解，見愚所論發揮，愛之不釋，已刊之家塾，蓋將融會二先生之書，以求經、傳之深旨。書成，復俾基題識其首，乃本朱子論易之意，僭述梗概，與同志共焉。至若朱子指示所以讀繫傳之要旨，已具見於綱領，兹不贅敘，亦在乎善讀之而已。」

王柏後序曰：「沖漠無朕，而萬象已具；風氣漸開，而人文漸明；非一聖一賢之所能盡發。故伏羲氏之畫八卦也，仰觀俯察，近取遠取，得河圖而後成，雖曰闡陰陽變化之妙，而其用不過教民決可否之疑而已。歷唐、虞、夏、商，有占而無文，至文王始繫之以彖，周公繫之以爻，吾夫子又從而爲之傳。更三古四聖人，而易之爲書始備，蓋非一時之所能備也。文王變後天之卦，而先天之易幾於亡；大傳發義理之奥，而變占之用幾於隱。後世不能會通而並觀，於是尚義理者淫於文辭，尚變占者淪於術數，而易道始離矣。我朝盛時，邵子密傳羲畫而缺於辭，程子晚繹周經而缺於象，先後不二十年，而從游非一日，乃不相爲謀，而各自成書。皆臨終而後出書，雖不同，而各極其精微，反若分傳而互足。異哉！易道之所以大明也。由是朱子著爲本義，謂易本於占，而義爲占而發，懼後學梏於見聞而未易信也，又作啓蒙四章，先開其秘而祛其惑。首之以本圖書、原卦畫，示易之所由始也；次之以明蓍策、考變占，示易之所以用也。然亦各爲一書，而學者猶未能融會而貫通之。北山何先生受業勉齋之門，聞此義爲最蚤，晚年纂輯朱子之緒論，羽翼朱子之成書，不敢自加一字，而條理粲然，群疑盡釋。至於引本義之彖辭，參於變占之後，使千百年離而未合者，兩無遺恨，真有得於體用一原、顯微無間之深旨，豈不爲後人之大幸歟？先生無恙時，因約齋王使君請刊梓於盱江，嘗命僕序其首，僕固辭不敢承。先生今亡矣，不可使觀者不知編摩之大意，於是忘其疏鹵，述其略於後云。」

吴師道曰：「北山先生何基，字子恭，婺州金華人。淳祐①中趙汝騰守婺，延聘請講，辭不就。景定五年，補迪功郎，添差婺州州學教授，兼麗澤書院山長。咸淳改元，除史館校勘，兼崇政殿説書，控辭再三，改承務郎，主管華州西嶽廟，終亦不受也。四年十二月，卒，國子祭酒楊文仲請於朝，謚文定。」

王氏柏讀易記

宋志：「十卷。」

未見。

涵古易説

宋志：「一卷。」

未見。

大象衍義

宋志：「一卷。」

未見。

---

① 「淳祐」，備要本誤作「淳佑」。

吴師道曰：「魯齋先生王柏，字會之，婺州金華人。從北山何基學，爲麗澤、上蔡兩書院師。咸淳十年五月，卒，國子祭酒楊文仲請於朝，贈承事郎，謚文憲。傳其學者，仁山金履祥、導江張頴也。」

朱氏元昇**三易備遺**

十卷。

存。

家鉉翁進狀曰：「竊惟義理之學，託象數而傳者也。昔河南程氏倡道於洛時，則邵雍發經世不傳之妙；新安朱氏講學武夷時，則蔡元定明圖、書未發之旨。今其遺編皆在，而世之學者，知讀程、朱之書，而不知窮邵、蔡之學，象數之傳無傳焉。幸而有一人事此爲事、學此爲學，蓋千百而一二者也，而沉滯下僚、堙厄冗役，無以自振拔於當世，適仕於鉉翁之部内，是用忘分出位，具以名聞。竊見承節郎差處州龍泉、遂昌、慶元縣，建寧府松溪、政和縣巡檢朱元昇，苦心舊學，篤志遺經，獨探象數之傳，自悟羲、黄之藴，著中天歸藏書數萬言、爲圖數十，以述其所自得之學。其説謂伏羲易，先天學也；黄帝易，中天學也。乾南坤北、離東坎西，震、艮、巽、兑奠於四隅，而爲八卦，八其八而爲六十四卦者，先天易也；十日、十二子納而爲六十甲者，中天易也。中天，自先天來者也，其名雖異，其理則一。於是以中天六十甲配先天六十四卦，而六十甲之序與先天六十四卦之序，自然脗合，不爽錙銖。以是知黄帝作六十甲，所以發先天六十四卦不盡之義，載陰陽五行之功，用①被之天下萬世者，中天歸藏易也。孔子於商道而取坤、乾，所取者，商之歸藏，而中天之易於是乎在。商易名歸藏，而黄帝亦以歸藏爲氏，商易用歸藏，而商之諸君皆以甲丙辛壬爲號，以見歸藏之書作於黄帝，而六十甲與先天六十四卦並行者，乃中天歸藏易也。歸藏易自漢初已亡，元昇述其意而爲此書，以自然之數納自然之音符、自然之象，縱施横設②無一不合，皆元昇所自悟者也。至於邵氏之經世，蔡氏之圖、書，與近代諸儒象數之學，皆能洞究其義，爲之折衷。其用功甚勤，其探討甚精，非徒掇拾前人之文字語言爲之講解，漫以學問自見者比。其人早遊場屋，有聲，屢舉不第，捨而以右科奮，圖竊升斗之禄，以供菽水之養，身墮右弁，官爲徼巡，而探賾鉤深，卧起不輟。窮壯老堅，貞士之有志於學者，而恬於進取，不求人知，人亦無有能知之者。鉉翁將指於粤，始識其人，是用冒犯斧鉞之誅，僭以元昇所學，上徹於朝，仰祈萬一之采③録。除已具録奏聞，乞特賜甄擢，收之冗散之役，處以校讎之任，使海内學士知以象數爲學，不惟陳言舊説之是務。其於興起文治、作新斯人，實非小補，伏候指揮。咸淳八年六月。」

〔四庫總目〕

卷首載咸淳八年兩浙提刑家鉉翁進書狀稱：「承節郎差處州龍泉遂昌慶元及建寧松溪政和巡檢朱

①「用」，備要本作「周」。

②「設」，備要本誤作「投」。

③「采」，文津閣四庫本作「採」。

元昇。」卷末士立跋稱：「咸淳庚午，備遺成帙，則堂家先生用聞於朝。三載，先子殁云云。」疑其即終於是官。庚午爲咸淳六年，而狀署八年，殆傳寫誤六爲八歟？（卷三，頁五十一—五十一，三易備遺十卷提要）

林千之序曰：「自昔聖智開物，必有爲之先者。聖人有作，天不愛其道，發祥闡靈，無復隱秘，聖人則而象之，天地陰陽之情，始爲天下洩。此河圖、洛書，天所以開聖人，而聖人所以畫卦，以開天下後世也。大傳曰：『河出圖，洛出書，聖人則之。』是圖、書並出於伏羲之世矣。其言河圖示羲、洛書賜禹者，非也。周官：『掌三易之法，一曰連山，二曰歸藏，三曰周易，其經卦皆八，其別皆六十有四。』是八卦已重於伏羲之世矣，其言文王重之者，非也。秦燔六籍，易以卜筮之名得全，然坤、乾之義，夏時之等，吾夫子已嘆杞、宋文獻之不足徵，則二書不待至漢而亡久矣。水簷朱公博極群書，尚友千載，絶識異辭，玄感冥契，自初年與邵子之書有所悟入，著邵易略例若干卷。首明河圖、洛書之辨，以爲：『孔安國、馬融、鄭康成、關子明諸儒皆謂自一至十爲河圖，自一至九爲洛書，惟劉牧反是，牧非無見而然也。按：春秋緯：「河圖之篇有九，洛書之篇有六，河以通乾出天苞，洛以流坤出地符。」河圖本於天，宜得奇數而居先；洛書本於地，宜得偶數而居後。』此其所據依以爲左驗者也。由是因往順來逆之八卦，推五行納音，以明四十五數之爲河圖；因起震終艮之八卦，推五行生成，以明五十五數之爲洛書，而三易之大綱定矣。連山，夏易也，賈公彦謂連山作於伏羲，因於夏后氏，夏后氏之易不可見，即伏羲之易可見矣。夏時之行，自漢太初歷至於今，未之有改。連山之易不可見，即春首純艮之義可見也。說卦曰：「艮，東北之卦也，萬物之所成終而成始也。」又曰：「終萬物、始萬物者，莫盛乎艮。」邵子雖以此一節爲明文王之卦，要之首艮之祕，固已具於「所成始始①」、「萬物」之兩言。是以述連山象數圖，以備夏后氏之易之遺。大傳曰：「顯諸仁，藏諸用。」説卦曰：「乾以君之，坤以藏之。」賈公彦周官疏曰：「歸藏以純坤爲首，萬物莫不歸藏於其中。」按：歸藏，黄帝易也，商人用之。昔黄帝命大橈作甲子，使伶倫造律吕。日辰有十幹十二支，而其相承之數究於六十；律吕有五聲十二律，而其相承之數亦究於六十。乾老陽之策三十有六，坤老陰之數②二十有四，此六十也；震、坎、艮少陽之策三十二，巽、離、兑少陰之策二十八，亦六十也。稽之以納音，定之以策數，已亥爲陰陽之終，子午爲陰陽之始。六甲、納音遇已亥子午之間，陰陽終始之際，數必交、音必藏。交則生生之機不息，藏則化化之迹不露。一象一數，莫不與圖、書合。是以述歸藏象數圖例，備商易之遺。八卦之象，不易者四，反易者二，此以六變而成八也。重卦之象，不易者八，反易者二十有八，此以三十六變而成六十四也。其説尚矣，未有究先天、後天之體用，因象數之合以驗羲、文之合者。乾、坤之體不互，夬、姤、剥、復具；乾、坤之體不互，既濟、未濟具；坎、離之體不互，其餘互體爲卦五十六。其説尚矣，未有悉以繇辭，爻辭，彖、象之辭證之者。是以演反對互體圖例，備周易之遺。』公於三易，可謂補苴隙漏，張皇幽渺，尋墜緒之茫茫，獨旁搜而遠紹者矣。抑公之於圖、書，非求與文公先生之説異也。先生釋『聖人則之』之義曰：『則河圖者虚其中，則洛書者總其實。虚五與十者，太極也，則虚其中者，亦太極也，奇耦之數各二十者，皆兩儀也。以一二三四爲六

① 「所成始始」，依補正、四庫薈要本、文淵閣四庫本、文津閣四庫本應作「所成終始」。
② 「數」，文津閣四庫本作「策」。

七八九者，四象也。一二三四而含九八七六，縱横十五而互爲七八九六，四象也。析四方之合以爲乾、坤、離、坎，補四隅之空以爲兑、震、巽、艮者，八卦也。四方之正以爲乾、坤、坎、離，四隅之偏以爲兑、震、巽、艮，則亦八卦也。』且畢之曰：『又安知圖之不爲書，書之不爲圖也邪？』由是觀之，公之説若與文公異，而未嘗不與之合也。備遺既脱稿，當路以之傳聞，悉上送官，籍記後省，而公老矣，亡禄即世。其子起予在丙子歲以示千之，時方干戈搶攘，欲考訂肯綮，未皇①也。明年，起予即世，仲子起潛獨抱手澤於風波溟涬中，十有八年于兹，公遺言我書必得能一爲序，於是繕寫成編，惠而好我，口授手畫，亹亹忘倦，其間眂舊書，多所補正，猶司馬子長成一家言於周南執手之後，而太玄可無俟後世之子雲。幸哉有子如此夫。千之少以三禮從公之族子元夫先生游，辱公忘年定交，雖不獲面受此書，請問論著大指，厥既從起潛盡見其書而讀之，竊窺其概。後死不佞序，焉敢辭？起予名仕可，世登右科；起潛名仕立。癸丑臘月朔。」

〔補正〕

林千之序内「所成始始」，當作「終始」。（卷二，頁五）

葛寅炎序曰：「連山，包犧先天易也；歸藏，黄帝中天易也；周易，西伯後天易也。是三易也②，皆遇孔聖，皆脱秦火，皆厄漢九師也。宋室龍興，五星奎聚，天生大賢於龜馬初出之地，豈偶然哉？余讀

---

① 「未皇」，依文津閣四庫本應作「未遑」。

② 「是三易也」四字文淵閣四庫本脱漏。

經世書，而知先天之傳在邵子；讀易傳，而知後天之傳在程子，獨怪夫中天曠千百餘年無傳焉。余尉青田，以王事會水簷朱君於沐鶴溪，公退之暇，出一編書示余，曰三易備遺。其推原歸藏中天之妙，引之於先天，不見先天之爲先，推之於後天，不見後天之爲後。是將合邵、程爲一書，獨傳有熊氏不傳之妙也。嗚呼！道之興，天也，廢亦天也。其廢而復興，庸非天乎？孔子曰：『吾欲觀商道，是故之宋，而①不足證②也，吾得坤、乾焉。』使天不生③於皇風既邈之後，黃帝之道將無傳焉；不生微子於商緒將墜之初，湯之道獨得而存乎哉？吾想其抱祭器而來歸也，乾、坤④之道，已得之宋矣。嗚呼！姬轍之東，茫茫禹迹，知有是書者誰也？宋雖有是書，知有是道者誰也？夫子，商人也，乃獨知焉。嗚呼！天遺商道於商之後，而必使商人知之，是可以觀天意矣。嗚呼！曠千百餘年，朱君何從而知之乎？其聞之邵、程子乎？聞之有熊氏乎？曰聞之天。時咸淳癸酉四月朔日書。」

〔補正〕

葛寅炎序内「使天不生於皇風既邈之後」，「生」下脱「夫子」二字。「乾、坤之道，已得之宋矣」當作「坤、乾之道」。（卷二，頁五）

元昇自序曰：「周禮春官：『掌三易，一曰連山，二曰歸藏，三曰周易。』連山作於伏羲，用於夏。歸

① 「而」，依文淵閣四庫本應作「而文」。
② 「不足證」，四庫薈要本、文淵閣四庫本俱作「不足徵」。
③ 「使天不生」下，依補正應補「夫子」二字，文淵閣四庫本、文津閣四庫本俱作「使天不生孔子」，四庫薈要本作「朱君」。
④ 「乾、坤」，依補正、文淵閣四庫本應作「坤、乾」。

藏作於黃帝，用於商。周易作於文王，用於周。一代之興，必有一代之易，雖不相沿襲，而實相貫通。連山首艮，歸藏首坤，周易首乾，其經卦皆八，其別皆六十有四。是數聖人者，豈各出意①見以爲斯易哉？龍馬之所呈、神龜之所授，是皆得之天者也。周公②相成王，設官分職，命太卜、命筮人並掌三易，不以周用周易，而置連山、歸藏於無用，是天固將以斯易託斯人也。周轍既東，周禮廢闕，天之未喪斯文也，復生孔子爲天下木鐸，黜八索，闡十翼，韋編三絶，而周易繫矣。之杞，而得夏時焉；之宋，而得坤、乾焉。故天下後世有亡書無亡言，而連山、歸藏易傳矣，是天又將以斯易託斯人也。孔子既没，經秦歷漢，連山、歸藏，寂然無聞，惟周易孤行於世。漢儒用心徒勤，著眼不及；或破碎一卦，以直六日七分；或牽强四卦，以管二至二分；或雜之以讖緯之文；或引之以老、莊之境；如盲摸象，如管窺天，萬端臆説，千差並起，是何易道之不幸也。天開我宋，五星奎聚，兩曜合璧，異人間出。希夷陳摶以先天一圖傳种放，放傳穆修，修傳李之才，之才傳邵子康節。康節以超詣絶塵之姿，加以融會貫通之學，著皇極經世書，包羅萬象，該括三易，本領正大，規模宏遠，是天又將以斯易託斯人也。嗚呼！易固墜也，天固興之；易固晦也，天固彰之；天之心，欲以斯易福斯世也昭昭矣。元昇結髮讀書，冥心易學，慨皇王之道泯泯没没，其不絶者，若一綫之繫千鈞也。元昇上無位，下無應，徒以疎賤，抱此勤志，根極理要，鋪陳規範，掎揭淪墜，顯發幽渺，尚擬補皇王之絶學於千百世之上，存皇王之良法於千百世之下，

① 「意」，文淵閣四庫本作「已」。
② 「周公」，文津閣四庫本誤作「周官」。

輒不自揆，本諸河圖、洛書，述三易備遺。因世次而冠以先天、中天、後天之名，庶幾連山、歸藏得與周易並顯於世。後之人或因此知邵子之心，則知孔子、周公之心與文王、黄帝、伏羲之心；知孔子、周公與文王、黄帝、伏羲之心，則知天之心。咸淳庚午冬至。」

子士立跋曰：「夫子既没，迄今千七百年間，諸以易立家者，專於理則簡於象數，專於象數則荒於理，因註迷經，因疏迷註，致十翼本旨不白於世，而世之學者，果於襲舊，疑於知新，罕研聖人作易之根柢。我先君子述三易備遺，曰：『河出圖，洛出書，聖人則之。此夫子明作易之根柢也。』故言理必考象，言象必考數，理象數無牴牾，然後措諸詞，寫諸圖，自謂得聖人之心，於注疏解釋之外，有先儒所未發者。視諸家言易，理自理，象自象，數自數，三易自三易，河圖、洛書自河圖、洛書，判然不相符者不侔矣，噫！此其於易也，功不在名世諸儒下。咸淳庚午，備遺成帙，部使者則堂家先生一見，奇先子書，用聞於朝會，國督成事嚴，未遑暇也，送中書籍記載。三載，先子殁，先兄起予甫繼志纂述，時事且别，多所散失，起予甫亦下世矣。士立弗克肖似，夙夜罔敢斁，惟父兄之志是酬，補遺苴闕，僅完其帙，敬鋟諸梓，非敢曰論譔其先人之美，以顯揚之後世也。易之晦也、明也有時也，人焉得而已諸。時元貞乙未立春日。」

王氏_{埜翁}見易篇

佚。

佚。

太古見易篇自序曰：「嘗觀於易，意契杳茫①，見九宮宗五四，象數藏參伍，錯綜離合，縱横濕燥，艸木逆相制形，以觸萬彙，蔑往不通。則知伏羲畫卦，河圖是放②，乾、兑下重奇，太陽金生；艮、坤出水，數六，太陰爲祥。故天多於南，川澤注旁，崑崙亥地，地厚朔方；離、震少陰，木之子；巽、坎厥父，火少陽。故大明未徹，陰解雷行，陽破涼風，月孕西光，是曰先天，爲易鉅綱。又見洛書出，數十，五五位得合，生成族聚，金火變至，涼秋炎夏。周易擬之男女，當柄父母，以老遯于野，坎降離生中氣，遂執子午。左兄司木，春生陽初，右姊秉金，秋殺陰末。是取巽以陰萌，恆隨雷兑，以重剛不違父，艮累則坤胖，媲中土對峙，寅申食水寢火，消息五行，四序順布，是曰後天，洛書③爲祖。何漢孔臆説，亥豕魚魯，二劉附和，交肆慢侮，綿歷千五百歲，有如日月弗覿。我雖顓蒙，獨不喻於洛龜河馬，於是詘衆説，復本文，作見易，紬④聖言，證今質古，沿委溯原，一逆一順，體用彪分，方圓斜豎，同易門户，不顧鬼責人，非爲易雪冤，雜志牆屋，語遠於煩，爰總厥旨，以詔後昆，亦足自娱樂，何必後世子雲。」

① 「茫」，備要本誤作「薄」。
② 「放」，依備要本應作「故」。
③ 「洛書」，備要本誤作「恪書」。
④ 「紬」，備要本誤作「細」。

又自序分注曰：「傳曰：『易者，象也；象者，像也。』聖人立象以盡意，説易而不以象，捕風逐影者也。先儒取象，拘於説卦，殊不知説卦出河内女子所獻，與僞泰誓並傳，得失相半。先師文公曰：『易本爲筮作，其曰皆依象數以斷占吉凶。』愚今倣諸經，爲儀象卦爻所用例，象數大略可知。其取象有取用一畫之儀者，有取用二畫之象者，有取三畫之卦及互體、積體、覆體者，有取六爻之位者。傳曰：『變動不居，周流六虚，上下無常，剛柔相易，不可爲典要，惟變所適。』此互體、積體、覆體之所由寓也。觸類而長，於易焕然，且彖辭、爻辭各有象占：有象無占，占顯於象；有占無象，象顯於占；通變而觀可矣。」

方回志墓曰：「埜翁，字太古，新安婺源人。工詞章，晚嗜易，先儒論易，陽實陰虛，太古注獨謂天氣運，地形停，陽虛陰實，似以迹言。自爲一家之説，與當世無甚合者，而堅執其説，終身不變，許公月卿爲之序。江浙省處以鎮江學正，謂：『此職數十年，亦不至執政。』棄弗顧而歸。」

汪幼鳳曰：「王埜翁，字太古，宋遺民。隱居教授，書無不讀，必推本始，尤潛心易學，以其所自得之説，述而集之。見易篇極卦畫象數之所以然，而皆本於河圖、洛書自然之法象。既即圖、書而詳論人所以取則而畫卦作範之故，復改證洛書已兆於神禹以前，且援列禦寇、子華子、乾鑿度與黃庭經之辭，以證劉長民九爲圖之説，而復辨孔安國、劉向父子、班固、僞關氏易相承立説之非。又有周易分注，主於明象以考變。其書既成，頗自重，時詔命有山林著述者，有司具書以聞，故本府以先生所注易進朝廷，付翰林院國史院校勘。其時尚程、朱易説，皆駭所聞見，吴草廬先生方爲胄監師，見而説之，故所注易纂言，多采其説。」

熊氏禾周易集疏一齋書目作「講義」。

未見。

李讓狀曰：「勿軒熊先生，名鉌，字去非，又號退齋，建陽崇泰里人。宋咸淳甲戌以禾名登進士第，任汀州司户。值元，不仕，築室雲門，從學者累百人。成春秋通解一書，厄於火，修儀禮外傳，未及成書而卒。今有大學講義、標題四書、易講義行於世。」

史藥房名未詳曰：「退齋家建陽，當世變之會，束書入武夷山，築洪源書堂，與朋友講習舊業，凡一星終，乃歸故山。創鰲峰書堂，肆其力於六經，如易、詩、書、春秋皆有集疏。每經取一家之説爲主，而裒衆説以爲之疏，工夫浩博，義理明暢，六經之道如指諸掌。」

經義考卷四十

易三十九

胡氏方平**易學啓蒙通釋**

二卷。

存。

外易一作「翼」。

四卷。

未見。

易餘閒記

一卷。

未見。

方平自序通釋曰：「聖人觀象以畫卦，揲蓍以命爻，使天下後世之人皆有以決嫌疑、定猶豫，而不迷於吉凶悔吝之途，其功可謂盛矣。然其爲卦也，自本而幹，自幹而支，其勢①若有所迫而自不能已。其爲蓍也，分合進退，從横逆順，亦無往而不相值焉。是豈聖人心思智慮之所得爲也哉？特氣數之自然，形於法象、見於圖畫者，有以啓於其心而假手焉耳。近世學者類喜談易，而不察乎此；其專於文義者，既支離散漫，而無所根據；其涉於象數者，又皆牽合傅會，而或以爲出於聖人心思智慮之所爲也。若是者，予竊病焉，因與同志頗輯舊聞，爲書四篇，以示初學，使毋疑於其説云。」

又後序曰：「易本義一書，闡象數理義之原，示開物成務之教，可謂深切著明矣。啓蒙又何爲作也？朱子嘗言易最難讀，以開卷之初，先有一重象數，必明象數，而後易可讀。啓蒙四篇，其殆專明象數，以爲讀本義者設與？象非卦不立，數非蓍不行；象出於圖、書而形於卦畫，則上足以該太極之理，而易非淪於無體；數衍於蓍策而達於變占，則下足以濟生人之事，而易非荒於無用。且其文多發造化

① 「勢」，備要本作「閒」。

尊①陽賤陰之義，易之綱領，孰有大於是者哉？明本乎此，則本義一書如指諸掌矣。然啓蒙固爲讀本義設，而讀啓蒙者，又②未可以易而視之也。」

〔補正〕

按：此通釋序已見三十一卷，是朱子序也，詳見後。（卷二，頁五）

此條下所載方平通釋自序末應補云：「淳熙丙午莫春既望雲臺真逸手記。」錢大昕曰：「此序本朱文公啓蒙元序，公時主管華州雲臺觀，故以雲臺真逸自號。通志堂刻誤以爲通釋序，竹垞因目爲方平自序，誤也。」胡氏爲文公三傳弟子，據董真卿云有至元己丑序，今雖未見，要必不在淳熙中也。（卷二，頁十四）

〔四庫總目〕

董真卿所稱方平自序，今本佚之，惟存後序一篇。朱彝尊經義考乃竟以朱子原序爲方平之序，可謂千慮之一失。（卷三，頁五十，易學啓蒙通釋二卷提要）

熊禾跋曰：「伏羲因河圖畫卦，大禹因洛書敘疇，孔安國以來有是言矣。易大傳曰：『河出圖，洛出書，聖人則之。』且曰：『易有四象，所以示也。』若然，則河圖、洛書皆聖人則之以作易者也。及以先後天八卦方位考之，與圖、書之數，已有自然之配合，所謂易有四象者，尤昭然可見矣。何則？洛書一

---

① 「尊」，備要本作「貴」。

② 「又」，備要本作「正」。

居北，六居西北，老陰之位也，故坤、艮居之；九居南，四居東南，老陽之位也，故乾、兑居之；三居東，八居東北，少陰之位也，故離、震居之；七居西，二居西南，少陽之位也，故坎、巽居之；五居中，則固虚之爲太極也。此非先天之四象乎？河圖天一地六爲水，居北，故坎亦居北；地二天七爲火，居南，故離亦居南；天三地八爲木，居東，故震亦居東；地四天九爲金，居西，而兑亦居西；天五地十爲土，居中，分王於四季，故乾、坤、艮、巽亦居四維之位。此非後天之四象乎？大抵先天方位，言對待之體也，天上地下，日東月西，山鎮西北，澤注東南，風起西南，雷動東北，乾、坤之位，六子成列，乃質之一定而不可易者也。後天方位，言流行之位也，春而夏、夏而秋、秋而冬、冬而復春，五氣順布，四時行焉，乃氣之相推而不可窮者也。此皆自然脗合，不假安排。天地之間，開眼即見聖人所以即圖、書以畫卦者，蓋非苟焉而作也。漢儒不此之察，毋亦惑於書所謂『天乃錫禹洪範九疇』之説乎？不知此亦『天乃錫王智勇』之類，九疇大法非人所能爲，則亦天之所與耳。古人之言九數，何莫不出於圖、書，又豈特九疇爲然哉。若夫聖人作易，則但當證以吾夫子之言可也。每恨生晚，無從質之文公，徒抱此一大疑而已。己丑春，余讀書武夷山中，有新安胡君庭芳來訪，出其父書一編，曰易學啓蒙通釋。其窮象數也精深，其析義理也明白，且其間有言先後天方位，暗與圖、書數合者，不符而同，然後知天下之公理，非但一人之私論也。兹因刻梓告成，輒述所見，以識其後云。」

劉涇跋曰：「嘗記兒時從家庭授易，聞之先君子云：『昔晦庵先生之講學於雲谷也，我先文簡、雲莊兄弟與西山蔡先生父子從遊最久，講四書之餘，必及於易，與諸生時時淩絶頂登眺，觀天地八極之大，察陰陽造化之妙。』蓋其胸中已有真易一部在宇宙，故所論象數義理，自有以見其實而造其微。晦庵、雲中、谷中，皆書室名也。舊藏雲莊所抄諸經師説數鉅帙，兵燼之餘，其存者蓋千百之什一耳。一日，約无咎詹君、退齋熊君訪雲谷遺跡，適值新安胡君庭芳來訪，出易學啓蒙通釋一編見示，謂其父玉齋平生精力盡在此書。亟閲諦玩，見其論象説理允謂明備，而其所援引，則雲谷當日及門之士遺言餘論多在焉。時熊君以易學授兒輩，謂是誠讀者不可闕之書，因言庭芳再入閩，惟汲汲焉父書無傳是懼，且欲以見屬。仰惟一時師友從遊之盛，重念先世問學淵源之舊，輒爲刊寘書室，以寓惓惓景慕之意，且以成胡君之志焉。噫！易之爲學，非潛心之深，玩理之熟者，未易言也。學者誠能由通釋以悟四篇之大旨，由四篇以窺四聖之全書，則是編亦非小補云。」

董真卿曰：「方平玉齋先生，徽州婺源人。師鄱陽介軒董先生、毅齋沈先生。著易學啓蒙通釋，至元己丑自序。」

楊士奇曰：「朱子易學啓蒙，惟胡方平本最善。洪武乙卯，司倉伯罷官，歸，見予初讀易，出一編以示，曰：『孺子勉之，易精藴具在此書，即熟程、朱傳、義，後宜熟此，吾藏以待汝。』即胡氏啓蒙也。無幾，爲人竊去，伯父不樂累日，至形於詬①詈，予後出教童蒙，始得此本。」

俞氏琰**周易集説**

四十卷。

① 「詬」，備要本作「辭」。

存。

讀易舉要

四卷。

未見。

〔校記〕

四庫有輯大典本讀易舉要四卷。（易，頁一一）

易圖纂要

二卷。

存。

易古占法

一卷。

未見。

易外别傳

一卷。

存。

易經考證

易傳考證

讀易須知

六十四卦圖

卦爻象占分類

易圖合璧連珠

大易會要

一百三十卷。

俱佚。

吴中人物志：「俞琰，字玉吾。生於宋，宋亡，遂不復有仕進意，隱林屋山，摭諸家易説，名曰大易會要，一百三十卷，及注上、下經并十翼，凡十四①卷。又有經傳考證、讀易須知、易圖古占法、卦爻象占分類、易圖合璧連珠説。授温州學録，不赴。後得異人金液還丹之秘，注魏伯陽參同契發揮三卷、陰符經解一卷、易外别傳一卷。以吾儒性命之學，推陰陽消息之理。雅好鼓琴，乃作絃歌毛詩譜。别有幽明辨惑、席上腐談、書齋夜話等書。」

琰自序集説曰：「周易集説者，集諸説之善而爲之説也。曷爲善？能明三聖人之本旨，則善也。夫易始作於伏羲，僅有六十四卦之畫，而未有辭；文王作上、下經，乃始有辭；孔子作十翼，其辭乃備。當知辭本於象，象本於畫，有畫斯有象，有象斯有辭，易之理，盡在於畫，詎可舍六畫之象，而專論辭之理哉？舍畫而玩辭，舍象而窮理，辭雖明，理雖通，非易也。漢去古未遠，諸儒訓解多論象數，蓋亦有所本。至魏王弼以老、莊之虚無倡於前，晉韓康伯又和於後，聖人之本旨遂晦。沿襲至於唐，諸儒皆宗

① 「十四」，依文淵閣四庫本應作「四十」。

之，太宗詔名儒①定九經正義，於易則取王、韓，而孔穎達輩以當時所尚，故雖其説未盡善，亦必爲之回護，由是二三百年間，皆以虛無爲高。至②宋，濂、洛諸公，彬彬輩出，一掃虛無之弊，聖人之本旨始明。奈何世之尚占而宗邵康節者，則以義理爲虛文；尚辭而宗程伊川者，則以象數爲末技。而邵、程之學分爲兩家，羲畫周經亦爲兩途，遂使學者莫之適從。逮夫紫陽朱子本義之作，發邵、程之未發，辭必本於畫，理不外於象，聖人之本旨於是乎大明焉。琰幼承父師面命，首讀朱子本義，次讀程傳，長與朋友講明，則又有程、朱二公所未言者，於心蓋不能無疑。乃歷考諸家易説，摭其英華，萃爲一書，名曰大易會要，凡一百三十卷。不揣固陋，遂自至元甲申集諸説之善而爲之説，凡四十卷，因名之曰周易集説云。」

又自序曰：「予自德祐後，集諸儒之説，爲卷一百二十③，名曰大易會要。以程、朱二公爲主，諸説之善者爲輔，又益以平昔所聞於師友者，爲周易集説四十卷。」

〔補正〕

自序内「爲卷一百二十」，「二」當作「三」。（卷二，頁五）

孟淳序曰：「九經惟易有象數，其義最奥，解者最多。元貞丙申秋，會玉吾叟於王氏書塾，講坤之

①「儒」，文淵閣四庫本作「臣」。

②「至」，備要本作「逮」。

③「一百二十」，依補正、文淵閣四庫本應作「一百三十」。

六二，謂六二既中且正，是以其德直方，惟從乾陽之大，不習坤陰之小，故无不利；又指示象傳『剛柔上下，言來不言往』之微意，則皆以兩卦相並而取義。茲蓋秦、漢至於唐、宋諸儒所未發者也。是時匆匆回雪，弗復請益，今觀其書，集衆説之善，又述己所聞，證以經、傳，反覆辨論，無一字放過，辭意明甚，有如鑑之照物，纖悉不遺，請名之曰易鑑云。至大庚戌冬。」

王都中序曰：「石澗先生周易集説，大概以晦庵爲主，而參以程氏，又集諸家之善爲之説，凡三十餘卷。都中至元乙丑嘗從先生指授，未幾，奔走宦途，弗能卒業。茲守鄱陽泉監，與先生偕行，公餘聽講，又得聞所未聞。是書作於甲申，迨今二十有七年，未嘗一日去手，凡三脱稿矣。書成，不可不傳，敬請鋟諸梓，以與同志者共之。至大庚戌冬至。」

李克寬序曰：「石澗先生，吳中老儒也。著周易集説，自至元甲申，逮今三十九年。考論文義，證以五經，歲月彌久，其説益精，世有張平子，當知楊子雲之太玄也。至治壬戌春。」

白珽序曰：「易言吉凶悔吝，進退存亡，無非切己之用。邇年以來，談易者棼棼藉藉，三人是之，二人非之，則攘袂瞋目而與之争，謙卦謂何？三人非之，一人是之，則揚眉頓足而喜，頤卦謂何？嗚呼！徒能言不能行，易之道幾乎熄矣。蘇臺俞玉吾，樂貧安道，華皓一節，於易則不但能言之，又能行之。輯先儒諸名家之傳爲是書，條列臚分，醇正明白，深有益於後學。所居榜石澗，學者稱石澗先生云。皇慶元年。」

張瑛序曰：「古聖人作卦辭、爻辭，蓋皆取象數之義理而發明之耳。石澗俞先生於諸家易説無不披閲，獨以朱子本義爲主，仍采諸家之善，萃爲一編，名曰周易集説。即象數言義理，精麤本末，一以貫之，今之言易者，孰則能出其右哉？」皇慶二年七月。」

顔堯焕序曰：「易其至矣乎？三聖人之言，三聖人之心也，易其可易言哉？後世談易者，何啻數百家，邵子以數，程子以理，其後朱子以占，三子之説易可謂至矣。易其可易言哉？余友俞石澗家傳易學，潛心於此三十餘年，作集説，主之以朱子本義，而邵子之數、程子之理一以貫之。其辭簡而嚴，明而理，將以擴三子之藴，開後學之蒙，有功於易學多矣。余年邁，目力衰，弗能遍閲石澗之説，但略窺一斑，爲之肅衽致敬。至治二年春。」

楊載序曰：「石澗俞氏周易集説，本於程、朱氏之書，而證以諸家之言，徵余爲序，冠於篇首。余聞漢世初得一經，必聚五經諸儒，使共讀之，以求其訓詁。今石澗俞氏於易經之文，有字義特出者，必旁考五經，其爲學之近古如此，三十年間積三十餘卷。説雖多，何害其爲多？故余樂爲之序而不辭焉。至治壬戌冬。」

黄溍序曰：「古者三易皆掌於太卜，四學之教，詩、書、禮、樂而已。孔子晚好易，與七十子之徒難疑答問，固未有以易爲言者。易在秦，獨爲卜筮之書。漢興，言易自田何始，何之傳爲施、孟、梁丘，其别出爲焦贛、爲費直。贛專於陰陽占察之術，直惟以彖、象、文言等十篇解上、下經。至唐貞觀中，又斷然俾學者以王、韓爲師，費氏藉以僅存，焦氏又廢矣。談者率以爲理學近於費，數學近於焦，而不知河南兩先生之精義獨存，有非漢儒所及知者，未可寘同異於其間也。考亭夫子合兩先生之學以爲書，七十子之徒所未聞於孔子者，三尺之童咸得誦而稱之。今傳其書僅百年，述作之士不阿以爲同，則矯以爲異，其所望於來哲者，果若是耶？溍竊聞之：『善立言者，不必出於古，不必不出於古也。非有異焉，則其書可無作也；非有同焉，則其書亦不能以獨傳也。惟夫同不爲阿，異不爲矯。』斯言之善者也，俞氏之集説有焉。溍是以樂道而爲之序，讀者所宜知也。嘉定①元年十月。」

干文傳序曰：「余少之時，已識石澗俞君，知其爲善言易者，然未之學易，不果承教。延祐二年，予以進士受官南歸，時石澗尚無恙，聞有所著易説，未獲一寓目焉。去年冬，自集賢退休，吳中石澗之子子玉手一編過余，且曰：『先子平生精力盡於此書，願先生賜之言。』余受而讀之，乃易説也。及觀自序，有云：『朱子本義之作，辭本於畫，理不外象，聖人之本旨大明，於是首讀本義，次及程傳，旁考諸家之説，摭其精華，萃爲一書，名曰周易集説，凡四十卷。』以歲月考之，起至元甲申至元貞丙申，凡十有二年而後成，其積學久，其用功深，概可見已。又十有八年，詔以五經取士，易主程、朱氏之説，兼用古注疏，則與前所云者略同，非明古識今，其孰能與於此。然則俞氏易説當與蔡氏書傳並傳，學易者苟能玩味此書，則思過半矣。雖然，『或出或處，或嘿或語』，易之道也；『變動不居，周流六虚』，易之用也；聖人作易，豈直爲學者干②禄之資而已？牀頭易在，萬鍾於我何加焉？九京可作，石澗必然我言。至正六年七月。」

琰自序其後曰：「予生平有讀易癖，三十年間，雖隆冬大暑不輟。每讀一字一句而有疑焉，則終日終夜沉思，必欲釋其疑乃已。洎得其説，則欣然如獲拱璧，親戚朋友咸笑之，以爲學雖勤而不見用於

①「嘉定」，文淵閣四庫本誤作「泰定」。
②「干」，備要本誤作「千」。

時，何乃不知時變而自苦若是耶？予則以理義自悦，猶芻豢之悦口，蓋自得其樂，罔知所謂苦也。粤自至元甲申下筆解上、下經并六十四象辭與夫象傳、爻傳、文言傳，期年而書成，改竄者二十餘年，凡更四稿。或有勉余者云：『日月逝矣，繫辭傳及説卦、序卦、雜卦猶未脱稿，其得爲完書乎？』予亦自以爲欠。至大辛亥，自番禺歸吴，憩海濱僧舍，地僻人静，一夏風凉，閑生無所用心，因取舊稿繫辭傳讀之，不三月，并説卦、序卦、雜卦改竄皆畢，遂了此欠。噫！予髮種種矣，鄉嘗與余共講明者，如西蜀荀在川、新安王太古、括蒼葉西莊、番禺齊節初，悉爲古人，獨余①未亡。今也書既完矣，癖既瘳矣，則當自此收心歸腔，以樂餘年，留氣煖臍，以保餘生，弗復更自苦矣。如易經考證、如易傳考證、如讀易須知、如易圖纂要、如六十四卦圖、如古占法、如卦爻象占分類、如易圖合璧連珠、如易外别傳，乃予舊所編者，將毁之，而兒輩皆以爲可惜，又略加改竄，而存於後。」

琰自序别傳曰：「易外别傳者，先天圖環中之秘，漢儒魏伯陽參同契之學也。人生天地間，首乾腹坤，呼日吸月，與天地同一陰陽。易以道陰陽，故伯陽借易以明其説，大要不出先天一圖。是雖易道之緒餘，然亦養生之切務，蓋不可不知也。圖之妙，在乎終坤始復。循環無窮；其至妙則又在乎坤、復之交，一動一静之間。愚嘗學此矣，遍閲雲笈，略曉其一二，忽遇隱者授以讀易之法，乃盡得環中之秘。反而求之吾身，則康節邵子所謂太極、所謂天根月窟，所謂三十六宫，靡不備焉，是謂身中之易。今爲圖如左，附以先儒之説，明白無隱，一覽即見，識者當自知之。」

---

① 「余」，文淵閣四庫本作「予」。

又後序曰：「易外別傳一卷，爲之圖，爲之説，披闡先天圖環中之極玄，證以參同契、陰符經諸書，參以伊川、横渠諸儒之至論，所以發朱子之所未發，以推廣邵子言外之意。愚雖不暇專志從事於此，而丹之妙用，非苟知之，蓋嘗試之者也，故敢直指方士之所靳，以破學者之惑。嘗慨夫世所傳丹家之書，廋詞隱語，使覽者無罅隙可入，往往目炫心癢，掩卷長嘆。如蔡季通、袁機仲嘗與朱子共訂正參同契矣，雖能考其字義，然不得其的傳，未免臆度而已。愚今已得所傳，又何忍緘嘿以自私，乃述是書附於周易集説之後，名之曰易外別傳，蓋謂丹家之説雖出於易，不過依倣而托之者，初非易之本義也。丹家之大綱要領，愚於是書言之悉矣；丹書之口訣細微，則具載於參同契發揮三篇，兹不贅云。」

子仲温跋曰：「易外別傳一卷，先君子之所著，而附於周易集説之後者也。先君子嘗遇隱者，以先天圖指示邵子環中之極玄，故是書所著，發明邵子之學爲多。」

王彝曰：「先生所述，易會要百有四十卷，集説三十六卷。先生生宋季年，以經義有聲場屋間，以科第起家。而吴内附，山林之士往往謳歌而興，以爲一日之用，先生乃惟家居讀易，玩象觀理，著書以自見。」

白雲霽曰：「石澗易外別傳，述康節先生心爲太極圖，朱紫陽太極虚中先天圖、先天六十四卦直圖、地承天炁圖、日受月光圖，乾坤坎離、天地日月等圖，皆先天之學。」

納蘭成德序曰：「周易上下經説二卷、象辭説一卷、彖傳説二卷、爻傳説二卷、文言傳説一卷、繫辭傳説二卷、説卦説一卷、序卦説二卷、雜卦説一卷，合一十三卷，各冠以序，統名曰周易集説。而易圖纂要一卷、易外別傳一卷附焉，吴人俞琰玉吾叟所著也。叟於寶祐間，以詞賦稱，宋亡，隱居不仕，自號石澗道人，又稱林屋洞天真逸。其書草創於至元甲申，斷手於至大辛亥，用力可謂勤矣。世之言圖、書者，類以馬毛之旋、龜文之坼，獨叟之持論謂尚書顧命：『天球、河圖，在東序。』河圖與天球並列，則河圖亦玉也，玉之有文者爾。崑崙産玉，河源出崑崙，故河亦有玉。洛水至今有白石，洛書蓋石而白有文者。其立説頗異。至其集衆説之善，以朱子本義爲宗，而邵子、程子之學，義理象數一以貫之，誠有功於易者也。考叟之説易，尚有經、傳考證，讀易須知，六十四卦圖，古占法，卦爻象占分類，易圖合璧連珠諸書，咸附於集説之後，而今已無存。當日共講易者，則有西蜀荀在川、新安王太古、括蒼葉西莊、鄱陽齊節初，其名字官閥亦不復可考矣①。於乎！惜哉！」

陳氏深**清全齋讀易編**

三卷。

未見。

盧熊曰：「陳深，字子微，世爲吴人。生於宋，宋亡，篤志古學，閉門著書，有讀易編、讀詩編、讀春秋編。天曆間，奎章閣臣以能書薦，潛匿不出，學者稱爲寧極先生。」

① 「矣」，文淵閣四庫本脱漏。

龔氏煥**易説**

佚。

江西通志：「煥，字右文，進賢人，時稱泉峰①先生。」

劉氏整**易纂圖**

一卷。

佚。

閩書：「整，字宋舉，古田人，自號蒙谷遺老。教授生徒百餘人，少從合沙鄭少褋學易傳六十四卦圖説及春秋元經，其纂集圖序甫就而卒。」

陳氏宏**易童子問**

一卷。

未見。

按：陳氏易童子問，菉竹堂目有之。

---

① 「泉峰」，四庫薈要本、備要本俱作「泉峰」。

易象發揮

佚。

黄虞稷曰："宏，莆田人，宋末徙華亭，以儒業起家，同知吴江州事。"

周氏敬孫**易象占**

佚。

元史："敬孫，台州臨海人，宋太學生。初，金華王相①主台之上蔡書院，敬孫與同郡楊珏、陳天瑞、車若水、黄超然、朱致中、薛松年師事之，受性理之學。著易象占、尚書補遺、春秋類例。"

謝鐸曰："易象占，臨海周敬孫著，今亡。"

黄氏超然**周易通義**

二十卷。

---

① "王相"，依備要本應作"王柏"，四庫薈要本、文淵閣四庫本、文津閣四庫本亦俱誤作"王相"。

周易或問

五卷。

佚。

周易釋蒙

五卷。

佚。

周易發例

三卷。

佚。

超然自序通義曰：「易有太極，是生陰陽，陰陽交易，而成對待，易之體也，所謂先天也。陰陽變易，而有流行，易之用也，所謂後天也。體中有用，用中有體，萬化之原、萬古之會、萬象之蘊、萬物之情、萬用之經、萬物之時，盡在是矣。大傳曰：『易之興也，其於中古乎？』言其興，則昔之廢可知也。春秋傳：『韓宣子聘魯，始見易象。』易象，周公所作，象辭獨見於魯，則其晦又可知也。先天當天地開闢之運，中閻，得後天；後天當再開闢之運，又中閻，得十翼。孔安國謂贊易道以黜入索①，雖其詳不可攷，意蓋可推矣。彖傳、象傳、文言、序卦、雜卦、繫辭、説卦，所以翼文王也；兼犧、文而並翼也。世皆以後天賴十翼而明，爲夫子之功，不知先天由十翼而傳，微夫子，後世殆不知有伏羲之易也。子之功所以大也，所以闢夫地②盛衰之運也。此道若廢若興、若晦若明，更千有餘載，然後有太極圖説、有邵子皇極經經世書③，發揮先天之藴，尤爲暴白，其於天地盛衰之運，亦非偶然出者。於戲！至矣！超然少而讀易，不得其門，後乃求之周子、邵子之書，又取朱子本義讀之，始粗窺蹊隧，尚恨本義朱子嘗欲再修而未及，於是悉其疲薾，參會互攷；始則採之先儒，以盡其情；中則反之蔀闇，以竭④其陋；終則本之經意，以歛其歸；因而成裒，目曰通義。通義者，蓋將即夫子通之文王之義，以上遡伏羲之義也。嗟夫！觀吾之名書，則知吾釋經之意矣。昔者聖人之作易也，非但以包羅理氣、剖析象數而已，一畫一辭，乃理氣象數凝結而成文者也，此所以闢天地之運也。伏羲畫之、文王繫之、夫子翼之，同爲出於理氣象數之自然，亦猶之自本而幹，自幹而支，不但太極自生出之後序爲然，三聖之序猶是也。此通義之所以作也。」

又自序發例曰：「余嘗竊譬，箋易當如畫家，寫六十四卦之義、三百八十四爻之情，正邪險易、利害

①「入索」，依四庫薈要本、文淵閣四庫本、文津閣四庫本應作「八索」。
②「夫地」，依四庫薈要本、文淵閣四庫本、文津閣四庫本、備要本應作「天地」。
③「皇極經經世書」，依文淵閣四庫本、文津閣四庫本、備要本應作「皇極經世書」。
④「竭」，文淵閣四庫本作「極」。

攻取，猶之老少妍媸、意態①情狀，各隨其人，不但位寘耳目口鼻而已。後世明智之士，數喜談易，觀其筆力馳騁，上磅下礴，可謂健矣。然未免自以意置位，故雖極天下之至工，而其人則不似也②。似不似③未暇論，或置口與鼻、易耳以目，則又不復爲人矣。凡掩集時義，悖亂上下，象外生占，占外生説者，皆顛倒耳目口鼻之數也。易以德位時義爲重，有此德當此位、適此時行此義，處己治人之道、趨吉避凶之機，差之毫釐，謬以千里。如其實象失真，虚理任意，當静反動，當承反應，聽其説雖美，考其事實乖，是又如比五音而强目以聽，盛八珍而責鼻以食，其不至賊人之性也幾希。予爲此懼，每以讀易之法，當先推卦義以求六爻之情；情有難通，則參以象；象有難通，則參以位；位復難通，則參以三百八十四爻之例；例明，而聖人之意十得其五六矣。朱子嘗言上古之書莫大於易，中古之書莫大於春秋；竊謂易有吉凶，即春秋之有刑德也。易以吉凶寓於三百八十四爻之行事，春秋以刑德寓於二百四十二年之行事，是古④讀二書者，皆宜⑤究聖人命辭之例。易例圓通，苟能深明其意，然後知圓通之中，極爲謹嚴，與春秋等。今學春秋者，必求春秋之凡例，獨易之例，乃置而不講，上者鑿理，下者鑿象，精粗不同，鑿均也。凡例既明，易乃可窺，作發例。」

① 「態」，備要本誤作「熊」。
② 「也」，備要本脱漏。
③ 「似不似」，備要本作「似與不似」。
④ 「是古」，四庫薈要本作「自古」，文淵閣四庫本、文津閣四庫本、備要本俱作「是故」。
⑤ 「宜」，備要本誤作「宣」。

赤城集：「黃超然，字立道，黃巖人。宋末兩中鄉科，元至治初卒。」

赤城新志：「超然，字壽雲。與車玉峰往來金華王魯齋之閒①，得理學之傳，而尤精於易。既卒，賜謚康敏，其謚議曰：『故壽雲先生黃超然，文肅華胄，詩、禮名家，學貫六經，尤邃於易。安居恬靜，不以貧窶動其心；性識高明，不以功名易其志。博達之才、道德之化，漸於鄉里也遠；淵源之學、仁義之教，被於後人也深。故既没而名益彰，所著周易通義等書，羽翼程、朱，開明後進，是宜於設教之所，賜以書院之號，所謂鄉先生殁而祭於社者，先生有焉。定議易名，國有令典，按謚法：「壽考且寧曰康，好古不怠曰敏。」請謚康敏。』」

〔補正〕

赤城新志條内「往來金華王魯齋之閒」，「閒」當作「門」。（卷二，頁五）

台州府志：「超然推本伏羲先天圖，翼以邵子皇極經世，著周易通義二十卷，發程、朱傳、義未盡之意，別爲或問五卷、發例三卷、釋象五卷。」

謝鐸曰：「周易通義，黃壽雲著，今有抄本。」

朱氏知常**經進易解**

佚。

① 「閒」，依補正、四庫薈要本、文淵閣四庫本、文津閣四庫本、備要本應作「門」。

金華赤松山志：「先生名知常，字久道，號此山，本郡人也。通儒學，爲黄冠師，主佑聖觀，開慶間，賜左街道録。先生少學易於鄉先生盧端叔，後得易説於池陽周元舉，遂以見聞集爲一編，進之於上，遺籍藏此山道院。」

齋博士易解

佚。

董氏易傳覺

佚。

李氏易辨證

佚。

以上三書見尤氏遂初堂目。

朱氏失名**三宮易**

宋志：「一卷。」

佚。

胡一桂曰：「其説分圓宫、方宫、交宫，以初二中四終爲序。」

何氏失名**周易講疏**

宋志：「十三卷。」

佚。

陳氏失名**周易六十四卦賦**

宋志：「一卷。」

佚。

黄宗旦曰：「潁川陳君，不知其名。」

沈氏失名**愚庵易注**

佚。

按：愚庵沈氏，未詳其名。方萬里贈其子復亨詩云：「乃翁辛苦注周易，曾夢神人談太極。」則業有成書，然并卷帙亦亡矣。

尹氏彥頤易解

佚。

高麗史：「尹彥頤，瓘第四子，仁宗朝國子司業，赴經筵講論經義，賜華犀帶一腰，遷寶文閣直學士。卒，謚文康。嘗作易解傳於世。」

按：高麗史稱仁宗，恭孝王楷也。

經義考卷四十一

易四十

青城山人揲蓍法

宋志：「一卷。」

佚。

方舟先生易互體例

一卷。

存。

自序曰：「易者以天地五行而生數，由數而生卦，因三而成六，正①悔内外，以數通於天地五行，而八卦相資爲用。以三而五，而五行互體；以六而八，而八卦互體。若非互體，則易之變化，内外上下不相應，數有所窮，數窮則生成之理或幾乎熄矣。易之有互體，出漢人二鄭，學易者以互體出劉牧，非也。因取説卦占象與卦爻相通者爲互體，以應天地五行之數，作互體例。」

按：方舟先生集止存二卷，崑山徐中允秉義家藏中有易互體例，卷首不著撰人姓氏，但題門人劉伯熊編。攷焦氏經籍志載李石方舟集五十卷，意者石之遺書歟？

白雲子周易元統

十卷。

未見。

蔡攸進表曰：「白雲子述周易元統十卷，不著姓氏，其書成於慶曆乙酉歲。大略謂乾、坤，陰陽之根本；坎、離，陰陽之性命；坎爲乾之遊魂，離爲坤之遊魂。仲尼云『遊魂爲變』，神機泄矣，易道明矣，乃作元統。其一明混元，其二明五太，其三明天地，其四述乾、坤，其五示龍圖，其六畫八卦，其七衍揲蓍，其八明律候，其九敷禮樂之元，其十説序卦之由。凡二十八宿、五行、十日、十二辰、四時、八節、六律、六吕、三統、五運，以至一人之身、五藏六氣，皆總而歸之於易。故備存之，以廣異聞云。」

① 「正」，四庫薈要本、文津閣四庫本俱作「貞」。

不爲子揲蓍法

一卷。

以下俱佚。

靈隱子周易河圖術

一卷。

天門子周易卜法

二卷。

樂只道人羲文易論微

宋志：「六卷。」

金華先生易辨疑

卷亡。

玉泉易解

卷亡。

以上二書見尤氏遂初堂目，未詳撰人姓氏。

太學新講義

三十七篇。又統例一卷。

胡一桂曰：「太學新講義三十七篇，統例一卷，不著其人，紹聖丁丑中都本。」

劉鄭注周易

六卷。

胡一桂曰：「集劉牧、鄭夬二家所著，集者不知名。」

周易十二論

通考：「一卷。」

晁公武①曰：「未詳撰人，論日月五星直年，以占吉凶。」

周易外義

通考：「三卷。」

陳振孫曰：「不知何人作，載於三朝史志，則其來亦久矣。大抵於易中所言，及於制度名物者，皆詳注之。於易之本旨無所發明，故曰外義。」

胡一桂曰：「多案諸經傳釋注疏之言。」

易正誤

通考：「一卷。」

陳振孫曰：「不知何人作②，但稱其③名曰歘，又稱元祐以來云云，則近世人也。據序，爲書三篇，曰正誤、曰脱簡、曰句讀，今所存惟正誤一篇。大抵增益郭、范之説，故并附二書册後。」

---

①「晁公武」，依文津閣四庫本應作「晁公武」。
②「作」，文淵閣四庫本作「作也」。
③「其」，文淵閣四庫本脱漏。

周易傳

宋志：「四卷。」

胡一桂曰：「自乾至益。」

周易口義

宋志：「六卷。」

胡一桂曰：「書多殘闕。」

周易樞

宋志：「十卷。」

胡一桂曰：「釋六十四卦。」

周易解微

宋志：「三卷。」

胡一桂曰：「言八卦，象辭。」

周易卦類

宋志：「三卷。」通志：「一卷。」

胡一桂曰：「本王弼注分八卦畫，以類相從。」

周易明疑録 宋志作「易正經明疑録」。

宋志：「一卷。」

胡一桂曰：「明疑録一卷，設問對二十九。」

易説精義

三卷。

周易節略正義

一卷。

易旨歸義

一卷。

周易經類

一卷。

周易括囊大義

十卷。

易義類

三卷。

按：易說精義以下諸書見紹興書目。

周易釋疑

一卷。

周易隱訣

一卷。

易箝精義　二卷。

窮理盡性經　一卷。

周易義證總要　二卷。

周易類纂　一卷。

周易通真釋例　一卷。

周易三備雜機要

一卷。

〔補正〕

按：鄭氏通志：「周易三備三卷，又一卷。周易中備雜機要一卷。」蓋其書有上備、中備、下備，各爲一卷也。今竹垞目爲三備雜機要一卷，則失之矣。

又按：竹垞云：「周易釋疑以下，見鄭氏通志藝文略。」今檢鄭氏通志，此内所載者凡三十七種，有在鄭氏經部易類者，有在子部五行類者。且鄭氏所列易類二百四十一部，其五行内之易占類一百一十三部，易軌革類一十二部。姑勿論其書有關經義與否，而今既未親見其書，乃就其目意度，而或取之，或不取，恐竹垞於此等處是諉諸鈔胥所辦矣。兹以偶校通志，姑附識於此，而其他處類此者，恐復不少耳。（卷二，頁五—六）

周易問卜

十卷。

八卦小成圖

一卷。

周易稽頤圖①

三卷。

鄭樵曰：「見荆州田家書目。」

按：宋田偉居荆南，家藏書三萬卷，其子鎬編書目六卷，元祐中，袁默序之。

周易八仙詩

一卷。宋志：「三卷。」

周易鬼谷林

一卷。

周易六神頌

一卷。

---

① 「稽頤圖」，依備要本應作「稽賾圖」。

周易六十四卦歌

一卷。

周易十門要訣

一卷。

周易玄鑑林

三卷。

周易卜經

一卷。

周易靈真述

一卷。

周易備要

一卷。

周易象罔玄珠

五卷。

八卦雜決①

一卷。

周易卦纂神妙決②

一卷。

①「八卦雜決」，四庫薈要本作「八卦雜訣」。
②「周易卦纂神妙決」，四庫薈要本作「周易卦纂神妙訣」。

周易鬼靈經

一卷。

周易三十八章

一卷。

周易竹木經

一卷。

周易雜筮占

四卷。

周易枯骨經

一卷。

周易斷卦夢江南

一卷。

周易斷卦例頭

一卷。

周易飛燕繞梁歌

一卷。

周易飛燕轉關林竅

一卷。

周易轆轤關雜占

一卷。

周易要決占法①

一卷。

周易灰神壽命曆

一卷。

周易軌限算

一卷。

軌革易贊

一卷。

按：周易釋疑以下見鄭氏通志藝文略。

①「周易要決占法」，四庫薈要本作「周易要訣占法」。

周易八帖

宋志：「四卷。」

地理八卦圖

宋志：「一卷。」

六十四卦火珠林

宋志：「一卷。」

未見。

陳振孫曰：「今賣卜者擲錢占卦，盡用此書。」

季本曰：「火珠者，出於京房，而爲此書者，不知何人。」

鼈骨林

宋志：「一卷。」

以下俱佚。

周易讚頌

宋志：「六卷。」

周易神鏡鬼谷林

宋志：「一卷。」

周易靈祕諸關歌

宋志：「一卷。」

周易髓要雜訣

宋志：「一卷。」

周易三略經

宋志：「三卷。」

諸家易林

宋志：「一卷。」

易旁通手鑑

宋志：「八卷。」

周易通真

宋志：「三卷。」

周易口訣開題

宋志：「一卷。」

周易括世應頌

宋志：「一卷。」

周易三空訣

宋志：「一卷。」

周易三十六占

宋志：「六卷。」

周易爻詠

宋志：「八卷。」

周易鬼鎮林

宋志：「一卷。」

周易金鑑歌

宋志：「一卷。」

周易連珠論

宋志：「一卷。」

易轆轤圖頌

宋志：「一卷。」

易大象歌

宋志：「一卷。」

周易玄理歌

宋志：「一卷。」

周易察微經

宋志：「一卷。」

周易鬼御算

宋志：「一卷。」

易鑑

宋志：「三卷。」

易訣雜頌

宋志：「一卷。」

易林祕林

宋志：「一卷。」

易大象林

宋志：「一卷。」

易法

宋志：「一卷。」

周易竅書

宋志：「一卷。」

周易火竅

宋志：「一卷。」

周易旁通曆

宋志：「一卷。」

周易八龍山水論

宋志：「一卷。」

易玄圖

宋志：「一卷。」

以上俱佚。

周易圖

三卷。

未見。

陳弘緒跋曰：「周易圖三卷，出道藏，不詳作者何人。其書雜取諸家圖而爲之，中一卷則宋儒鄭少梅之卦圖也。少梅名東卿，此作少枚，録者之悮耳。馬廷鸞極喜少梅論易，謂其無朱子發之瑣碎、無戴師愈之矯僞，讀之時有會心。少梅圖有五行、卦氣之説，此書亦有之，或即録其原本，而爲之附益耳。嘗慨圖學興而易道愈晦，非圖之能晦易也，支離而爲圖者之使易道之晦也。易之所稱圖者，河圖而已，伏羲取而則之，圖乃變而爲卦，圖變而爲卦，則河圖雖存焉，可也，即不幸而或喪失其圖焉，卦自在也。孔子十翼之作，惟論辭占象變之精微，而及於圖者，止『河出圖』一語。非孔子之智，不能創爲後人之圖也，以爲卦畫之理，吾學之五十年，而猶未盡，圖固可以置而不論也。自宋大儒邵康節有所謂先天四圖者，得之於李之才，之才得之於穆伯長，伯長得之於陳希夷，皆傳以爲庖犧氏手創，而圖學之説，遂紛紛藉藉於汗簡矣。夫使庖犧而果有此四圖也，姬文何以不用其次序，而別爲更定，且歷年如是之久，而京、焦、王、鄭諸儒何以無一言相發明也。然先天圖左右配列，森然不紊，而寓循還①無端之妙。其消長進退，足以抉三才之奧，而統萬類之自然，雖使庖犧復起，不能易也。後之儒者，便謂易之精微，專在於圖，舍乾龍坤馬之辭，而尋外圓内方之圖，其甚者務以新奇相勝，於是有漢上圖、有石汝礪乾生歸一圖、有欒洪卦氣圖、有鄧錡大易圖、有蓬軒錢氏圖、有張理鈎深圖，近又有會稽季本之圖、有宣城沈壽昌之圖，遂使簡易之書，丹黄黑白之末已。吁！可怪也。夫楊子雲之玄之有圖也，其於易也，準之而已；關子明之洞極之有圖也，其於易也，不敢擬之，擬玄焉而已。今之爲圖者，率皆托之周易，夫羑里之聖、負扆之元佐，我未之或遇也，誰繪之而誰授之乎？予家藏易圖數十種，予所取者，朱楓林、陳季立數家而已，其餘猥瑣而牽強者，悉屏去不以疲吾目力，知我罪我任之。」

〔補正〕

陳宏緒跋内「而寓循還無端之妙」，「還」當作「環」。（卷二，頁六）

幹氏道沖**周易卜筮斷**一齋目有「斷作法」。

未見。

虞集曰：「幹氏，其先靈武人，從夏主遷興州，世掌夏國史。道沖，字宗聖，八歲以尚書中童子

①「循還」，依補正、四庫薈要本、文淵閣四庫本、文津閣四庫本、備要本應作「循環」。

舉，長通五經，爲番漢教授。譯論語注，別作解義二十卷，曰論語小義，又作周易卜筮斷，以其國字書之，行於國中，至今存焉。官至其國之中書宰相而歿，夏人尊孔子爲至聖文宣帝，畫公像列諸從祀。」

趙氏秉文**周易蓑説**

十卷。

佚。

金史：「趙秉文，字周臣，磁州滏陽人。大定二十五年進士，興定元年，拜禮部尚書，兼侍讀學士，知集賢院事。著易蓑説十卷，中庸説一卷，太玄箋贊六卷，删集論語、孟子解各十卷。」

元好問曰：「公自幼至老，未嘗一日廢書不觀，著易、中庸説，論語、孟子解，其爲文出於義理之學，故長於辨析，極所欲言而止，不以繩墨自拘。」

雷氏思**易解**

佚。

金史：「雷淵，父思，名進士，仕至同知北京轉運使，注易行於世。」

元好問曰：「思，字西仲，渾源人，天德三年進士，仕至同知北京轉運使事，有易解行於世。」

馮氏延登**學易記**

佚。

元好問誌墓曰："延登，字子駿，吉州人，國子祭酒，權刑部尚書。平生以易爲業，及安置豐州，止以易一編自隨，日夕研究，大有所得。既歸，集前人章句爲一書，曰學易記，藏於家。"

吕氏豫**易説**

佚。

元好問誌墓曰："豫，字彦先，修武人，自號南峰山人。"

單氏渢**三十家易解**

佚。

李簡曰："平原人。"

王氏天鐸**易學集説**

佚。

子惲家傳曰："先君諱天鐸，字振之。開興初，用入粟例補滿，授户部主事。自號思淵老人，日以經史自娱，尤嗜春秋左氏傳。晚年一洗心於易，集歷代諸儒易説爲一書，題曰王氏易纂，遇朔例一占，玩辭明變，其應如響。」

子惲序曰：「先君思淵子昔掾民部時，尚書張公正倫日引一叟連榻坐，與之問辨甚款，察之，蓋講易經旨也，每參署已，輒抱牘旁侍。張公曰：『汝亦樂聞斯乎？』曰：『唯。』自是日熟所聞，遂潛玩焉，造次顛沛，樂之而不釋也。北渡後，遇玉華王先生，復得窺其門牆而覃思焉，既而有問答理亂之説，玉華子訢然曰：『推是而進，何憂乎不造夫突奥①也。然專静之功，不可以不至，藏往知來，實本於此，吾子其志之。』既而家居，屏遠人事，居②歷代諸儒所傳，探微賾妙，日一卦③爲業，真積既久，静見之心，遂大而肆，曰：『吾老矣，非述無以見於後，示子孫以大受也。』乃組節群言，使如出一手，辭約而意貫，諸家之善，蓋無餘藴矣。嗚呼！易之爲書，三聖人憂世而作也，其道有四，互爲之用。然身外無可論之道，道外無可談之理，天理人事，不出乎日用行己之間而已。是書之集，四者具列，要以近人情爲本，使學者切身以求用，易知而不雜，其於易道庶彬彬然有煒矣。不肖今亦向髦④，先世庭訓，墜泆⑤無緒，大懼夫不學而衰也。乃沉潛是編，冠修述之意於篇首，乃題曰王氏易學集説，使後之來者知先君學道立

① 「突奥」，依文淵閣四庫本、文津閣四庫本應作「窔奥」，備要本作「穾奥」。
② 「居」，依文淵閣四庫本應作「取」。
③ 「日一卦」，四庫薈要本作「日占一卦」。
④ 「髦」，備要本作「耄」。
⑤ 「泆」，四庫薈要本、備要本俱作「佚」。

世，其博文約禮，有如此者。小子惲復續所得，以綴於後，蓋先君所未見也，庶幾五十家之説，左右逢原矣。」

張氏特立**周易集説**

佚。

元史：「張特立，字文舉，東明人。中泰和進士，正大初，爲洛陽令，拜監察御史。特立通程氏易，晚教授諸生，世祖賜號曰中庸先生，名其讀書之堂曰麗澤。」

袁氏從義**周易釋略**

佚。

元好問曰：「從義，字用之，虞鄉人，中條山道士。」

張氏失名**易解**

十卷。

佚。

王惲序曰：「易之爲書，廣大精微，範圍乾度，經紀世道，以一理而含萬變，辭雖有盡，理則無窮，故説之者吹萬不同，仁智各異，要以修辭通變，近人情，關世教爲切，鍊師李公嘗爲予言。監丞張君，在河南爲衣冠清流，多藏書，得前代以易名家者數十種，早治其學，精占筮術。北歸，以藝能得官，如支離覆逆、建除叢辰等伎，有不屑爲者。於是廣詢博究，師心自斷，集易解十卷，於以扶聖心而明素志。駙馬高唐郡王天資英明，雅好經術，一覽，偉其述作勤，至發題篇端，有正大純雅，本乎仁義，與經旨不殊，其於世教，大有補益。命藩府板行，賜觀中外者，無慮數百餘帙，用廣發越，以表其志。尚義山來，屬俾序其事，予謂古之君子，立言垂世，必藉王公大人爲之主張，方能信其説而傳不朽，如曲臺禮經由獻王而明遺制、毛公詩傳得河間而置學官。今張君適遇賢王，得成其美，將見與大雅不群之英，異世而同談者矣。至於淵源之傳授，辭理之深奥，讀者自當知之，又何竢見賣兔而設喻，遇傴人氏而致問者耶？」

經義考卷四十二

易四十一

郝氏經**周易外傳**

八十卷。

佚。

經自序曰：「孔子承三聖之易，爲之作傳①，凡道德之要、性命之理、幽明之故、生死之説、天地人物之在②夫意言象數之間者，莫不充周表著，推致其極。易於是乎集大成，聖人大經大法之原，而不可加損焉。蓋數聖人之制作，孔子復以聖述聖故也。後之人，德未至於聖，欲以一己之見，求夫數大聖人

① 「傳」，文津閣四庫本誤作「經」。
② 「在」，四庫薈要本作「生」。

之意，雖弊精極神，不免於猜揣料量之私，不能造夫真是。或有見焉，而不能純備，斷然自作，則違戾遠甚。是以紛紛藉藉，至於今而不已也。夫易，聖人所以用道之書也。伏羲氏按圖畫卦以述道，造書契以開斯文，統歷數千百年。至於黄帝、堯、舜氏，而法制始備。又歷夏、商千有餘年，而文王受命作周，重伏羲氏之卦，繫之辭，而命之爲易。聖子周公心傳口授，分其文而繫之辭，以斷其吉凶。復六百有餘年而孔子出焉，晚年讀易，而韋編三絶，以求三聖之意。於是退而修經，推皇帝王伯之世①，而本乎伏羲，終於五霸，列爲四經，而爲易作傳，尊之爲經，以冠夫詩、書、春秋，使天下萬世共用一道。舉畫前之固有，重後之逆數，造無窮之形器，壞無窮之形器，而一易之用，不可勝窮矣。則伏羲氏述道、文王述伏羲、周公述文王、孔子述三聖，世代相去，若此其甚遠也。聖人之作，若此其鮮也。以聖述聖，若此其恭也。至孔子而僅爲成書，猶以爲書不盡言，言不盡意，加我數年，五十以學易，可以無大過。則易之大，不能一聖人當一世而爲之，必數聖人數十②百世而僅成。以孔子之聖，不敢自作，曲爲之述，而猶以爲未既盡，而懼或有過。後之人乃欲以一己之私，遽述數千載之德業、四聖人之能事，又輒自作爲，不亦難矣哉！且自孔子殁，曾子、子思、孟子得其傳而著之書，雖皆易道，而不及易中一言。繼而火於秦，雖幸而以卜筮之故，易之書獨存，天下之人秖以卜筮視之，而其道不明也。漢興，言易自田何，求其所自，謂孔子授之商瞿子木，而

①「世」，文淵閣四庫本作「心」。

②「十」，備要本作「千」。

授受及何，何爲傳數篇，而不傳，自是學各專門，原①遠而末亦分矣。揚雄之學最爲深到②，準易作玄，而不述易道。東觀學者雖盛，而秪爲傳注之學，亦各專門自私，而明夫易道者亦鮮。魏正始間，王弼以二漢之學爲之注，唐世以爲至當，而孔穎達爲之疏，學者至今宗之，殆亦專門之學也。寥寥千載，竟無聖人，而述聖人家異傳、人異義，易道不可復聞矣。故王通謂九師興而易道微，三傳作而春秋散，惡其私而專、專而分、分而異，卒使聖人之意不可得而見也。宋興，大儒輩出，莫不以闡明易道爲己任。於是華山陳摶肇開宗統，而濂溪周敦頤、西都邵雍遠探羲、文、周、孔之業，推演意言象數之本，至侍講程頤大變傳注，爲易作傳，直造先秦、布武聖門，其諸師友更唱迭和，易道幾明。今二百餘年矣，學者復各擅其師傳，立論馳説，求新角奇，誕夸而自聖，言義理者不及象數，言象數者不及義理，又往往雜入偏駁小數、異端曲學，周、邵、程氏之學復昧没而不明。其誚王弼、蔑正義，厚誣妄訾、悖理傷道者，不可勝紀，又甚於專門之弊矣。反覆壞爛，遂至此極，世代如是之遠，聖人不作如是之久，蠹食穿鑿如是之衆且多，又豈一人之專見臆度所能蔽之哉？則聖人之意，終不可得而見矣。竊嘗以爲，後世雖無大聖人，兼綜諸聖，以述夫聖，如孔子之集大成，苟不以一人自私、曲學自蔽、專門自聖，削去畦町、芟夷滋蔓、排斥一我、開示公道，合漢、魏、唐、宋諸儒之學，順考其往，逆徵其來。積數千百年之學問、數十百人之能事，契其所見、會其所得，合天下以一心、通天下以一理、貫古今以一易，聖一而後世百之、聖十而後

①「原」，四庫薈要本作「源」。
②「到」，文淵閣四庫本作「刻」。

世千之，遡流求源，問津以濟乎道，則亦庶乎其可也。故不自揆，嘗欲論次孔子以來，述易而有合於聖人者，纂爲一書，而未能也。中統元年，詔經持節使宋，宋人館於儀真，留而不遣，五六年間，頗得肆意經、傳。及被劫殺，出居別室，益曠寂無事，乃據所有書及故所記憶者，自孔子以來迄於今，凡訓詁論説、諸所注釋，裒其至精，去其重複，義理象數兼采並載，巨細不遺。不徵其人，唯是是與，各以世代第其先後，凡諸經傳子史百氏，易之自出而不謬聖人，必當關涉。引用者亦各依世次編入，其流入佛、老，異端曲説，非聖人意者，則盡刊黜。夫漢、魏傳注之學，則至於魏王氏；唐、宋論議之學，則至於宋程氏；故備録二氏，以爲諸家折衷；經有所見聞者，則彌縫其闕而要終之。且徵之歷代之得失，以爲易之事業；窮原極委，致諸道、易、神之本然，以爲一經之綱領。疑而不可固必者，則存而弗論，以俟能者。積成八十卷，又旁搜遠紹，創圖立説，爲太極演二十卷，申明列聖及諸儒餘意，共爲一百卷。易之成，俶落周世，謂之周易，近來或單稱易及大易等以爲題，而不言周，有未當言者，故仍稱周易。孔子爲經作傳，既謂之傳矣，後之人復爲傳注，則皆傳外之傳也，故曰外傳，且示不敢自同於聖人之作也。然亦未敢自爲成書，後來繼今，別有所得，當復增入云。」

蘇天爵名臣事略：「郝文忠公，名經，字伯常，澤州陵川人。中統元年，拜翰林侍讀學士，充國信史，奉使於宋，宋人羈於真州①，凡十六年始得歸。」

①「真州」，文津閣四庫本誤作「真川」。

盧摯曰：「公既①處幽所，日以立言載道爲務，撰續後漢書，著春秋外傳、易外傳、太極演、原古録、通鑑書法、玉衡貞觀刪三子一王雅行人志，各數十卷。」

黄虞稷曰：「經羈管真州時所作。自孔子以來諸家注釋，覈其至精，去其重複，義理象數兼采，鉅細不遺，積成八十卷。謂之外傳者，以孔子爲經作傳，後人著作，皆傳外之傳也，示不敢同於聖人之作。又旁搜遠紹，創圖立説，爲太極演二十卷，申明列聖及諸儒餘意。」

劉氏肅**讀易備忘**

佚。

名臣事略：「劉文獻公肅，字才卿，威州洺水人，金興定中進士。國初，應名②授邢州安撫使，中統元年，拜真定宣撫使，明年，召爲右三部尚書，兼議中書省事，四年，致仕。」

〔補正〕

名臣事略條内「國初應名」，「名」當作「召」。（卷二，頁六）

---

① 「既」，文淵閣四庫本誤作「所」。

② 「名」，依補正、備要本應作「召」。

胡氏祇遹易直解

佚。

王惲祠記曰：「公諱祇遹，字紹聞，自號紫山，磁之武安人。由中書郎官歷河東、山東按察使，濟寧總管，仕至翰林學士太中大夫①。」

又序曰：「紫山胡公年未強仕，應奉翰林，潔居官舍者幾十載，致力讀書，究明義理，期於遠大，取易卦爵徧書屋壁。時不肖忝在言列，過而見焉，詢其故，曰：『吾朝夕洗心，將範模四聖人，庶幾言行適宜，而寡尤悔焉，非特説夫言奇而法也。』識者以通材有用許之。爾後郎地官佐省幕，總尹大郡，提憲外臺，平生藴藉，見諸施設，其至公至大之論、卓異特達之舉，固不可枚數。要之，伸吾志、行吾道，不阿合取容於時、不俯仰勉從於衆，可行即行，不可即止。又其晚節脱屣軒冕，笑傲林泉，進退兩間，知命隨時，從容中道，蓋棺論定，皆曰：『紫山曠達英邁士也。』稽驗疇昔，諗其得於易者爲多。初不知其有所著述，公殁之三載，嗣子伯馳攜所著易解，懇題其端。公與僕自弱冠定交，氣義契合，互爲知己，今雖衰懶，撫其遺書，忍無一言發越潛輝？夫易，聖人憂世書也，純粹精深，通貫三才，理包萬彙，其用必須見於開物成務之實。然通其變必當達其辭，達其辭欲見諸用者，不於先覺躬行實踐之實跡而取法焉，未見能造其突奧也。昔宋名儒劉斯立作學易堂記，但序日用常行事，而曰：『余學易矣。』論者以爲得體，

① 「太中大夫」，文淵閣四庫本誤作「大中大夫」。

況紫山踐履工夫形諸事業，復推己所得，纂而成書，啓迪後人，可謂得聖賢忠恕之道矣。學者復能考公平昔操履，得其端倪，以之尋繹隱頤①奥妙之旨，則思過半矣。」

按：葉氏菉竹堂書目有胡祗遹紫山文集二十册。

李氏簡**學易記**

九卷。

存。

簡自序曰：「伊川先生嘗云：『學易者當看王輔嗣、胡翼之、王介甫三家文字，令通貫，然後卻有用心處。』時先生易傳未出也，及温陵曾獻之集大易粹言傳於世，則學者知有所宗，而三家之説，不無去取也。歲在壬寅，春三月，予自泰山之萊蕪，挈家遷東平，時張中庸、劉佚庵兩先生與王仲徽輩，方聚諸家易解而節取之，一相見，遂得廁於講席之末，前後數載，凡讀六七過，其書始成。然人之所見，不能盡同，其去取之間，則亦不能無少異。大抵張與王意在省文，劉之設心，務歸一説，僕之所取，寧失之多，以俟後來觀者去取也。僕居萊蕪幾二載，常時所讀之易，止有王輔嗣與粹言而已，諸家之説，則未之見也。六百日之間，節取粹言凡三度，前賢之説，或中心有所不安，則思之，夜以繼日，雖在道路鞍馬間，與牕下無少異，脱有所得，隨即書之，以待他年讀之，驗其學之進與否也。比遷東平，積謬説百餘段，及

①「頤」，依文淵閣四庫本、文津閣四庫本、備要本應作「賾」。

得胡安定、荆公、南軒、晦庵、誠齋諸先生全書，及楊彬夫所集五十家解、單渢所集三十家解讀之，謬説暗與前賢之説相合者十有二三，私心始頗自信。今卷中凡無名氏者，以兼采諸人之意，合而爲一説，不能主名。亦或有區區管見，輒不自揆，而廁於其間者，其初心將便觀覽而傳於家，非敢有意傳諸人，以取著述之名也。親友之間，有堅欲求觀而不能違者，或復爲人録去，予甚患之。己未歲，承乏倅泰安，山城事少，遂取向之所集學易記觀之，重加去取焉。噫！親友相知相愛，由此書，獲謗獲罪於朋儕，亦由此書，他日必有能辨之者。」

薛氏玄**易解**

佚。

程鉅夫撰碑曰：「河南薛玄微之，制行立言，穎然當世，縉紳尊之曰庸齋先生，家本下邽。國初，遊大同，以薦得應州教授，改河南軍儲轉運使。中統初，召爲平陽、太原宣撫，不起；授提舉河南學校，亦不起。日與女几辛願、柳城姚樞、稷山張德直、太平元好問、南陽吴傑、洛西劉繪、淄川李國維、濟南杜仁傑、解梁劉好謙講貫古學，且以淑人。有易解、中庸注、聖賢心學編、皇極經世圖説。」

鮮于樞曰：「庸齋先生，諱微之，華陰人，有易解行於世。」

許氏衡**讀易私言**

一卷。

存。

名臣事略：「許文正公衡，字平仲，懷慶河内人。中統元年，應召北上。授太子太保，辭，改國子祭酒，以疾歸。三年，應召北上。至元元年，辭歸。二年，應召北上，詔入省議事。四年，辭歸，復應召。六年，奏定官制。七年，拜中書左丞，力辭不受。八年，改集賢大學士，兼國子祭酒。十年，以遷葬歸。十三年，應召修授時曆。十五年，以集賢大學士兼領太史院事。十七年，曆成，辭歸。十八年三月，薨。皇慶二年，詔從祀夫子廟廷。」

耶律有尚曰：「先生著述，曰小學大義，乃在京教學者口授之語。曰讀易私言，是五十後所作。又云時年四十一。曰孟子標題，嘗以教其子師可。曰四箴説、中庸説、語録等書，乃雜出於衆手，非完書也。」

蘇天爵曰：「國家初，有中夏士踵宋、金餘習，以記誦詞章相誇尚，許文正公始以孔、孟之書，程、朱之訓，倡明斯道，一時師友講習若河、汾、伊、洛之盛。」

吴氏澂易纂言

十卷。

存。

易敘録

十二篇。

存。

元史：「吴澄，字幼清，撫州崇仁人，舉進士不第，居布水谷，乃著孝經章句，校定易、書、詩、春秋、儀禮及大、小戴記。侍御史程鉅夫奉詔求賢江南，起澄至京師，以母老辭歸。鉅夫請置澄所著書於國子監以資學者，朝廷命有司即其家録上。左丞董士選薦澄有道，擢應奉翰林文字。至大元年，召爲國子監丞。皇慶元年，陞司業，俄拜集賢直學士，遷翰林學士，加資善大夫。澄於易、春秋、禮記各有纂言，盡破傳注穿鑿，以發其藴，條歸紀敘，精明簡潔，卓然成一家言。澄所居草屋數間，程鉅夫題曰草廬，學者稱之爲草廬先生。卒，追贈臨川郡公，謚文正。」

澂自序纂言曰：「周易上、下經二篇，文王、周公作；彖、象、繫辭上、下，文言、説卦、序卦、雜卦傳十篇，夫子作。秦焚書，周易以占筮獨存，漢志易十二篇，蓋經二傳十也。自魏、晉諸儒分彖、象、文言入經，而易非古。注疏傳誦者苟且仍循以逮於今，宋東萊先生吕氏始考之以復其舊，而朱子因之，第其文字，闕衍謬誤，未盡正也。故今重加修訂，視舊本頗爲精善，惟於大義不能有所損益，而於羽翼遺經，亦不爲無小補云。」

□觀生①跋曰：「先生著是書幾四十年，其間稿成，改易者凡數四。壬戌秋，書成，然未嘗以示人。明年春，觀生固請鋟諸梓，以示學者，先生慨然許之，猶慮傳寫之或差，乃命抄寫而自督視，因正其未安，明其句讀，而益加詳密。寫未及半，適特旨遣使召入翰林，度不可辭，不數日上道，觀生隨侍至郡

① 「□觀生」，文津閣四庫本作「觀生」。

城，集同志分帙畢寫，將及九江，點校纔竟，若卦圖、象例陸續刊行，因書之成，遂志年月於右。嘗聞諸先生曰：『吾於易書用功至久，下語尤精，其象例皆自得於心，亦庶乎文王、周公繫辭之意。』又曰：『吾於書，有功於世，視易爲猶小；吾於易，有功於世，爲甚大。』則讀是書者，其可不知先生用意深切，而泛視之哉？至治癸亥五月。」

焦竑序曰：「易者，象也。昔聖人賾天下之故，窮造化之隱，而其妙有難以言示者，於是擬諸形容，若身與物，皆取而寓之於象，象立而易斯見矣。蓋不求之顯，則幽不闡，不取之近，則遠不明，故六十四卦、三百八十四爻，皆象也。觸類可爲其象，合義可爲其變，而辭與占皆舉之矣。鄭康成易傳九卷，一主於象，王氏之説盛行，而鄭學始絀，至顔延之爲祭酒，一以輔嗣爲師，非是族也，不置學官，而目擊道存之旨日微。陸澄有言，易自商瞿之後，雖有異家，一以象數爲宗，不此之求，而欲以明易，是負苓者之妄人也。洛誦之流，沿而不返，近世復有理數並言者，是索理於象外，而不知其非二物也。吴氏幼清洞契於斯，作纂言一編，總若千①萬言，而一決之象，超然卓詣，絶不爲兩可之詞，稽疑抉奥，契於吾心者，抑何多也。學者執是以求之，則可以見羲、文之心，見羲、文之心，則能見天地之心矣。羲、文之心即天地之心，而天地之心即②吾心也，見吾心則見易矣。噫！非極深研幾者，其孰能知之？幼清嘗曰：『吾於易書用功久，而下語精，其象例皆自得於心。』又曰：『吾於書，有功於世，視易爲猶小；吾於易，有功

① 「千」，依文淵閣四庫本、文津閣四庫本、備要本應作「干」。
② 「即」，文淵閣四庫本誤作「則」。

於世，爲甚大。』學易者弗刳心於是，如舍筌而求魚，不可得也。余藏是本數十年，考功大夫陳龍光、蘇進、張樞①三君以通經學古爲心，梓之以傳，而余復屬友人黃應登氏校讎至再，其於是役勤矣，因并著之。萬曆甲寅春日。」

黃虞稷曰：「易敘録因東萊呂氏古易重加修訂，正其文字闕衍謬誤者。」

按：菉竹堂目又有纂言外翼四册。

〔四庫總目〕

朱彝尊經義考云見明崑山葉氏書目載有四册，而亦未睹其書，今惟永樂大典尚分載各韻之下。（卷四，頁五—七，易纂言外翼八卷提要）

齊氏履謙**周易本説**

六卷。

佚。

元史：「齊履謙，字伯恆，大名人。至元十六年，初立太史局，補星曆生。至大三年，升授時郎。仁宗即位，擢國子監丞，改授奉直大夫國子司業，僉太史院事。履謙篤學，家貧無書，及爲星曆生，在太史局，會秘書監輦亡宋故書，留置本院，因晝夜諷誦，深究自得，其學淹貫，尤精經籍。著大學四傳小注一

① 「張樞」，四庫薈要本、文淵閣四庫本、文津閣四庫本、備要本俱作「張斗樞」。

卷、中庸章句續解一卷、論語言仁通志二卷、書傳詳說一卷、易繫辭旨略二卷、易本說四卷、春秋諸國統紀六卷。」

吴澂序曰：「易者，天地鬼神之奥，而五經之原也，夫豈易究哉？古魏齊履謙伯恒父，篤學窮經，其志苦，其思深，其於易也，悉去諸儒支蔓之説，而存其本，著本説四卷。其辭簡，其法嚴，能以一字一句該卦爻之義，余讀之而有取焉。於乾之『乾』而曰：『上乾名，下卦名。』於坤之『黄裳』而曰：『不外事，無上侵。』於蹇之『來反』、『來連』而曰：『反二，連三。』於解之『負且乘』而曰：『負四乘二，以悔亡爲功，能掩過，以无悔爲功，過俱亡。』此其訓釋之善者也。於屯之二曰：『辭之遯，所以見履之危；期之速，於以明守之堅。』於訟之三曰：『食舊德，則人莫與争能；從王事無成，則人莫與争功。』於遯之三與上曰：『係者，情牽於私而功業非所勉；肥者，宏博自大而職事非①所屑。』此其文義之暢者也。无妄之『妄』，謂史記作『望』，意尤明白；則同乎先儒而擇之精。坎三『來之』，謂之爲語辭，而不訓『往』；復彖『來復』，謂一陽始生於冬至之後，而謂十月微陽已生者不然；則異乎先儒而語之當。姑舉其概如此，他未暇偏舉。嗚呼！伯恒其知易教之以潔静精微爲貴與？然其簡嚴太甚也，觀者鮮或細玩而詳窺，玆蓋未易與寡見謏聞議也。或曰：『齊氏之説與子之説易不盡同也。』予曰：『然，彼之與予同者，予固服其簡且嚴矣；其不與予同者，予敢是己之是，而必人之同乎己哉？亦將因其不同，而致思焉。則其同也，其不同也，皆吾師也。』伯恒學孤特行，清介所守，確乎不移，予嘗

① 「非」，文淵閣四庫本作「無」。

爲寮①友，君子人也，非止經師而已。」

蘇天爵撰碑曰：「公之學，博洽而精通，自六經、諸史、天文地理、禮樂律曆，下至陰陽五行、醫藥卜筮，無所不能，而於經術爲尤甚。立言垂訓，簡易明白，不蹈故常以狥②人，不求新奇以驚世，其於聖賢意旨，蓋多有所發焉。」

黄虞稷曰：「其書初補注繫辭旨略二卷，以敷暢本義之旨，後更其説四卷，專釋卦爻之旨。至於彖、象諸傳，夫子所以贊翼卦爻，一二疑滯，已具説下，其餘不全釋。」

潘氏迪**周易述解**

佚。

黄虞稷曰：「迪，元城人，至元中，官國子司業，歷集賢學士。」

熊氏凱**易傳集疏**

佚。

江西通志：「熊凱，字舜夫，南昌人。以明經開塾四十年，時稱遥谿先生，同邑熊良輔受業焉。」

---

① 「寮」，備要本作「僚」。

② 「狥」，備要本作「徇」。

龍氏仁夫**周易集傳**

十八卷。

闕。

董真卿曰：「仁夫，字觀復，廬陵人，湖廣儒學提舉。周易集傳□①書，經文用朱子本義。至治辛酉自序。」

元史：「仁夫所著周易，多發前儒之所未發。」

吉安府志：「龍仁夫，字觀復，永新人，官湖廣儒學提舉。著周易集傳十八卷，立説主本義，每卦爻下各分變象辭占。謂雜卦爲古筮書，春秋傳所引屯固、比入、坤安、震殺，皆以一字斷卦義，此類是也；孔子存之，以爲經羽翼，初非創作。其言先儒所未發，學者稱麟洲先生。」

〔四庫總目〕

董真卿周易會通稱其有自序一篇，此本無之。朱彝尊經義考於舊序例皆全録，而已無是篇，則其佚已久矣。（卷四，頁十七—十八，周易集傳八卷提要）

---

① 「周易集傳□書」，四庫薈要本作「周易集傳一書」，文津閣四庫本、備要本俱作「周易集傳書」。

經義考卷四十三

易四十二

鄭氏滁孫**大易法象通贊**

七卷。

存。

周易記玩

佚。

中天述考

一卷。

存。

滁孫自序曰：「子曰：『道之不行也，我知之矣：知者過之，愚者不及也。』滁孫下愚不移，學易不得其津，年踰五十，探索先天圖，忽得中天玄景，中天者非他，是即天也。由其運用合一居中，故曰中天；由其在生兩之後、用九之前，故曰中天：適夫時位，德之稱也。其象藏於互體，其義發見於文王、周公、孔子之辭。習焉者察弗精，語弗詳，迷其主宰之真，惑於分别之變，嘻！其久矣。時方輯周易記玩韻語，入其大概，後十年，北方館下無事，得以貫穿源委，爲述考等篇，因觸前聞康節邵先生有曰：『氣一而已，主之者乾也。神一而已，乘氣出入乎有無生死之間，無方而不測者也。不知乾，無以知性命之理。』文公朱先生有曰：『一陰一陽，此是天地之理。如大哉乾元，萬物資始，乃繼之者善也；乾道變化，各正性命，此成之者性也。』繫辭所謂一陰一陽之謂道，繼之者善，成之者性，此是中天時位，德業之大綱領。文公舉以歸之於乾元，歸之於乾道，所言造化，豈有異趨？二先生之語，皆中天之玄旨也。於是始信蠡窺，確然用力，以卒其業。歸老舊隱，疾病有間。自河圖、洛書，伏羲始畫先天圖，以及後天圖，重加掇拾，爲大易法象通贊，頗覺簡明，回首舊作，呻畢可愧。私竊惟念羲、文太遠，孔、孟轍遐，康節、文公天稟超卓，三才之學，百世猶將賴之，如前所云，已若到鈞天，聞廣樂，使其陟降庭止，見帝親的，暢明道妙，發於經世、觀物、啓蒙、本義諸書者，奚啻所傳？夫何大音稀聲，飄忽别調，殆蒼蒼愛道，猶未釋耶？孟子没千有餘年，先天圖去今未五百年，時則近然，而造物乃擇愚魯者授之，殆不可曉也。夫兩儀生而陰陽分，八卦定而吉凶見，氣機之變，所以不可亂、不可惡者，飛龍在天，上治之力也。恭惟聖朝龍興，四海會同，普天率土，同一慶賴。自開物以來，皇極一元，於今爲盛，中天玄景，至此示現，豈偶然也。易之豐曰：『豐，亨，王假之，勿憂，宜日中。』夫子象之曰：『王假之，尚大也；勿憂，宜日中，宜照天下也。』此言乾之入大過也，大過者，雷電之互體也；繫辭曰：『顯諸仁，藏諸用，鼓萬物而不與聖人同憂，盛德大業至矣哉！』亦言乾既歷姤也，姤者，天地之相遇也；此爲中天乾元作用之境也。消息盈虛，作易者其有憂患乎？造物於此，何爲不與聖人同憂也？聖人於此，何爲使人勿憂也？乾元有御天之道，聖人體乾，有御世之法。是故知易之數，不可不知易之理也。中天者，易理之宏綱大用，悉備於此，聖人之崇德廣業，無出於此。爲人上不知中天，則不知所以治世；爲臣子不知中天，則不知所以事君事父；爲人不知中天，則不知所以誠意、正心、修身。於是承先聖所以體天地之撰、通神明之德，補中天圖象。紬繹大義於久湮未墜之際，使見天德隆盛，前乎弗違太極之根柢，後乎奉宣①太極之流行。庶幾天下後世，舉悟性命一源、古今一日，修者不怠、悖者能馴，正人心、息邪説、距詖行，當有取於斯。大德十年長至日。」

又進中天圖表曰：「臣竊惟聖人之道與天地準，易有聖人之道，亦與天地準。未有畫也，庖犧氏仰觀象於天，俯觀法於地，觀鳥獸之文與地之宜，近取諸身，遠取諸物，於是始作八卦，以通神明之德，以類萬物之情。及既有畫也，黄帝、堯、舜垂衣裳而天下治，蓋取諸乾、坤。天地者，萬物父母也；乾、坤者，則天地性情也；坎、離者，乾、坤妙用也；震、巽、艮、兑，陰陽上下進退之序也。恭惟帝王之盛，早

①「奉宣」，文淵閣四庫本作「弗光」。

朝聽政，清燕頤神，宜有圖書，以照①法象。謹按：今世所傳伏羲始畫八卦圖，迺易祖也，華山陳摶傳至邵雍，所謂有極圖者，以二氣消長爲乾、坤之限者也，可開學者推測之端，未備帝王觀省之要。臣愚幸叨涵②育，獲事鑽研，因畫窮象，因象窺玄，千歲之日，可指諸掌，有非臣愚能及，蓋因昌運所召也。有顯象焉，有藏象焉：内貞外悔，上下三畫重爲六畫，卦者，顯象也；往過來續，中四畫遞成六畫，畫者，藏象也。今圖顯象内外相遠，各以單卦取義；藏象先後相御，合以重卦取義。按圖次第觀之，乾究午半，君之仁也；坤究子半，臣之敬也；又爲男女居室、外内賓主之齊焉。乾専乎午，君享乎成也；坤専乎子，臣服其勞也；又爲男正位外、女正位内，私不害公、宮不干朝之度焉。迺若天公③布左，地宮布右，君須乎臣，臣須乎君者也。天旋而上，地轉而下，君尊統臣，臣卑奉君也。四象皆八④，天道下濟，地道上行，上下交也。八卦皆八⑤，陰中有陽，陽中有陰，陰陽賾也。升不極高，降不極深，上交不諂，下交不瀆也。俞推俞廣，俞分俞密⑥，不行而至，不疾而速也。於是布二十四氣、晦朔、弦望、晨昏之次焉。冬至之日，坤主之，陽氣萌資，慈母育之也；夏至之日，乾主之，陰氣兆倚，嚴父御之也。二分，啓閉門也；四立，終始際也。左規坤、乾而接坤健也，右規乾、坤而遇乾順也。他月初中，坎、離值之，時中之

---

① 「照」，文淵閣四庫本、文津閣四庫本俱作「昭」。

② 「涵」，文津閣四庫本誤作「涌」。

③ 「公」，依補正、四庫薈要本、文淵閣四庫本應作「宮」。

④⑤ 「八」，文津閣四庫本俱誤作「入」。

⑥ 「俞推俞廣，俞分俞密」，文淵閣四庫本、文津閣四庫本、備要本俱作「愈推愈廣，愈分愈密」。

義也。望依乎乾，君與先也；晦伏乎坤，臣韜光也。朔日，月會也；弦，上下規也。上規乾中左右皆兑者，兑重乾而消長二用也。下規坤中左右皆艮者，艮重坤而消長二用也。規之半，其上東西皆復者，震重坤而消長二用也。規之半，其下東西皆姤者，巽重乾而消長二用也。復以上，頤相對，頤肖離也，陽氣消長，皆當致養也。又上而對者既濟，始吉終亂也。又上曰睽①、曰歸妹，中藏既濟者也。曰家人，藏未濟者也。既濟生於未濟，未濟生於既濟者也。姤以下，大過相對，大過肖坎也，陽氣消長，皆當自強也。又下而對者未濟，雖不當位，剛柔應也。又下曰蹇、曰漸，中藏未濟者也。曰解，藏既濟者也。未濟生於既濟，既濟生於未濟也。升降之運，係之天者也；治亂之理，存乎人者也。易有太極，於坎、離之際見之；聖人御極，於禮樂之制作象之。陰陽得中而寒暑平，制作造極而刑賞當。故易曰：『知變化之道者，其知神之所爲乎？』易備三才之道，略舉人文之見於藏象者言之，人文主之以帝王者也。帝王誠能體乾元御極之理，則與天地合其德，日月合其明，四時合其序，鬼神合其吉凶。先天而天弗違，後天而奉天時。天且弗違，况于人乎？九寓幸甚，三才幸甚。臣謹布中天盛德大業圖畫，畫成，軸捧詣闕庭，仰干聖覽。臣不勝拳拳瞻天仰聖，激切屏營之至。至元二十年②十一月。」

〔補正〕

進中天圖表内「迺若天公布左」，「公」當作「宫」。末云「至元二十年十一月」，「二」當作「三」。（卷二，

① 「睽」，備要本誤作「暌」。
② 「二十年」，依補正應作「三十年」。

頁六）

元史：「鄭滁孫，字景歐，處州人。宋景定間登進士第，知温州樂清縣，歷宗正丞、禮部郎官。至元三十年，以薦召見，授集賢直學士，尋陞侍講學士，又陞學士，乞致仕，歸田里。」

胡氏一桂**周易附録纂疏**

〔補正〕

當作周易本義附録纂注，此下黄虞稷條内「纂疏」，「疏」字亦當作「注」。（卷二，頁六）

〔校記〕

四庫本作周易本義附録纂疏。（易，頁一一）

十五卷。

存。

易學啓蒙翼傳

四卷。

存。

元史：「胡一桂，字庭芳，徽州婺源人。精於易。初，饒州德興沈貴寶受易於董夢桂，夢桂受朱熹之易於黄幹，而一桂之父方平及從貴寶、夢桂學，一桂之學出於方平，得朱子源委之正宗。景定甲子，領鄉薦，試禮部不第，退而講學，遠近師之，號雙湖先生。」

一桂自序翼傳曰：「朱子於易，有本義、有啓蒙，其書則古經，其訓解則主卜筮，所以發明四聖人作經之初旨。至於專論卦畫蓍策，則本圖、書以首之，攷變占以終之，所以開啓蒙昧，而爲本義之階梯，大抵皆易經之傳也。先君子懼愚不敏，既爲啓蒙通釋以誨之，愚不量淺陋，復爲本義附録纂疏，以承先志。今重加增纂之餘，又成翼傳四篇者，誠以去朱子纔百餘年，而承學浸失其真。如圖、書已釐正矣，復仍劉牧之謬者有之；卜筮之數灼如丹青矣，復祖尚玄旨者又有之。若是者，詎容於得已也哉？故日月圖、書之象數明，天地自然之易彰矣；卦爻十翼之經、傳分，羲、文、周、孔之易辨矣。夏、商、周之易雖殊，而所主同於卜筮；古易之變復雖艱，而終不可逾於古。傳授傳注，雖紛紛不一，而專主理義，勿若卜筮上推理義之爲實，夫然後舉要以發其義。而辭變象占，尤所當講明；筮以稽其法，而左傳諸書皆所當備；辨疑以審其是，而河圖、洛書當務爲急。凡此者，固將以羽翼朱子之易，由朱子之易，以參透夫羲、文、周、孔之易也。若夫易緯，京、焦玄虚，以至經世皇極内篇等作，自邵子專用先天卦外，餘皆易之支流餘裔，苟知其概，則其列諸外篇固宜，而朱子之易，卓然不可及者，又可見矣。抑又有説，朱子嘗曰：『易只是卜筮之書，本非以設教。』然今凡讀一卦一爻便如筮所得，觀象玩辭，觀變玩占，而又求其理之所以然者，而施之身心家國天下，皆有所用，方爲善讀。是故於乾、坤當識君臣父子之分，於咸、恆當識夫婦之别，於震、坎、艮、巽、離、兑當識長幼之序，於『麗澤，兑』當識朋友之講習；以至謹言語、節飲食，當有得於頤；懲忿窒慾①、遷善改過，當有得於損、益。不諂不瀆，以謹上下之交，安其身而後動，易其心而後語，定其交而後求，以爲全身之道，當有得於大傳。即此而推，隨讀而受用焉，是則君平依忠依孝之微意也。雖曰端策而筮，其根底②所在，亦何以尚此？」

黄虞稷曰：「雙湖取朱子文集、語録之及於易者，附於本義下，謂之附録，取諸儒易説之發明本義者纂之，謂之纂疏③。」

程氏時登周易啓蒙輯録

未見。

許瑶狀曰：「先生諱時登，字登庸，饒之樂平人。德興盤澗董先生銖得考亭夫子之傳，其鄉鄰有程正則先生，亦私淑考亭之學，先生從之游，博極經傳之奧，探賾性命之原，斟酌群言，一以其歸④。於易則確守程、朱傳、義，而不惑於玄虛之論；書則備讀諸家，而求其疏通知遠之實；詩則要性情之發，而驗其興觀群怨之機；禮則審於節文度數之宜，而略其繁文縟節之末；樂則攷於蔡氏之書，而求夫聲氣

① 「慾」，文淵閣四庫本作「欲」。
② 「底」，文淵閣四庫本作「柢」。
③ 「纂疏」，依補正應作「纂注」。
④ 「一以其歸」，依補正、四庫薈要本應作「以一其歸」。

之允①；春秋則厭夫括例之拘，而直探夫聖人筆削之旨。著大學本末圖說，自堯即位甲辰，迄周顯德己未，貫穿經史於綱條之内。著中庸中和說，集朱子論述答問之語，審未發已發之機，而探索性情體用之全。太極圖、通書、西銘，則錯綜爲之互解；諸葛武侯八陣圖，則解駁而爲之通釋。他著述如周易啓蒙輯録、律吕新書贅述、臣鑒圖、孔子世系圖、深衣翼、感興詩講義、古詩訂義、閨法贅語、文章原委等書不一。又六經義若干篇，藏於家。」

〔補正〕

許瑶條内「一以其歸」，當作「以一」。（卷二，頁六—七）

胡氏炳文**周易本義通釋**

十二卷。

存。

董真卿曰：「炳文，字仲虎，徽州婺源人。著易本義通釋，延祐丙辰大梁郭郁序。」

新安文獻志：「先生篤志朱子之學，上遡伊、洛，凡諸子百氏、陰陽醫卜、星曆術數，靡不推究。嘗爲信州道一書院山長，再調蘭谿州學正，不赴，卒。學者稱雲峰先生。」

炳文自序曰：「宇宙間皆自然之易，易皆自然之天。天不能畫，假伏羲之畫；天不能言，假文王、

① 「允」，文淵閣四庫本作「元」。

周、孔以言；然則羲、文、周、孔之畫之言，皆天也。易言於象數，而天者具焉；易作於卜筮，而天者寓焉。善乎子朱子之言曰：『伏羲易自是伏羲易，文王、周公易自是文王、周公易，孔子易自是孔子易。』嗚呼！此其所以爲羲、文、周、孔之天也，必欲比而同之，非天也。易解凡幾百家，支離文義者不足道，附會取象者尤失之。蓋凡可見者，皆謂之象，其或巧或拙，或密或疎，皆天也。易之取象，一是巧且密焉，非天矣。惟邵子於先天而明其畫，程子於後天而演其辭，朱子本義又合邵、程而一之，於是羲、文、周、孔之易會其天者也。學必有統，道必有傳；遡其傳，羲、文、周、孔之易，非朱子不能明，要其統，凡諸家講易，非本義不能一。然其統其傳非人之所能爲也，亦天也。予此書融諸家之格言，釋本義之要旨，後之學者或由是而有得於本義，則亦將有得於羲、文、周、孔之天矣。延祐丙辰。」

潘旦序曰：「易未易通也，夫子著易十翼，曰：『述而不作。』示謙也。匪聖弗作，匪賢弗述，作者之意，述者通焉。本義通釋，宋儒胡雲峰所著也，通乎聖人之心，斯易通矣。易始畫於羲，彖於文，爻於周公，翼於夫子，合四聖而成者也。交易變易，始之終之，造化消息之妙微矣哉。降及秦、漢，等爲術數之書，太玄擬易而反晦易，可慨也。至宋邵子深明先天之畫，周子著太極圖，程子得之，著易傳，演後天之辭，朱子又會而折衷之，著本義以發其蘊，明且通矣。曾不再傳，紛然譁然，人竊一勺以自見，茫無所歸，道復晦塞。雲峰深爲是懼，著太極賦、二爻反對論、二體相易論、二十四氣論，晚乃融諸家之説，著本義通釋，申朱子之義，以上探夫羲、文、周、孔之心。晦者以明，塞者以通，若禹決川距海，濬畎澮距川，沛然也。注述之功，顧不偉哉？書經兵燹，多至亡逸，其九世孫珙暨弟玠法祖講易，募遺書，得上、下經，而闕十翼，乃復彙蒐諸集中以補之，幾爲全書。旦①讀之，不忍釋手，畀鄧教諭杞校而傳之，以詔後之學易者見雲峰氏有功於易，而珙、玠又有功於祖也。」

程氏龍**易圖補**

一卷。

佚。

筮法

一卷。

佚。

董真卿曰：「龍，字舜俞，號苟軒②，徽州婺源人。登宋景定乙丑第，後至中順大夫同知鄉郡致仕。補程子三分易圖刊行，外有弄環餘説、筮法等書。」

從子樞曰：「公登咸亨七年進士第，歷嚴州推官，與虛谷先生方回同事。北軍下臨安，太后手詔諭

① 「旦」，文淵閣四庫本誤作「且」。

② 「苟軒」，文淵閣四庫本、文津閣四庫本俱誤作「苟軒」。

州軍降，方遂以嚴郡入附，公不肯署，被擒，伯顔①釋之，辟差同知江西贛州路總管府事，勒令之任，中道走歸，隱居養母十餘年，會拘刷宋故官不奉詔者族其家，公垂涕曰：『安有爲人子而棄母者哉！』因出受命，授温州永嘉縣令，除松江府判官，隨同知湘陰州事。歸舟所載，惟著書三分易圖板數十擔而已。年逾七十，告老於朝，以中順大夫徽州路同知總管府事致仕。自號苟軒②，又號不不翁，卒，贈中憲大夫上騎都尉，追封新安郡伯。所著有尚書毛詩二傳釋疑，禮記春秋辨證及弄環餘説、三分易圖。」

繆氏主一**易經精藴**

佚。

浙江通志：「繆主一，字天德，永嘉人。從葉味道游，通易、書、詩三經，補國學生，上書攻賈似道。宋亡，隱居教授，兩目皆瞽，大德間，郡守廉希憲延爲經師。」

丁氏易東**周易象義**

十卷。

存。

---

① 「伯顔」，四庫薈要本作「旋復」，文津閣四庫本作「巴顔」。

② 「苟軒」，文淵閣四庫本、文津閣四庫本俱誤作「荀軒」。

〔四庫總目〕

朱彝尊經義考作十卷，註曰：「存。」然世所傳本殘缺特甚，僅存十之二三。（卷三，頁五十四—五十五。周易象義八卷提要）

〔校記〕

四庫輯大典本六卷，缺豫、隨、无妄、大壯、睽、蹇、中孚七卦及晉卦後四爻。（易，頁一一）

易東自序曰：「易者，文王所繫六十四卦之名，蓋以變易取義。周，國名也，以其文王所繫，故曰周易，所以别夏、殷也。上古伏羲始畫八卦，因而重之，八各生八，故止於六十四卦，其卦以乾、兑、離、震、巽、坎、艮、坤爲序，而重卦亦然，如今先天横圖耳，未有易之名也。夏曰連山，商曰歸藏，雖首艮首坤之不同，然皆止以下卦爲貞，上卦爲悔，故箕子洪範但云『占用二』耳。至文王始以六十四卦，取大衍之數，所得七八九六爲陰陽老少之分，而一卦又可變六十三，併其不變之一爲六十四，而四千九十六卦於此具矣。後世有謂伏羲八卦、文王六十四者，此也。或謂先天圖已六十四，遂以謂文王六十四者爲非，不知伏羲八卦雖重爲六十四，止是八各生八，而文王又以六十四卦各變爲六十四，而成四千九十六也。以九六爲變，故謂之易。然文王雖以九六爲變，止有卦辭，未有爻辭，蓋不變則用本卦之辭，變者但以本卦爲貞，之卦爲悔，如朱子啓蒙，三爻之變之占，而卦辭交錯，成四千九十六耳。至周公，始於三百八十四爻各繫以辭，其間不變者、全變者三爻，變者雖因文王之舊，而一爻、二爻、四爻、五爻，變者各用爻辭爲占，大略如朱子啓蒙之法焉。若夫子十翼，特即伏羲兩體、文王卦辭、周公爻辭，以義理發明之耳。至漢儒作易林，又以一卦之變六十四者，各立爻辭，遂有四千九十六繇，是又因周公爻辭推廣之也。雖漢儒之作，不可與文王、周公之易並論，然其由簡而詳，亦可以知古今之變也。若將易林各以兩爻交錯，四千九十六上復加四千九十六，則啓蒙所謂累至二十四畫，成千六百七十七萬七千二百一十六變者，亦可推焉，於以見易道之無窮矣。今此始乾、坤，終既濟、未濟者，蓋文王之序。但文王彖辭、周公爻辭，合各自爲書，而併爲一者，蓋周公不敢自爲書，特補文王所未備耳。古之書載以竹簡，以周公之爻辭合文王之①彖辭，則簡册重大，故分而爲二，以上下別。然其分上下亦有義焉，非苟然也。經者，貫簡之繩之名，蓋繩爲經，簡爲緯也，古人或作上篇下篇者，蓋篇以簡言，經以其貫簡之繩言也。易上、下經古既爲二卷，通孔子所傳十篇爲十二卷；至費直分彖、象二傳附於經辭之後，以便學者，今乾卦是也；後人又附爻象傳文於當爻之下，今坤卦以下是也。近世吕微仲嘗正之爲十二篇，晁以道又正之爲八篇，皆以經、彖傳、文言、繫辭、説卦、序卦、雜卦爲次。吕氏伯恭又更著爲經二卷、傳十卷，其十卷之序，彖上傳一、彖下傳二、象上傳三、象下傳四、繫辭上傳五、繫辭下傳六、文言傳七、説卦傳八、序卦傳九、雜卦傳十，合王肅本、朱子本義用之。吴斗南又謂説卦三篇，漢初出於河内女子，今止存其一；而又有繫辭上、下二篇，夫繫辭者，文王之經而非傳也，意後人以其間推明繫辭之指目之歟？要之，即所謂説卦上、中篇，而今所謂説卦者，其下篇耳；乃合夫子彖、大象各爲一卷，而以小象分上下，爲繫辭傳，以今繫辭合説卦爲説卦三篇。南康馮氏謂其説近是而從之，然彖、象依本義而分爲二，故上下二經外，十翼之序，彖上一、彖下二、象上三、象下四、文言五、説卦上六、説卦中七、説卦下八、序卦九、雜卦

① 「之」，備要本脱漏。

十。此説固似有理，但改繫辭爲説卦，尚有可疑，而寘文言於繫辭之前，則不可易，故今從其序，而繫辭傳之名，則仍依本義云。」

又後序曰：「易，變易也。六十四卦，一乾之變也。三百八十四爻，一初九之變也。太極動而生陽，乾之初九也；動極而静，乾之用九也；静而生陰，坤之初六也，静極復動，坤之用六也；分陰分陽，迭用剛柔，而易之變，不可勝窮矣。太極之動，乾而已矣，動極而静，乃有坤焉。得乾之初九者，復也，變而爲一陽者，六焉。得乾之初九與九二者，臨也，變而爲二陽者，十有五焉。得乾之初九以至九三者，泰也，變而爲三陽者，二十焉。得乾之初九以至九四者，大壯也，變而爲四陽者，十有五焉。得乾之初九以至九五者，夬也，變而爲五陽者，六焉。自初九以至上九，則乾之全體也。變乾之初九則爲姤，變乾之初九與九二則爲遯，變乾之初九以至九三則爲否，變乾之初九以至九四則爲觀，變乾之初九以至九五則爲剥，變乾之初九以至上九則爲坤。而一陰者，五陽之卦也；二陰者，四陽之卦也；三陰者，三陽之卦也；四陰者，二陽之卦也；五陰者，一陽之卦也。六陽俱變，則用九而爲坤；六陰俱變，則用六而復爲乾；乾而坤，坤而乾。然則乾之一卦，非六十四卦之所自來與？初九一爻，非三百八十四爻之所自來與？有變而後有象，有象而後有辭，有辭而後有占；不得於變，勿求於象，不得於象，勿求於辭，不得於辭，勿求於占；卦之變如此，則卦之象如此，卦之象如此，則卦之辭如此，卦之辭如此，則卦之占如此也。漢去古未遠，諸儒嘗以象變言易矣，言象變而遺理，不可也。王輔嗣一掃而去之，以其遺理而去之，可也。併象變而去之，則後之學者，不知三聖命辭之本心矣。嗟夫！六十四卦皆乾一卦之變也，三百八十四爻皆乾初九之變也。故有變卦焉，有卦變焉。變卦也者，六十四卦變而四千九十六者是也。卦變也者，十二辟卦變而六十有四者是也。由乾一畫而變焉爲十二，由十二而變焉爲六十四，由六十四而變焉爲四千九十六。蓋變卦其流，而卦變其源也，變卦其支，而卦變其本也。有卦變，而後有變卦，故予之於易，既以變卦而論其爻，必參卦變以原其畫，夫然後聖人作易之旨無餘藴矣。雖然，探賾於積年之久，成書於期月之間，若神明之有以開其心者，而猶懼夫失之易也。是其是，非其非，蓋將有待於萬世之公論焉，儻無忝於鼻祖將軍之家學云。」

湖廣總志：「丁易東，龍陽人，官至翰林編修。入元，數徵不起，注周易傳、疏以授學者。建石壇精舍，教授生徒，資以廩費，事聞，賜額沅陽書院，授以山長。」

經義考卷四十四

易四十三

趙氏采**周易折衷**

〔校記〕

四庫本作周易程朱傳義折衷。（易，頁一二）

二十三卷。

存。

采自序曰：「易該象、數、理，未作之前，其體因象數而立，既作之後，其理因象數而顯。大傳曰：『河出圖，洛出書，聖人則之。』河圖、洛書爲天地自然之文，象數之大原也。二圖之象皆九位，故伏羲則之，畫爲長短之九畫，成乾、坤二卦之小成，由乾、坤而八卦，八卦而六十四卦，以左右交互而觀，則兩卦得十八畫，二九也，是爲先天圖，邵子所謂交易之易也。文王則之，變伏羲之卦，次分上下之二經，上經卦三十，下經三十四，以一反一覆而觀，除八正卦外，五十六卦只成二十八卦，上經得十八卦，下經亦得十八卦，二九也，是爲後天易，程子所謂變易之易也。或曰：『伏羲既因象推數而作先天交易之易矣，文王又因象推數而作後天變易之易，何哉？』大傳曰：『易之興也，其于中古乎？作易者其有憂患乎？』夫子蓋謂文王當殷末世，憂患而興此易也。曷爲見其憂患，今觀後天反對卦，如泰反爲否、剥反爲復，晉反爲明夷、夬反爲姤、既濟反爲未濟，舉一二以類推，則文王實憂慮天下後世陰陽禍福之相爲倚伏、治亂安危之相爲消長、君子小人之相爲進退，只在一反覆間，故示人以用九，扶陽而抑陰，爲君子謀，不爲小人謀，爲轉移造化之機。此上、下經所以皆寓用九之意，豈出於聖人之智巧，皆倚天地自然之法象而加一倍焉耳。自古聖王之致治皆用九，如舜命九官，禹之九功、九敘、九歌是已。是以周公作爻辭於乾卦，首發用九之義，夫子翼之，曰：『天德不可爲首也。』曰：『乾元用九，天下治也。』曰：『乾元用九，乃見天則。』於九曰天，則其可過哉？則過其亢矣。又於大傳三陳九卦，以明文王處憂患之道；上經取三卦而陳之，用一九也；下經取六卦而陳之，用二九也。此夫子因數推理，而作十翼也。嗚呼！易更三聖而象數義理始備，自夫子殁，千數百年，論易者各據己見，泥象數者流於詭怪，説義理者淪於空寂，而聖人憂患作易之旨昧矣。至宋有康節邵子推明羲、文之卦畫，而象數之學著；有伊川程子推衍夫子之意，而卦畫之理明。洎武夷朱文公作本義，釐正上、下經，十翼，而還其舊；作啓蒙，本邵子而發先天。雖本義專主卜筮，然於門人問答，又以爲易中先儒舊説皆不可廢，但互體、五行、納甲、飛伏之類未及致思耳。故愚以爲，今時學者之讀易，當由邵、程、朱三先生之説，泝而上之，以會羲、文、周、孔之心，庶幾可與言易矣。然邵子無易解，其説僅見於觀物篇，故愚是集以程、朱傳、義爲主，而附以鄙見，間亦竊取先儒象數變互，以資發明。雖然，俗士口易，賢人體易，聖人忘易，孟子著書，未嘗及易，邵子以爲易道存焉，且以爲善用易。人能用易，是爲知易。嗚呼！韋編三絕，企東家之无過；蠹簡百年，慨西伯之有憂。愚雖衰老，願就有道而正焉。」

曹學佺曰：「潼川趙采德亮著，其書以程、朱傳、義爲主，而附以己見，間采先儒象數變互，以相發明。采號隆齋。」

黄氏定子易説

佚。

吴澂序曰：「易之道，廣大悉備，學者各以其所見爲説，然亦各有義焉，蓋易之道，無所不包故也。以理言易者，王輔嗣、胡翼之、王介甫，至程子而極。以象言易者，虞仲翔、朱子發，近世有丁有范，博極諸家，兼總衆説，搜括無遺矣。然或失之鑿，或失之泛，俱未得爲至當也。夫易之取象，或以三畫正體，或以三畫互體，或四畫爲一體，或五畫爲一體，或以六畫全體，或以六畫複體。卦變則剛柔相易，一往一來者也；爻變則一畫變與五畫變，而一畫不變者也；惟旁通飛伏之説不可取爾。友人黄定子季安之用功於易也有年，專以一畫變、一畫不變者起義，蓋與春秋左氏傳、沙隨程氏説及朱子啓蒙三十二圖皆有合也。而淺識或莫曉其所以然，予嘉其用意之勤、取義之密，故書篇首以曉觀者，俾知其説之未可輕視也，非特喜其同己而已。」

汪氏標**周易經傳通解**

佚。

胡一桂曰："汪君標，字國表，鄱陽銀峰人。入太學，登第。歸附後，曾宰鄉邑，後隱居著述。手編諸家易解一鉅集，書名經傳集解，以馮厚齋易解爲柢本，又博求古今解增入，合理義象占爲一，藏於家。"

程氏直方**啓蒙翼傳**

四聖一心

學易堂隨筆

俱佚。

程鉅夫曰："大易之學，自伊川翁七分傳作，而理始明，自康節翁經世書出，而數始備。先生翼啓蒙以探理之賾，續玄玄以索數之隱，是先生於理數之學，重有功也。"

董時又曰："先生諱直方，字道大，號前村，新安婺源人。通諸經，尤深於易，闢書室曰觀易堂，與初庵傳先生立爲莫逆交，盡得邵氏不傳之秘。平生著述，易則有程氏啓蒙翼傳、四聖一心、觀易堂隨筆，書則有蔡傳辨疑，詩則有學詩筆記，春秋則有諸傳考正、春秋旁通。」

何氏中易類象

二卷。

佚。

中自序知非堂稿曰：「臨川何中能言，知讀書，咸淳壬申甫髫，隨父任廣東曲江，乙亥出嶺。至元丙子，僑居寧都者三年。己卯，始從師問學，師宋進士張叔方、朱光甫、羅士鼎。至大戊申，如析津。皇慶癸丑，適東甌。所著，易類象二卷、書傳補遺十卷、通鑑綱目測海三卷、通書問一卷、叶韻補疑一卷、六書綱領一卷、補六書故三十一卷、薊丘述游録一卷、撦頤録一卷、知非堂稿十七卷、知非外稿十六卷。」

揭傒斯作誌曰：「至順二年夏，詔以集賢大學士全公嶽柱平章江西行省事。秋，具書幣，遣使帥撫州太守即隱所聘孫先生轍、何先生中，而孫不起。何先生既至，以爲龍興郡學，東湖、宗濂二書院賓師。明年夏，卒。先生諱中，字太虛，一字養正，世爲撫州樂安宦族。」

程鉅夫後序曰：「聖人俯仰遠近，取象以畫易，蓋不可窮也。象、爻之辭，説卦之贊，因其所有言之耳。而後之注易者，曾莫之問及者，往往穿鑿傅會，不出乎自然，此朱子所病也，故曰：『爻辭象數，或肆或拘。』何君太虛以彖、爻所取象類而析之，得之者固多矣。昔余在集賢，見台州一老儒日以錢布卦，觀其象，得之者多親切。吾友吴幼清亦言曾於古祠香爐中，取炭燼畫卦，於案觀之，此□①通，又滅之，畫他卦，豁然有悟。嗚呼！安得三君日相聚，共竟斯事哉。」

〔補正〕

程鉅夫後序内「此□通，又滅之」，當作「此卦通」。（卷二，頁七）

江西通志：「何中，字養正，一字太虛，宋末，舉進士。至順初，聘爲龍興郡學師。」

胡氏震周易衍義

存。

〔校記〕

四庫本十六卷，帶經堂藏千頃堂明鈔本同；振綺堂藏鈔本八册，不分卷；此失記卷數。（易，頁一二）

震自序曰：「易大傳曰：『易之爲書也，廣大悉備，有天道焉、有人道焉、有地道焉。』又曰：『夫易，開物成務，冒天下之道，聖人以通天下之志，以定天下之業，以斷天下之疑。』又曰：『昔者聖人之作易也，將以順性命之理。』如是，則易之爲易，聖人經世之書也，亦聖人憂世之書也。自其畫於伏羲，辭於文王、周公，翼於孔子，經四聖人手，而易始備。羲、文、周公之易，雖依乎象數，而實根乎義理之正；孔子之易，雖明乎義理，而象數之妙亦在其中矣。昔吴之季札聘魯，見易象，

① 「□」，依補正、四庫薈要本、文淵閣四庫本、文津閣四庫本、備要本應作「卦」。

而喜曰：『周禮盡在魯矣。』當是時，豈易書惟魯有之歟？抑諸國皆有，而吴未有歟？宜其見之而喜也。自火於秦，六經之書，唯易以卜筮存，獨得爲全書，天之未喪斯文也，豈非所以揚萬古人心之日月，而開萬古人心之盲晦歟？由漢以來，以高遠探易者，不察乎身心性情之德、人倫日用之常，往往求易於天地造化之外；以淺近探易者，不明乎陰陽五行之道、消息盈虛之理，往往論易於讖緯術數之學，是皆未明體用一原、顯微無間之妙道也。以言者尚其辭，以動者尚其變，以制器者尚其象，以卜筮者尚其占，易有四象，所以示也。然易之一經，實備乎六經之體；存象辭，則該乎詩之比賦；正心術，則貫乎書之精一；防情僞，則著乎禮、樂之中和；辨吉凶，則著乎春秋之褒貶。人君用之則君道盡，人臣用之則臣道盡，聖人用之則道教彰，賢人用之則德業新，庶人用之則悔尤亡。象辭云乎哉？文辭云乎哉？雖然，易者，崇陽抑陰之書，尊乾而卑坤，尊君而卑臣，尊父而卑子，尊夫而卑婦，尊中國而賤外夷，尊君子而賤小人。三百八十四爻之義，無非所以存天理、正人心、扶綱常，而垂教於萬世也。是則作易者其有憂患乎？不然，何以曰『聖人以此洗心，退藏於密』。愚生賦性愚魯，識見庸陋，少讀易於國正何先生子舉、編修劉先生均堂、長饒先生魯之門，得於耳提面命之際，悟於心領意會之表。始知易之爲易，大之爲天地，幽之爲鬼神，明之爲人物，吉凶消息之理、進退存亡之道、修齊平治之本，皆不外乎此易也。謹以平日父師之訓，筆而輯之爲成書，附以程、朱、張、楊先賢之確語有益於世教者，名之曰周易衍義，極知僭踰，願就有道而正焉。」

唐氏元**易傳義大意**

十卷。

佚。

杜本志墓曰：「公諱元，字長孺，新安歙縣人。筮仕平江路儒學録，調分水縣儒學教諭，改南軒書院山長，以徽州路儒學教授致仕。」

劉氏淵**易學須知**

佚。

讀易記

佚。

歐陽原功曰：「淵，字學海，三領鄉解，嘗以春秋冠全蜀。內附初，避地嶺南之桂，尋之象，還寓衡陽，署號象環，用薦爲永州路學正，既没，門人私謚曰永政先生。」

李氏恕**周易旁注**

四卷。

未見。

易音訓

二卷。

未見。

恕自序曰：「易説至程子乃粹而明，至朱子乃曲而盡。蓋惟程子能真體四聖人之心，惟朱子能反覆推明，以備程子之説。若繫辭，本義則又卓乎發千古之昏矇，而足以釋程子之遺憾者也。恕伏讀三十年，常疑學者謂程傳專主義理，本義專主卜筮，乃取二先生之書，熟玩而參考之。每程傳有未安，本義必推原經旨，期於允當而後已。至於程傳之巍然炳然者，本義初未嘗别出新意。乃知本義所以補程傳之遺，而於占筮猶拳拳者，亦因程傳所略而著之，而後聖人吉凶與民同患之意始盡，學者徒見其異，不知合異乃所以爲同也。余不諒淺陋，輒合程、朱二家之説及本義附録、何氏發揮、大易粹言、南軒解義諸書，節而一之，以爲旁訓，通異同之説，集一書之成，非敢有去取於其間，約而歸之，儻便初學云爾。」

黄虞稷曰：「恕，字省中，盧陵人。」

范氏大性**大易輯略**

佚。

陸元輔曰：「元蜀中范大性撰，博雅王安雲公彦弼嘗録之以傳，見吴草廬墓志。」

倪氏淵**周易集説**

二十卷。

佚。

易圖説

一卷。

佚。

易卦説

一篇。

存。

序例

一卷。

佚。

黄溍作墓志曰：「淵，字仲深，烏程人。承務郎富陽縣尹三山敖繼翁深於三禮，而尤喜易，公從之游，於節文度數之詳，辭變象占之妙，靡不博考洞究。高克恭爲南臺治中侍御史，首以敖先生及鄧公文原、陳公康佐、姚公式與公五人並薦於朝，五人各補郡文學。」

熊氏棟**易説**

佚。

熊良輔曰：「溪邊熊氏棟，字季隆。」

萬姓譜：「溪邊先生子棟，造詣尤高，從游者益衆。」

陳氏櫟**東阜老人百一易略**

一卷。

存。

櫟自序曰：「六經莫先於易，亦莫難於易，而遽欲通易之旨，尤戛戛乎其難哉。孔子教人之常言，惟詩也、書也、禮也，於易未始一言及之，其自言則曰：『加我數年，五十以學易，可以無大過。』易之難學可見矣。今欲使初學略知蹊徑，姑述百分之一焉。」

揭傒斯曰：「聖人之學，至新安朱子，廣大悉備，朱子既没，天下學士，群起著書，一得一失，各立門户，争奇取異，附會繳繞，使朱子之説，翳然以昏。然朱子没五十有三年，而陳先生櫟生於新安，其學大抵以朱子爲歸，懼諸家之説亂朱子本真，乃著四書發明、書傳纂疏、禮記集義等書，餘數十萬言。其畔朱子者，刊而去之；其微辭隱義，引而伸之；其所未備，補而益之；於是朱子之學焕然以明。方是時，惟江西吴先生澂以經學自任，善著書，獨稱陳先生有功朱子。然吴先生多居通都大邑，又數登用於朝，天下學者四面而歸之，故其學遠而彰、尊而明。陳先生居萬山間，與木石爲伍，不出門户動數十年，故其學必待其書之行，天下乃能知之。及其行也，亦莫之禦，可謂豪傑之士矣。先生字壽翁，其所居堂曰芝字之堂，其自稱曰東阜老人。延祐賓興，既與貢，當赴春官，稱病固辭，年八十三，卒。」

吴氏鄹**周易注**菉竹堂、聚樂堂目俱注「張應珍」名。

十卷。

未見。

吉安府志：「吴鄹，永新人。宋末兵亂，避仇轉徙山西，改姓名張應珍，自號義山先生，示不忘其故土。注周易宗程、朱，而不爲苟同。如『參天兩地而倚數』，鄹以爲本義天圓地方；圓者，一而圍三，三各一奇；方者，二而圍四，四合二耦；似費擬議。蓋五生數之中：天數一、三、五，凡參；地數二、四，凡兩；故聖人參兩之以倚數。八卦之象，乾、坤，天地，以大虚言之也；震、巽，天地之長男女，爲雷風，有氣無形；坎、離，天地之中男女，爲水火，有形無質；艮、兑，天地之少男女，爲山澤，有質確定矣；其説頗有據。元駙馬都尉高唐郡王闊里吉思①嘗從之質疑焉，爲刻其書於平陽路，且序其里居爲詳，今藏於秘閣。」

按：吉安府志謂鄹不忘故土，自號義山，附之宋遺民之列。攷元秘書志題名張應珍，以至元三十年十二月由從事郎歷秘書監丞，大德八年六月遷秘書少監，九年十月乃更姓名吴鄹，則嘗仕於元矣，論世者所當知也。

彭氏絲**庖易**

佚。

江西通志：「彭絲，字魯叔，安福人，宋江陵教授應龍之子。」

王氏申子**大易緝説**

十卷。

存。

王履序曰：「嘗觀魏鶴山答蔣得之書及史學齋臨汝講義，皆祖張觀物語。以九其圖者，見後天八卦之象，十其書者，具洪範五行之數。謂晦庵不及見是書，故謂十圖而九書。余雖不敢以其説爲然，然

① 「闊里吉思」，四庫薈要本作「克呼濟蘇」、文津閣四庫本作「庫哩濟斯」。

亦無以正其説之不然。蓋二圖無一相合，而縱横十五，乃髣髴八卦之位，然卦位雖見，而除四正外，至補四隅空處，老師宿儒，復不敢伸一喙，此誠宇宙間一大疑事。及分教澧陽，時丁石潭遞至沅陽書院，策題以易圖、書數偕春秋『王正月』爲問，所疑正與前合。余謂十圖九書，本體也，九圖十書，經緯也，擬書答之，未果，而石潭已矣，至今抱此一恨。忽南陽學士李君章袖編易見示，讀之，則吾巽卿所著緝説補説也。巽卿生諸老後，乃能力探其原而正之。取十其圖者，分緯之以畫先天，取九其書者，錯綜之以位後天，自我作古，無一毫之穿鑿，有理致之自然，直可以斷千百年未了底①公案。昔蔣得之指先天爲河圖，鶴山猶喜之；今巽卿正二圖，且緯河、洛以爲文王全易，意見卓然，勝得之遠矣。巽卿，鶴山桑梓，使鶴山見此，其喜又將何如耶？數年來，經生學晨星落落，呑三爻於天上，留七分於人間，孰謂天門十六峰下，尚有斯人爲斯學乎？蓋二圖於易，猶河之崑崙，源委正則下流正矣，故特拈出，以與世之知易者道。」

程文海序曰：「易晦於九師，褻於卜筮，言易者何紛紛也。深者遂爲古奥難測之書，淺者又爲牆壁勸誡之語，象數義理幾於不相爲用，學者徒能習知其辭，罕究其藴，而易遂虚矣。予所識知，毋慮十數家，言人人殊，獨吾友吴幼清最爲精詣，往往出人意表，今見王君巽卿緝説，確然粲然者也。夫乾以易知，坤以簡能，乾、坤毁則無以見易，欲知易，固自乾、坤始，欲知乾、坤，必先知易簡之用，王氏淵源之學，其幾是乎。惜幼清方留燕山，不得相與探賾其説，且印吾言之是否也，姑著之篇間，以爲異日

① 「底」，四庫薈要本作「之」。

張本。」

吳澂曰：「王巽卿易雖與鄙説多不同，然皆祖本程傳，程傳有與易之本文不甚協者，乃更易之。其書最爲平正穩當，不敢以其不與己説合而輕議之也。」

李琳曰：「巽卿手輯一家之言，髓探三聖之旨，天機獨露，日用互明，乃知象數之源，畢具性命之理。」

田澤曰：「易最精微，難得明白，自子夏以來，説之見於世者，何啻數百家，不爲不多。然河圖、洛書之象數，易所本也，而未免錯亂；先天、後天之卦象，易所祖也，而未免闕疑；學者迷惑，終未釋然。蜀儒王申子所解大易輯説，分緯河圖，以遡伏羲畫卦之始；錯綜河、洛，以定文王位卦之次；又參上繫、下繫，以覆聖人設卦繫辭之旨；又主成卦之爻，以發聖人立象取義之因；貫通爻義，章分彖傳，訂晦庵十圖九書之旨，辨濂溪無極太極之説，無一毫之穿鑿，有理致之自然。澤於大德十年任澧州路推官，詢之學校諸儒，皆曰申子前邛州兩請進士，寓居慈利州天門山，隱居幽深，無心求仕，垂三十年始成此書。觀其覃思之精，用力之勤，誠可嘉尚。」

鄧從仕曰：「申子所著易，十圖九書，推本先儒之説，紬繹錯綜，附以己見，言詞條達，旨意詳明。皇慶二年四月，湖廣行省劄付王申子充武昌路南陽書院山長。」

張氏清子**周易本義附録集注**

十一卷。

佚。

〔校記〕

歸安陸氏藏影元鈔本，日本宮内省圖書寮有元刊本。（易，頁一一二）

董真卿曰：「清子，字希獻，號中溪，建安人。周易本義附録集注十一卷，其書以文公本義高下字行，反置之王弼今易經文之下。大德癸未自序。」

徐氏之祥**讀易蠡測**或作「玩易詳説」。

佚。

董真卿曰：「之祥，字麒父，號方塘，饒州德興人，賓州上林簿。」

戴表元序曰：「古聖人之經，至難言者莫如易。余攷王制，見先王時之居學校者，其法春誦、夏絃、秋學禮、冬讀書；而仲尼之門人記其師雅言之詳，不過詩、書、執禮；而皆不及易。惟其自爲也，則不得已有文以明之，以見易非聖人不能言，而雖聖人之教人，亦不使人之得以易其言也。漢以後，始有易師，今諸家法度髣髴具存，往往用之占步測算，若後世之言易者，以爲必能通聖人之言，而續爲之説也。余之少時，不免斯累，近乃稍自悔艾，欲慎其出。竊嘗間與爲雜學者往還，若丹經之鉛汞①、曆書之紀朔、醫家之運氣、兵家之機勢大略，反與易合。而支離泛濫不切者，莫如書生舉子之説。此無他，彼數

---

① 「鉛汞」，備要本誤作「鉛永」。

氏者，猶托於象數爲可準，而書生舉子，專以空言談理故也。儒者徐君之祥，自番易橐所著易經蠡測若干言見余於餘杭，其言象數，取皇極於康節，取太極於濂溪，厥既知所先務，而諸卦之中，多詳其變，曰非變無以明易。自正體、伏體、互體、變體、反對體、上下體而通之一卦有①六十四，以至於四千九十六，愈變愈通，而卦愈不窮。有辯卦，中有四畫五畫而成卦者，皆見於易。反覆懇款，實皆不叛於新安、漢上二朱氏之學，余甚慕而奇之。而徐君機神敏給，於天人性命、事物精粗之理，他人經年歷紀而未喻者，一日即了，其得於天蓋厚，不但人力之勤也。然君於易書之變，本由象數以通理；而象數者，起於無而寄於有。理者，妙於有而歸於無。寄於有者，其變可知可言；歸於無者，不可知、不可言也。人之可知而言易之變，固不止於四千九十六；人之不可知、不可言，畫之一不必三，卦之八不必六十四，可也。古人老而學易，易又爲憂患作，徐君涉世益□②，刊落輕鋭而復諗之。蠡乎！蠡乎！其遊於聖人之海，有不爲夜光乎？」

嚴氏養晦**先天圖義**

一卷。

佚。

---

① 「有」，備要本作「爲」。

② 「□」，依四庫薈要本、文淵閣四庫本、文津閣四庫本、備要本應作「深」。

牟巘序曰：「邵子發先天之秘，不過四圖，然自一分而二，推之至於無窮。邵子以爲猶根之有幹，幹之有枝，愈大則愈小，愈細則愈繁。而朱子亦云：『本是小底，變成大底，到那大處，而變成小。』似非假圖以明之，則四圖之義未易悉究。是以朱子謂：『東北以之西南，便是自否以之泰，是兩角尖射上，與乾、坤相對。』又謂：『邵子「天地定位，否、泰反類」詩八句，是說方圖中兩交股處，意欲分作四層看。』又謂：『文王八卦，應地之方。是邵子見得四正卦生出四角，是方底意思。』皆若有取於圖者。嚴君養晦，心通於易，嘗取方圓定位二圖，演之爲四十九圖，毫分縷析，如織機之錯綜，經緯布置，粲然可覩，而未始有所穿合。大抵一本於邵子、朱子之説，如八卦相錯，一卦分八卦，上下順逆，對待博易，數從中起，天根月窟、乾坤六子縱横之類，皆有以發其義，遽數之不能終也。自非潛玩默察，先具此圖於胸中，安能與之脗合乎？亦可謂精且詳矣。最後一圖乃易之所謂太極，邵子所謂道即太極、心即太極，而朱子所謂象數未形之全體也，兩儀四象之所由生。今顧列於諸圖之後，嚴君之意，自流泝源，蓋欲復其性初於寂然不動之時，尤見先天圖心法是當求之於象數之外。」

戴表元序曰：「自漢儒易林之傳絶，而士大夫一切以理談易，幾二千年。如楊子雲太玄、虞仲翔納甲、關子明洞極、魏伯陽參同契之類，往往皆古人象數之餘説，而學者疑其近於曆家方士，棄不肯習。迨至近世，乃有太極、先天二圖，於是最爲深密，然非濂溪、康節開張於前，考亭朱先生尊奬於後，則二圖者，安知不以疑廢？今二圖既皆顯行於時，而今談先天者，猶不如太極之盛，何也？太極以理，先天以象數，理易喻而象數難精，前賢所以有狗馬鬼神之論也。予之少也，固習於科舉，長也，阨於憂患，又生窮鄉僻邑，無所師授，亦莫能聽受其説。山陰嚴養晦以四十九圖相示，方圓之象、縱横之數，不勞執比，一一脗合，而陰陽往來動静消息之理，開卷可一目而盡。是其於濂溪、康節、考亭之學，可謂叩其彊①藩而窺其堂室矣。世念漸空，幸有餘力，可以償平生饑渴之願，當從養晦卒業焉。」

吴氏迂**易學啓蒙**

佚。

黄虞稷曰：「迂，字仲迂，浮梁人，從饒雙峰學。皇慶間，浮梁知州郭郁延之爲師，以訓學者，人稱可堂先生，汪克寬其門人也。」

倪氏公晦**周易管闚**

佚。

金華縣志：「倪公晦，字孟暘，師事何北山，仕爲運幹。」

① 「彊」，依四庫薈要本、文淵閣四庫本、文津閣四庫本、備要本應作「疆」。

經義考卷四十五

易四十四

傅氏立易學纂言

十八卷。

未見。

董真卿曰：「立，字權甫，號初庵，饒州德興人。仕至正奉大夫集賢院大學士，贈榮禄大夫柱國饒國文懿公。御賜宋、金内府易書數千卷，以其意授同里王奕復初，摘其正大合理者一百二十家，彙爲一編，名易學纂言，十八卷，無繫辭以下。元貞乙未自序。」

王氏結易説

十卷。

佚。

元史：「王結，字儀伯，易州定興人。至治二年，參議中書省事，天曆二年，拜中書參知政事，尋拜中書左丞。晚邃於易，著易説十卷，臨川吴澄讀而善之，卒謚文忠。」

何氏榮祖**學易記**

佚。

元史：「何榮祖，字繼先，其先太原人，徙家廣平。以吏累遷中書省椽①，陞侍御史，歷中書右丞，尋加平章政事。卒，贈光禄大夫大司徒柱國，追封趙國公，謚文憲。所著書有大畜十集，又有學易記、載道集、觀物外篇。」

鄧氏文原**讀易類編**

佚。

元史：「鄧文原，字善之，綿州人，徙錢塘。至元二十七年，行中書省辟爲杭州路儒學正。大德二年，調崇德州教授。五年，擢應奉翰林文字。九年，陞修撰。至大三年，授江浙儒學提舉。皇慶元年，召爲國子司業。延祐四年，陞翰林待制。至治二年，爲集賢直學士兼國子祭酒。卒，謚文肅。」

① 「椽」，依文淵閣四庫本、備要本應作「掾」。

楊氏□龍①**易説綱要**

佚。

吴澂序曰："清江楊明夫，與予同歲生，自少工進士學，國朝既復貢舉，時年六十餘矣，欣欣然就舉，至八十猶未已，其篤好蓋如此。觀所編易説綱要，程、朱爲之本，而他諸説附焉。將以淑其子孫，年老而志不衰，可尚也夫。有能因其所説，擇其相近者，玩繹而踐行之，則可以立身，可以應世。及其久也，得易之用而深於易，雖□□□②，不難也。然則是編也，豈特爲楊氏子孫□□③而已哉？明夫名□龍④，今年七十九，視强壯無以異。"

王氏希旦**易通解**一作"學易摘編"。

佚。

董真卿曰："王希旦，字愈明，號葵初，饒州德興人。"

①④　"□龍"，文津閣四庫本作"龍"。
②　"□□□"，四庫薈要本作"傳百世"，文津閣四庫本脱漏。
③　"□□"，四庫薈要本作"家學"，文津閣四庫本脱漏。

張氏延**周易備忘**

十卷。

佚。

蘇天爵碣曰：「節齋先生，諱延，字世昌，家稿城。以薦除真定路教授，著周易備忘十卷。」

曹氏説**易説**

佚。

袁桷曰：「曹説，侍講粹中曾孫，父爲山陽佐，死難。説幼絶葷娶，精易象數，論語、詩、春秋皆有解，多折衷舊説。易説①爲里人所竊，今不存。」

劉氏傳**易説**

佚。

蘇天爵碣曰：「君諱傳，字芳伯，居鄱之清溪。窮五經，尤深於易，推明程、朱之傳，復輯諸儒之言以輔翼之。」

①「易説」二字，四庫薈要本脱漏。

葉氏瑞**周易釋疑**

十卷。

佚。

許有壬作墓碑曰："先生諱瑞，字宗瑞，金谿人。以薦授遼陽路儒學教授，歷江西等處儒學副提舉致仕。"

胡氏允**四道發明**

佚。

董真卿曰："允，號潛齋，饒州樂平人，其易解曰四道發明。"

鮑氏雲龍**筮草研幾**

一卷。

佚。

洪焱祖曰："鮑雲龍，字景翔，歙縣人。博通經史，易學尤精。領鄉薦，省試不利，教授生徒，有天原發微若干卷行世，又有大月令、筮草研幾，未傳。"

余氏芑舒**讀易偶記**

佚。

董真卿曰：「芑舒，字德新，號息齋，饒州德興人。」

程氏珙**易説**

佚。

董真卿曰：「珙，字仲璧，饒州德興人。文公門人端蒙之從曾孫也。」

劉氏莊孫**易志**

十卷。

佚。

袁桷作墓志曰：「隱士劉莊孫，字正仲，天台人。五經之學，由宋諸儒先緝續統緒；詩首蘇轍，成鄭樵；易首王洙，東萊呂氏始定十二篇；胡宏辨周官，俞廷椿迺漸次第；書有今文古文，陳振孫掇拾援据，確然明白，言傳心者猶依違不敢置論，至正仲始憤然曰：『吾不能接響相附和，尊聞紹言。』各爲論著，不没其實，而先儒之傳益顯。」

楊氏剛中**易通微説**

佚。

金陵新志：「楊剛中，字志行，其先松陽人，徙居建康。歷文林郎、江浙等處儒學提舉，召爲翰林待制承務郎兼編修官，謝病去。著易通微説、詩講義若干卷。」

李氏學遜**大易精解**

佚。

閩書：「學遜，忠定九世孫，博學洽聞，尤邃於易，所著有易精解。」

彭氏復初**易學源流**

佚。

江西通志：「彭復初，安福人。精於易、範，嘗本朱子、邵子之説，著易學源流。」

盛氏象翁**易學直指本源**

佚。

台州府志：「盛象翁，字景則，太平人。由薦辟爲汀州教授，仕終昌國判官，學者稱爲聖泉先生。」

佚。

程氏璹易學啓蒙類編

虞集序曰：「朱子之論傳易者曰：『邵傳羲畫，程衍周經。』蓋欲求乎羲、文、周、孔之易，舍邵子、程子之學，則莫之能進矣。朱子著易本義，多補塞程子之義，又作易學啓蒙，原圖、書卦畫，而先天之説可得而窺焉。然獨怪夫邵子、程子並生一時，居甚近也，道同出也，年又不相遠也，而叔子註易傳，不聞與邵子有所講明，而伯子嘗謂邵子之學爲加倍法。後問之，則又以爲忘之矣。及聞其誦風天小畜與天附地、地附天之説，乃嘆曰：『嚮嘗聞此於茂叔矣。』噫！豈非三君子之易學莫逆於心，而無所問辨，故無以傳聞於後世也歟？是以朱子有易學啓蒙之書者，蓋言蒙者之始求於易，不可不自此而啓其端也。某嘗竊學是書，而未之有得。及與今國子祭酒魯公同司業①成均，爲學者互相發明此書以爲教，數年之後，友朋之間，亦獨聞魯公以此爲意，而嘆其不倦不厭也。新安程璹以所著類編相示，則蓋取朱子與門人平日之語有及於此者，則彙而附焉，予深嘆其知學於此也。夫立言以著書，則其辭精而約，師友之問答，則其言辨而博。精而約者，必深思而後得；辨而博者，則快然而通暢。此善學者所以讀古人之書，而便作今日耳目者也。璹年齒方壯，其進未可量也，又安得不嘆美於此乎？新安，朱子之闕里也，聞其山林之間，猶有縉紳先生、黃髮之士相與授受，使遺言絶學，猶有存者，璹固多見之已乎。某老矣，得徜

① 「業」，備要本誤作「萊」。

徉江湖之上，尚當從疇求見其人而求教焉。」

侯氏克中**大易通義**

佚。

袁桷序曰：「郡侯郭文卿示大易通義一帙曰：『此真定侯先生所述也。』先生幼喪明，聆群兒誦書，不終日能悉記其所授。稍長，習詞章，自謂不學可造詣，既而悔曰：『吾明於心，刊華食，實莫首於理，理以載道，原易以求，則爲得之。』於是精意讀易，旁通曲會，參以己見，而名之曰通義。讀其書，浩乎其詳也，簡乎其著也，因理以察象，若遺焉而不敢廢也。桷學易蓋亦有年矣，原夫八卦既列，象斯立焉，故卦有理者焉、有象者焉，理有以言爲象，象有以理爲用，理與象不得而偏也。聖人懼其言之雜也，諸卦之彖專言夫理，而取身取物，悉見於爻辭矣；又懼説卦之理，彖不足以盡也，復繫之以上、下傳，而其象位之明著，悉見於説卦，至矣盡矣。後之儒，先言理者過於浮，略象廣喻；而泥象者，微言隻字咸取以爲象，角立交病；三聖之旨，泯然莫知所歸，自朱文公發變象之説，學者始知所宗。君思深而識幽，據會提要，蓋將爲程子之忠臣，倣文公以入夫邵子之室，非潛心尊聞者不能也。今年逾九十，康色未艾，先生名克中，字正卿，郭侯俾敘其書，將入於梓，不讓而爲之序焉。」

謝氏仲直**易三圖**

十卷。

佚。

袁桷序曰：「上饒謝先生遯於建安，番易吳生蟾往受易焉，後出其圖曰：『建安之學爲彭翁，彭翁之傳爲武夷君，而莫知所授。』或曰：『託以隱秘，故謂之武夷君焉。』復曰：『吾易，神也。易何爲而神也？神者，易之始也。易不可以強名也，不名則亡易，願敘其旨。』袁桷曰：『夫亡易者，非聖人之本旨也，神以合聖人之易，斯得矣。』然則易爲神，無端而莫可見也。惟無端焉，故無體焉；存而明之，而數以生焉；數生矣，而始有變；變立矣，而會以理。理者，其一也，理不能以盡易；因數以立者，理也；用變以逆者，非理也。故曰：『陰陽不測之謂神。』始鼂以道紀傳易統緒，截立疆理，俾後無以僞。至荆州袁溉道潔始受於薛翁，而易復傳，袁乃以授永嘉薛季宣士龍。始薛授袁時，嘗言洛遺學多在蜀漢間，故士大夫聞是説者争陰購之。後有二張：曰行成，精象數；曰縯，通於玄。最後朱文公屬其友蔡季通如荆州，復入峽，始得其三圖焉。或言洛學①之傳，文公不得而見，今蔡氏所傳書訖不著圖，藏其孫抗，秘不復出②，臨邛魏了翁氏嘗疑之，欲經緯而卒不可得。季通家武夷，今彭翁所圖，疑出蔡氏，惜彭不具本始，謝先生名字今③不著，其終也世能道之。」

趙汸曰：「邵庵虞公嘗得江東謝仲直氏傳授之説，以先天八卦圓圖爲河圖，九數而九位，方圖爲洛

① 「學」，文淵閣四庫本作「書」。
② 「藏其孫抗，秘不復出」，四庫薈要本作「其孫杭秘藏不復出」。
③ 「今」，文津閣四庫本作「而」。

書，十數而五位，爲五位相得之圖，心雅善之。」

張氏理易象圖說

六卷。

存。

〔校記〕

四庫及通志堂本作大易象數鉤深圖，內、外編各三卷。通志堂本有理自序，無貢師泰、黄鎮成兩序。

（易，頁一二）

理自序曰：「易曰：『河出圖，洛出書，聖人則之。』圖、書者，天地陰陽之象也；易者，聖人以寫天地陰陽之神也。故一動一靜，形而爲☷①，奇偶生生，動靜互變，四象上下，左右相交，而易卦畫矣。☰以畫天，☷以畫地，☵以畫水，☲以畫火，☱以畫澤，☶以畫山。風因於澤，雷因於山，卦以表象，象以命名，名以顯義，義以正辭，辭達而易書作矣。將以順性命之理，究禮樂之原，成變化而行鬼神者，要皆不出乎圖、書之象與數而已。圖之天○者，⚊也；圖之地⁚者，⚋也；圖之中⁙②者，四象×③行也；陽數

① 「☷」，文津閣四庫本作「○☷」。
② 「⁙」，四庫薈要本、文淵閣四庫本俱作「❋」，文津閣四庫本作「⁘」。 
③ 「×」，四庫薈要本作「五」。

一三×[1]，參天也；陰數二四，兩地也；參天數九，陽之用也；兩地數六，陰之用也；書之衡三，卦之體也；書之井九，卦之位也；書之縱横十×，卦之合也；河圖、洛書相爲經緯。×十者，圖、書之樞紐也；以×重十⊕，則左右前後者，河圖四正之體也；以×交十✳，則四正四隅者，洛書九宮之文也。順而左還者，天之圓，渾儀歷象之所由制；逆而右布者，地之方，封建井牧之所由啓也。以圓函方，◻⃝；以方局圓，○⃞；則範圍天地之化而不過，曲成萬物而不遺矣。唯人者，天地之德、陰陽之交、鬼神之會、×[2]行之秀氣也；身半以上同乎天，身半以下同乎地，頭圓足方，腹陰背陽，離目外明，坎耳内聰，口鼻有肖乎山澤，聲氣有象乎雷風，故天下之理得，而成位乎其中。是知易即我心，我心即易，故推而圖之，章之爲六位而三極備，敘之爲六節而四時行，合之爲六體而身形具，經之爲六脈而神氣完，表之爲六經而治教立，協之爲六律而音聲均，官之爲六典而政令修，統之爲六師而邦國平。是故因位以明道，因節以敘德，因體以原性，因脈以凝命，因經以考禮，因律以正樂，因典以平政，因師以慎刑，而大易八卦之體用備矣。八卦相錯相摩相盪，因而重之，變而通之，推而行之，而六十四卦圓方變用之圖出矣。圓者以效天，方者以法地，變者以從道，用者以和義，然後蓍策以綜其數，變占以明其筮，分卦揲歸，交重反變，悉皆爲圖以顯其象，爲説以敷其趣。雖其言不本於先儒傳注之旨，或者庶幾乎聖人作易之大意，改而正之，諗而訂之，是蓋深有望於同志。」

貢師泰序曰：「清江張理仲純讀易而有得焉，於朱子本義所列九圖之外，復推演爲圖一十有二，以明

①② 「×」，四庫薈要本作「五」。

陰陽剛柔奇偶之象，然後動静、闔闢、往來、交互、變易、縱横、上下，坦然明著矣。或者謂易之爲道，幽而①鬼神，明而禮樂，凡天地間事物大小、終始、進退、得失、吉凶、存亡之故，靡不兼該而具備。今會一切，約之於圖，其果足以盡天下無窮之變乎？嗚呼！君子居則觀其象而玩其辭，動則觀其變而玩其占，夫辭精微而難究，象顯著而易明，由辭以達象，因象以命辭，則辭象先後亦較然可見矣。況易之畫，取諸天地，易之名，取諸日月，彖取諸象，象取諸象，象固未始離乎易也。然則斯圖之作，非深有得於易者，其足以知之哉？昔江陵項氏著玩辭以發明程子之易，猶恐有西河疑女之嘆，斯圖之於朱子，其亦類是也夫？」

黄鎮成序曰：「易之象與天地準，故於天地之理，無所不該，是以陰陽錯綜、奇偶離合，無不有以相通焉。周官三易經卦皆八，其别皆六十有四。以八爲經，以六十四爲緯，畫卦之次序，先天之圖位瞭然矣，則伏羲作易時已有其圖。傳之三代，故夫子極儀象卦因而重之之説，與京君明、魏伯陽納甲卦氣之法，皆圓圖之序，則先天圖其來已久，特後之説易者不復追究作易原本，故其圖雖在，而學者不傳，至邵子而後得耳。先儒謂邵子得之李穆，李穆自希夷，意其必不妄也。或又謂啓蒙先天圖出自蔡氏，而朱子因之，不知朱漢上已有此圖，則其出於邵氏爲無疑，雖聖人復起，不易其言矣。然易道廣大無窮，學者能隨其所見，亦皆有得，惟其出於自然而無所穿鑿，則雖古人之所未發，亦足以成一家之言也。清江張君仲純，資敏而學篤，於諸經無不通，而尤邃於易，嘗以其玩索之力，著爲易象圖説一編。其極儀象卦圖以奇上偶下，各生陰陽剛柔，内外交變，而卦畫之原，四時之義，性命之説，圖、書之數，蓍策變占，

① 「而」，備要本誤作「爲」。

靡不周備。六十四卦圓圖以乾、兑、離、震、坤、艮、坎、巽，循環旋布，而天地之動静、一歲周天之氣節、一月太陰之行度，皆可見。方圖以乾、兑、離、震、巽、坎、艮、坤，縱自上而下、横自左而右，而參同契、邵子太易吟十二月之卦氣、二十八舍之象，皆可推變。通圖由乾、坤反復相推，陽以次而左升，陰以次而右降，而六陰六陽、辟卦之序，粲然可考。致用圖以後天八宫各變七卦，而四正四隅反對之象，秩然有紀。皆巧妙整齊，不煩智力，無毫髮可以增減、無纖隙有所擬議，所謂出於自然而無所穿鑿者。當續邵子、朱子之圖而自爲一家，亦可以見易象無所不通，惟學者能隨所見而實有得焉，然後可以傳世而不惑也。仲純學力高明，與予知最久，圖説既成，首辱見示，予特愛其象類渾成，而條理精密，故僭書於首簡而歸之。」

閩書：「理，字仲純，清江人，嘗從杜本於武夷，盡得其學。以其所得於易者，演爲十有五圖，以發明天道自然之象，名易象圖説。延祐中，任福建儒學提舉。」

白雲霽曰：「仲純内篇諸圖，乃述邵、朱二子先天之學。」

保八①易源奥義 統名「易體用」。

一卷。

存。

① 「保八」，四庫薈要本作「保巴」，文津閣四庫本作「寶巴」。

周易原旨

六卷。

存。

周易尚占

三卷。

佚。

〔四庫總目〕

朱彝尊經義考載易原奥義一卷，存；周易原旨六卷，存；周易尚占三卷，佚。考陳繼儒彙秘笈中有周易尚占三卷，書名與卷數並符，書前又有大德丁未寶巴序，人名亦合。然序稱爲瑩蟾子李清庵撰，不云寶巴自作。（卷四，頁七八，易原奥義一卷、周易原旨六卷提要）

保八①進太子箋曰：「自龍圖之畫既出，而象數之學肇開，至六十四卦以成書，爲百千萬年之明鑑。羲、文、孔子發先天之妙，京、費、王弼廣後世之傳，豈但求語下之筌蹄，又當參胸中之關鍵。凡蠡測管

① 「保八」，四庫薈要本作「保巴」，文津閣四庫本作「寶巴」。

竊以探精義，皆銖積月①累以用深功，苟得其真，敢私其秘。不揆淺膚之素學，冒干投進於青宮，冀虎闈齒胄之間，特加批閱，在鶴禁延儒之頃，更賜表章。太中大夫前黄州路總兼管内勸農事臣保八②上。」

〔補正〕

進箋内「銖積月累」，「月」當作「寸」。（卷二，頁七）

任士林序曰：「易體用者，貳卿保公所著，夫易之爲書，廣矣大矣，羲、文、周、孔之心，千載而得其解，猶旦暮遇之也。蓋易之爲道，遠而天地之始終，近而一日之旦夜，大而天下國家之經綸，小而一身之進退得失，體而用之，無不在。是故舉理而言，神明通矣，而遺於末也；舉數而言，三五成矣，而離於一也。變化見而觀象者求之，則囿於物矣；吉凶生而尚占者玩之，則梏於徵矣。夫然後體之吾身、措之日用，而後易簡之理得，此體用一書所由作也。然嘗論之，卦而六十四，而易不止於六十四，爻有三百八十四，而稽其情、通其事，又豈一爻一辭之所能窮哉？今觀貳卿所著，猶不免於言下有言。蓋離言則道不明，離道則言不成，言與道交相涉也，而後體用之學行，觀貳卿之易者，當求於言之外云。」

牟巘跋曰：「普庵傳聖人之全經，以善其用，於今日必有無體之體，參四聖人之純心於三千七百年之上者，於易爲圖象、爲原旨，予驚歎之。」

黄虞稷曰：「其書有方回、牟巘序，稱之曰普庵者，其號；曰公孟者，其字也；諸書亦名易體用。」

---

① 「月」，依補正、四庫薈要本應作「寸」。

② 「保八」，四庫薈要本作「保巴」，文津閣四庫本作「寶巴」。

紇石烈①氏希元周易集傳

未見。菉竹堂目有。

袁桷序曰：「觀象畫卦，庖犧之本旨也；因言意而廣象焉，三聖人之本旨也。王弼後出，附小象以言理，先儒莫能病，若繫辭、説卦等篇，弼莫能措辭，審是，則弼幾一偏矣。十翼之作，有彖焉，有象焉，專於理而作彖、象傳焉者，夫子之志也。然則文王、周公之彖、象，其悉皆理與？曰：『非也。』卦本於象，八卦首之；定名以爲象，則井、鼎、小過是也；言意以爲象，伏羲言而人不能知之，文王、周公始申言之，文王之言見於彖，周公之言見於爻，是則不俟予言也。易有聖人之道四，彖、象傳果唯言意焉，則變占何取？曰有變焉，有占焉，伏羲畫不變於九六，則變見之占，則文王於彖附言之。象未始分，文王始離之，變之疾者，莫先於蠱，憂世之深也；若分象，則師、晉、小畜之類是也。爻變於占，因筮以見者也，其即見者，漸、小畜、訟之類是也。彖、爻合四者而言之，夫子不一言之，何與？曰傷哉！夫子之志也。事莫尚乎辭，辭非理，不能以定人事吉凶，繇妄而咎以興，先之以變占，是易殆卜筮之書矣。器由動成，動斯静矣，取静觀動，將於是乎，則斯其爲象也大矣。夫子於説卦焉始稟之，稟以窮其變占，則變占者，筮之始也。故其首章先於蓍，二章次於卦。先天之説七言之，懼溺於占也；後天之説一言之，人事之本也；而終之以象焉。維昔康節邵先生作方圓環中圖，合於天人，

① 「紇石烈」，四庫薈要本作「赫舍哩」，文津閣四庫本作「黑舍哩」。

皆本說卦充類以至，知夫聰明特達之士不在於諄告也。若繫辭傳設卦之方，窮神之變，其詳於爻者，毫釐不能以易。積數①以成，變易以動，肇於方寸，散於六合，幽渺廣大，取而莫窮，應而若遺。因卦以測，善算喻者不能窮也。舉世舍是，矛盾互持，雖百世莫能以解，吾故曰：『非繫辭傳，不能以知易之說也。』邵子之說，非僕之說也。桷不佞，讀易二十年，歲月逾邁，所見益懼。紇石烈②君希元篤志嗜古，於易精思以求，搜摭疑義。私嘗歉然莫能以對，卒能先余以成書，不鑿以求通，不拘以強附會，其粹精足以垂世。故以予昔之所告冠於篇首，俾知夫同焉以異者，將以革夫株守偏弊之失，則余之所著，其果有同乎？其無同乎？」

柳貫薦狀曰：「伏見成都處士紇石烈③希元，年踰半百，篤志窮經，於易、春秋二書，精考密察，探賾鉤玄，不背先儒訓釋之旨，自得聖人制作之微。安貧樂道，若將終身，而孝友之行刑于家庭，信義之實稱於朋友。邇者翰林、集賢諸老，監察御史，惜其老於文學，累嘗交章論薦，謂京師首善之地，有一安恬之士，獨能遺外聲利，篤學力行，起而用之，可以表倡四方，興起風化，非直爲希元私也。貫忝職奉常，日虞曠敗。蓋討論禮典，稽考儀文，必得通經學古之儒，乃爲稱選。貫熟知其賢，用敢舉以自代，如蒙轉而上聞，將紇石烈④希元權充博士，代替貫名闕，必能修舉職業，上副朝廷優賢崇禮之仁。」

①「數」，文淵閣四庫本作「爻」。

②③④「紇石烈」，四庫薈要本作「赫舍哩」，文津閣四庫本作「黑舍哩」。

贍思①奇偶陰陽消息圖

一卷。

佚。

元史："贍思②，字得之，其先大食國人，既内附，家真定。泰定五年，以遺逸徵。天曆三年，召爲應奉翰林文字。至正十年，爲秘書少監。卒，謚文孝。贍思③邃於經，而易學尤深，至於天文、地理、鍾律、算數、水利，旁及外國之書，皆究極之。家貧，饘粥或不繼，其考訂經傳，常自樂也。所著述有四書闕疑、五經思問、奇偶陰陽消息圖。"

①②③　"贍思"，文津閣四庫本作"扎實"。

經義考卷四十六

易四十五

袁氏桷**易説**

佚。

蘇天爵誌曰："袁公諱桷，字伯長，慶元鄞縣人。大德初，爲翰林國史院檢閱官，陞應奉翰林文字同知制誥，兼國史院編修官，遂遷修撰，歷兩考，遷待制，進拜集賢直學士，改翰林直學士，遷拜侍講，積階奉議大夫。泰定初，辭歸。卒，贈中奉大夫浙江等處行中書省參知政事護軍，追封陳留郡公，謚文清。"

任氏士林**中易**

佚。

寧波府志：「任士林，字叔實，其先綿竹人，徙居奉化。講道會稽，授徒錢塘，至大初，以薦授安定書院山長。」

士林自序曰：「大哉易乎！立天之道曰陰與陽，立地之道曰柔與剛，立人之道曰仁與義，如斯而已矣。是故在天成象，在地成形，聖人設卦之宜也。化而裁之，存乎變；推而行之，存乎通；神而明之，存乎其人；聖人作易之旨也。易乎？易乎！彰往而察來，鉤深而致遠，原始而及①終，其幾神矣。子曰：『舜隱惡而揚善，執其兩端，用其中於民。』此之謂也。詩云：『鳶飛戾天，魚躍于淵。』言其上下察也。然而子思没，中庸之道不明，而易隱矣。予生千載之後，獨抱全經，潛心研思，亦既有年，然後豁然始悟天地之變化、人事之始終，作爲中易，分爲上下篇。三陳其卦，所以極河、洛之數，成大衍之用，體天地之撰。盛德大業，顯仁藏用，一本坎、離、頤、大、小過之妙；既、未濟、隨、蠱之幾，井、噬嗑、賁、困之感；屯、鼎、革、蒙之推。聖人通變立言之旨，粲然甚明，格物、致知、誠意、正心、修身、齊家、治國、平天下之道，盡在是矣，可不究乎？子曰：『天何言哉？四時行焉，百物生焉，天何言哉？』此夫子之所以爲聖也。」

〔補正〕

自序内「原始而及終」，「及」當作「反」。（卷二，頁七）

① 「及」，依補正、四庫薈要本、文淵閣四庫本應作「反」。

陳氏禧**周易略例補釋**

一卷。

佚。

吴澂序曰：「伊川程子易傳未成之時，每令學者觀三家易，一曰王輔嗣、二曰胡翼之、三曰王介甫。蓋漢儒好以術數談易，以義理注易，自輔嗣始。唐初諸儒作疏義，悉廢諸家之注，而獨取輔嗣者，以此也。輔嗣解經之外，著略例二篇，其上篇析論彖、爻、卦、象位各一章，其下篇先之以五凡、終之以十一卦，略總一經之大概云耳。唐邢璹有略例注，今潮陽陳禧爲之補釋，多所發明，王氏之忠臣，邢氏之益友也。禧年甚少，而篤志於經世武功，而從事於文，諸侯之子而齒於庶士以共學，是其天質之異於人者也。」

熊氏良輔**周易本義集成**

十二卷。

存。

良輔自序曰：「六經皆聖人垂訓後世之書，而易經四聖人之手，乃成其爲書也。大而天地性命之理無不包，微而事物纖悉之情無不盡，精入於無形，粗及於有象，人生日用、一動静語嘿之間，無非易道之流行，顧由而不知者多耳。伏羲始畫卦，無文字可傳，大概以陽吉陰凶爲義；文王、周公繫之以辭，象占其本旨也；夫子贊易，一以義理爲主，吉凶消長之理、進退存亡之道，於是乎大備。蓋象占固義理之所寓，而以義理爲主，象占亦在其中矣。善學者於此，先求易之本旨，然後廣而充之，體用一源、顯微無間之旨，將不待卜筮而後見，此又自然之妙也。自後儒析經附會之餘，學者支離漫衍，欲以明易，而反以晦易。至宋程子作易傳，而義理之學大明，然程子亦自謂其解易只說得七分。朱子一以卜筮爲說，然後作易之本旨益著，朱子嘗曰：『有天地自然之易，有伏羲之易，有文王、周公之易，有孔子之易。』是則程子之傳，孔子之易也；朱子之本義，文王、周公之易也。推本而論，孔子之易，即文王、周公之易；文王、周公之易，即伏羲之易；伏羲之易，即天地自然之易也。雖其旨意微有不同，而其理則未嘗有二，要在善觀之耳。良輔曩執經於遥溪熊先生，已知好易。迺大德壬寅，先生之友泉峰龔先生授徒泉山之麓，良輔分教小學，山深日久，因得肆意於易，取諸說而涵泳之。顧以篇帙繁大，衆說紛①錯，時有得失，乃以己意採輯成編。以朱子本義爲主，如語録、如程傳，以及諸家之説與本義意合者，亦有與本義不合而似得其旨者，備録以相發，名曰集疏。泉峰先生親爲校正，復云云其後，間有鄙見一二，亦蒙不削，囑遂成編。至大辛亥，良輔以所得復求是正，而二先生病不起矣。自是遺編獨抱，不敢廢墜。重念義理無窮、學無止法，期有所得，以卒初志，且欲使二先生之學，萬一可傳於後也。於是繕寫成編，凡一十二卷，藏之以俟。會丁巳以易貢，而同志益信其僭説，閔其久勤，間出工費，勉鋟諸梓，而

① 「紛」，文津閣四庫本作「分」。

竺溪劉直方實主張，是不能辭也，因僭書其端云①。」

〔補正〕

自序末當補云「至治壬戌五月」。（卷二，頁七）

陳櫟序曰：「朱子曰：『有天地自然之易，有伏羲之易，有文王、周公之易，有孔子之易。』夫易以道陰陽，時有古今，道無古今，聖人豈求異於聖人哉？要皆發明易道之藴，則聖人之意各有在也。天地自然之易，得伏羲而後畫；伏羲之畫，得文王、周公之辭而後明；文王、周公之辭，得孔子十翼而後備。四聖人之心，拳拳爲天下後世計，天下後世有能得聖人之心於言象之間，所以開物成務，存天理，遏人欲之意，常嘿寓於其中，所以使民日遷善而不自知也，其有關於世教民彝而②甚大。由漢以來，易道湮晦，其説不失之泛，則失之鑿。至宋，程、邵諸先生作，或以理、或以數，而易道復明於世。又將百年，而朱子出焉，推究作易之原，以求四聖人之心於千載之上，易至是而本旨益著。後有作者，孰能出象占之外而言易哉？熊君任重早師遥溪熊氏學易，繼復得易傳於遥溪之友泉峰龔氏，輯成易編。以朱子本義爲注③，而集諸家之善以爲疏，大綱一正，萬目畢舉，然後以己意折衷之，其有功於易爲多，以是益知義理之無窮也。櫟竊嘗謂孔子易集伏羲以後之大成者也，朱子之書集程、邵以上之大成者也。今讀任重

① 依補正應補「至治壬戌五月」等六字。
② 「而」，依補正、四庫薈要本應作「爲」，文淵閣四庫本誤作「者」。
③ 「注」，文淵閣四庫本誤作「主」。

是編，以本義爲主，而諸家之説附見，猶樂之有衆音也，猶音之有清濁疾徐，使之各有節奏者也，其於朱子之大成，蓋洋洋乎盈耳矣。三復不能舍，敬題其編首曰周易本義集成云。任重，南昌忠孝里人，名良輔，梅邊其號也。歲丁巳以易貢，年壯而志益勤，其進詎可量哉？其進詎可量哉？」

〔補正〕

黄虞稷曰：「良輔，字任重，南昌人。舉延祐丁巳鄉試，是書外有易傳集疏，不傳。」

陳櫟序内「其有關于世教民彝而甚大」，「而」當作「爲」。（卷二，頁七）

蕭氏漢中讀易玫原

三卷。

〔校記〕

四庫著録此書凡三篇，共一卷，此以一篇爲一卷。（易，頁一一二）

存。

朱升序曰：「周易卦序之義，自韓康伯、孔穎達以來，往往欲求之孔聖序卦傳之外，程、朱諸儒用意尤篤，至於臨川吴先生卦統之序述，亦可謂求之至矣，而其中間精密比次之故，則猶有未當於人心者。愚求之半生，晚乃得豫章蕭氏讀易玫原之書，以爲二篇之卦，必先分而後序，閫奥精粹、貫通神聖，誠古今之絶學也。謹節縮爲上、下經二圖於右，而録其全文於下，以廣其傳於不朽云。漢中，字景元，吉之泰和人，其書成於泰定年間。」

董氏真卿**周易會通**一曰「周易經傳集程朱解附録纂注」。

十四卷。

存。

真卿自序曰：「太極泄而爲圖，包犧氏則以之畫卦，如根幹之有條枝，横豎方圓、往來交互、變通不窮，而謂之易。大之天地日月，小之萬物萬事之象與理，莫不畢具。文王、周公、孔子繫之以辭者，名曰周易，於是四聖之書與天地並，其書廣大精深，未易窺測，先儒傳註，逮程、朱子，至矣盡矣，詎非宋易乎？然文有古今之異，義有理象之殊。今易則自費直、鄭玄以孔子彖、象之傳附釋正經之末；而參解文王、周公彖、象經文之間，并附文言，則始於王弼；傳①主理義而仍其舊。古易則自吕微仲、晁以道始復而未盡；吕伯恭復分羲、文、周公上、下經六十四卦爲經二篇，而以孔子十翼爲傳十篇，各自爲卷，以合於古；本義主象占而用其本。二子之書並行於今，天下萬世師尊之無異辭矣，但其經文體統，傳、義主張，各有攸當，不能合爲一書，讀易者猶病焉。大德甲辰，先父深山府君命真卿從先師新安雙湖胡先生讀易武夷山中，并攜先父所著書蔡氏傳輯録纂注訪求文獻，其於程、朱子之書，沉潛玩繹，於兹有年，未得其説而一之。天台董楷蓋嘗會編於咸淳之世，據王弼本分爲高下字行，以别四聖二賢之易，已不

---

① 「傳」，依補正應作「程傳」。

能盡行於繫辭諸篇，至近歲始出，不旋踵有廢其例者矣。先生①凡兩注本義，附録纂疏程傳，以撮其要②於諸儒之列，而天台本則未及見也。愚因復熟朱子本義至繫辭上傳題下之註，及從伯父槃澗先生所録師訓，通論一經之大體凡例，無經可附而自分上繫、下繫云者，與本義、語録叶韻之説，忽有得焉。夫朱子之所以宗晁、吕者，不過欲使學者分别四聖之易以求之古耳。若一切例以古人著書經傳必各自爲卷，竊意解經者之謙德兼竹簡刀篆之煩而然，若以孔子之傳附羲、文、周公之經，亦猶程、朱子之傳、義附四聖之書爾，固未見其不可也。律以今易乾卦義例，其合傳之經則彖、象、文言混而不分，其附經之傳則卦、彖、象、爻彖而無序。今特標列而次第之，於犧、文、周公之經，孔子之傳，初不相雜而相統，有經可附者附之，無經可附者，則總附於六十四卦之後，亦豈非朱子之意，而程子之傳可合而觀之矣。苟如是讀之，則周公之爻辭，孔子之彖、象、文言與夫繫辭以後四篇，莫不各有聲韻，音律焕乎會通，又何以爲讀易者之病哉？愚於是以四聖之易，各標經、傳於其首以别之，雖不分卷，而先後之序已明。程、朱傳、義夾註其下，名曰『集解』，而以『程子、朱子曰』别之，既不異書，則理象之旨咸在；繫辭以後，程子無傳，姑以經説補之。天台本程、朱子皆有語録，今朱語則兼取先師所編，采其精詳而有緒者，各益其未備，續於傳、義之後，名曰『附録』，而以『程子、朱子語』别之。諸家之説，唯音訓以吕氏爲主，悉附經文；他可互相發明者，全用先師纂疏，各廣以聞見之所及，翼於語録之次，名曰『纂註』，而以『某氏

① 「先生」，依補正應作「先師」。

② 「以撮其要」，依補正應作「僅撮其要」。

曰』別之。管窺一得之愚，亦間附於其末，合而命之曰周易經傳集程朱解附録纂注，此愚編集是書之凡例綱目也。嗚呼！易，大經也；羲、文、周、孔，大聖也；程、朱，大賢也。自天地開闢以來，不知幾千萬年，至包羲氏始作易；由包羲至於文王、周公，又不知幾年，而後有卦爻之辭；由文王、周公至於孔子，五百餘年，而後有十翼之辭；由孔子至於程、朱子，千五百餘年，而後有傳、義。今距程、朱子百有餘年，去大聖之世，若此其遠也，去大賢之世，若此其近也，乃僭敢析合經、傳，集四聖二賢及歷代諸儒之説，以備一書，犯不韙甚矣。然使讀者開卷瞭焉於古易、今易之所由分合，先聖、後聖之經、傳所宜區別，程子、朱子之傳、義各有攸當，其於天地萬物萬事之象與理，可以一覽而得之，雖於先聖先賢著書立言之意，非曰小功①，而於世之學者心身家國天下之用，未必不無小補②焉，非止於知易而已。兹當大衍用數之年，是爲天曆初元耆龍戊辰天開之月陽復後十日，序於審安書室。」

〔補正〕

自序内「傳主理義」，「傳」上應增「程」字。「先生凡兩注」，「生」改「師」。「以撮其要」，「以」改「僅」。「非曰小功」，「小」改「有」。（卷二，頁七）

子撰跋曰：「周易經、傳，自漢諸儒以來，紛紜不一，欲速好徑者，則混淆而莫分，嗜古復初者，則離析而難讀。家君授受之際，頗欲更定編集，以程子、朱子易傳、本義合爲一書，而未能決，乃筮之，遇師

① 「非曰小功」，依補正應作「非曰有功」。

② 「不無小補」，四庫薈要本作「其無小補」，文淵閣四庫本作「不有小補」。

之坤。於是尊經以統傳，而不失於古，訂傳以附經，而且便於今。合程、朱傳、義之全，采諸家注釋之要。僎幸供檢閱參校之職，久已成書，不敢私於一己，負笈閩關，謀繡諸梓，庶幾家傳而人誦之①。」

〔補正〕

子僎跋下應補云「元統二年甲戌九月朔」。（卷二，頁七）

楊士奇曰：「易會通十四卷，元鄱陽董真卿季真輯。五經，先儒所論著者，易最多，而精義悉具此書，至於經、傳古今之辨，先儒傳授之詳，披卷瞭然，可爲易書集大成者也。」

易傳因革

一卷。

存。

真卿自序曰：「朱子以伏羲易、文王易、孔子易當分爲三等，又曰易自伏羲至伊川自成四樣。因而推之，由伏羲始畫八卦以來，歷代聖賢經、傳、注解，其所因所革，何啻三等四樣之不同哉？姑據師授及其聞見②，敘其大概列於編首，非唯使讀易者不惑於古今之同異，且知程、朱子之因革，則於愚所至定③

①　依補正應補「元統二年甲戌九月朔」等九字。

②　「及其聞見」，依補正應作「及所聞見」。

③　「愚所至定」，補正作「愚所更定」，文淵閣四庫本、文津閣四庫本俱作「愚所妄定」。

者，庶無大過矣。」

〔補正〕

自序内「及其聞見」，「其」改「所」。「愚所至定」，「至」改「更」。（卷二，頁七）

按：董氏所著姓氏、因革、綱領即在周易會通首卷中，今竹垞既載其全書，似毋庸復析出因革爲一書矣。（卷二，頁七）

吴氏師道讀易雜記

二卷。

佚。

元史：「吴師道，字正傳，婺州蘭谿人。至治元年進士，以奉議大夫禮部郎中致仕。所著有易、詩、書雜説，春秋胡傳附辨。」

師道後序曰：「學者類喜言易，今世尤甚，愚不知其何説也。自漢、魏以來，王輔嗣之説單行，雖未盡善，而數百年實宗之。至宋，而邵子闡伏羲之秘，程子衍周、孔之文，朱子又發明易專爲卜筮作，融會義理象數之旨，説者無以復加矣。所宜虚心潛玩，以求聖賢之心，不當横生已意，喜新好奇，穿鑿破碎，務以求多爲也。其有名爲祖程、朱，而誇多騁博，援引叢雜，自相矛盾不之顧；又有摭前人之所已言，以爲己出，架屋下之屋，不相爲嫌。若是者，蓋不勝其紛紛焉，果何益於易哉？某讀是經有年，頗厭衆説。乙亥、丙子之歲，來池建德，陸走道遠，不能多負書，獨取吕氏古易音訓，程傳仁山金氏標點者，朱本義，北山何氏啓蒙、大傳二發揮，魯齋王氏諸圖論自隨，與兒輩説讀，懼汩亂也。既而番易新安友人摹寄鶴山魏公集義、平庵項氏玩辭，及近時纂集者數家。集義自周、程諸門人，下及朱、吕，淵源所自，可以參觀，但其取漢上朱氏以備象數一家，未免蕪雜。項氏説多精善，其餘家類皆擇勿精、語勿詳，以此較彼，是非瞭然矣。竊不自揆，管窺之愚，時亦有之，因記於篇，將就正於有道，非敢言易也，但俾兒輩知守正途，而毋忘鄉老先生之所以導啓我者，則其於易學，蓋庶幾焉。」

潘氏弼**讀易管見**

四卷。

佚。

黄虞稷曰：「元龍興路司獄麗水潘弼良輔撰。」

涂氏溍生**易主意**

一卷。

佚。

江西通志：「涂溍生，字自昭，宜黄人。邃於易，三上春官不第，爲贛州濂溪書院山長，著有四書斷疑、易義矜式行世。」

楊士奇曰：「易主意一册，元臨川鄉貢進士涂溍生著。專爲科舉設，近年獨廬陵謝子方有之，以教學者，於是吾郡學易者皆資於此。」

史氏公珽**蓬廬學易衍義**

象數發揮

俱佚。

寧波府志：「史公珽，字擠叟，鄞縣人。家居教授，程端學薦主甬東書院，棄去。自號蓬廬處士。」

許氏天篪**易象圖説**

佚。

江西通志：「許天篪，字時翁，吉水人。」

陶氏元幹**易注**

佚。

湖廣總志：「陶元幹，襄陽人，嘗注易，世稱爲陶易。」

吾丘氏衍**重正卦氣**

未見。

陶宗儀曰：「衍，字子行，號竹房，太末人，寓杭之生化坊。好古博學，不交雜客，與趙魏公相厚。」

惠氏希孟**易象鈎玄**

十卷。

佚。

黄虞稷曰：「希孟，號秋厓。」

毘陵人品記：「希孟，江陰人。家居如對大賓，趨蹌進退，動合矩度。兄希顔、弟希箴皆無嗣，希孟奉兄如父，撫弟如兄①，著雜禮纂要家範五卷。」

祝氏堯**大易演義**

佚。

江西通志：「祝堯，上饒人。延祐五年進士，爲江山尹，後遷無錫州同知。」

---

① 「兄」，依四庫薈要本、文淵閣四庫本、文津閣四庫本應作「兒」。

廣信府志：「堯，字君澤，萍鄉州同知。」

魯氏真**周易注**

佚。

浙江通志：「魯真，字起元，開化人。元統二年舉人，隱居不仕，邃躬行實踐①，余闕薦之，不起。」

〔補正〕

浙江通志條内「邃躬行實踐」，「邃」下脱「於易學」三字，當補。（卷二，頁八）

蔣氏宗簡**周易集義**

佚。

黄溍作墓碣曰：「宗簡，字敬之，四明人。程先生端禮歸自江東，敬之以弟子禮見，留旁舍數歲。凡天人性命之本，古今治亂得失之迹，靡不參究。郡庠延敬之爲小學師，嘗挈其徒寓湖心僧寺，聚易、詩、春秋諸家之説而折衷焉。」

① 「邃躬行實踐」，依補正、四庫薈要本應作「邃於易學，躬行實踐」。

嚴氏用父**易說發揮**

二卷。

佚。

陸元輔曰：「元高安縣尹嚴用父撰。」

解氏蒙**易經精蘊**

佚。

江西通志：「解蒙，字求我，吉水人。」

〔補正〕

方綱按：江西通志：「解觀我，字子尚，試名觀，著周易義疑通釋。」此條當補於此。據竹垞於下條引楊東里語，則觀是蒙兄也。（卷二，頁八）

〔校記〕

四庫輯大典本易精蘊大義十二卷，缺豫、隨、無妄、大壯、睽、蹇、中孚七卦及晉卦後四爻。（易，頁一二）

解氏季通**易義**

佚。

楊士奇曰:「元盛時,吉水解氏治易,有名江鄉間,而觀我、求我最著,季通其兄弟也。此編①平正典實,惜多闕文。」

韓氏信同**易經旁注**

佚。

閩大紀:「韓信同,字伯循,會稽人。居寧德,從陳普游。」

姓譜:「信同,寧德人,隱居不仕。著書經講義五百篇,又書集解,易、三禮旁注。」

李氏公凱**周易句解**

十卷。

存。

---

① 「編」,四庫薈要本作「篇」。

衛氏謙**讀易管窺**

三十卷。

佚。

姓譜：「謙，字山甫，華亭人，嘗建義塾以教學者。」

黄虞稷曰：「元進士，號有山。」

吴氏存**周易傳義折衷**

佚。

江西通志：「吴存，字仲退，鄱陽人，寧國路教授。」

朱氏祖義**周易句解**

十卷。

佚。

盧氏觀**易集圖**

未見。

黄虞稷曰："觀，字彦達，崑山人，盧熊之父，隱居教授，門人私謚曰夷孝先生。"

吴氏夢炎**補周易集義**

佚。

黄虞稷曰："歙人，後至元中紫陽書院山長，典括蒼教。"

胡氏持**周易直解**

佚。

彰德府志："胡持，武安人。元江浙提刑按察使贈禮部尚書祇遹之子，官太常博士。"

郭氏鏜**易説**

佚。

閩書："郭鏜，字德基，閩縣人。至元中舉遺逸，授泉山書院山長，遷興化路教授，改吴江州，再調興化。學者私謚純德先生，於四書、易皆有述。"

經義考卷四十七

易四十六

黄氏鎮成**周易通義**

十卷。

未見。一齋目①有。

閩書：「黄鎮成，字元鎮，昭武人，隱居著書，學者號存齋先生。至正間，築室城南，名南田耕舍。部使者相繼論薦，授江西路儒學提舉，命下而卒，集賢定號曰貞文處士。所著有尚書通考、周易通義、中庸章旨。」

① 「一齋目」，備要本作「一齋書目」。

陳氏應潤周易爻變易藴

〔補正〕

「藴」當作「緼」。（卷二，頁八）

〔校記〕

四庫本作義藴，帶經堂、善本書室目同此，誤「義」作「易」。（易，頁一一二）

四卷。

存。

應潤自序曰：「大傳曰：『乾、坤，其易之藴耶？』夫易之藴，散在諸卦，豈獨乾、坤二卦而已哉？上古羲皇，仰觀俯察，首得乾、坤之象，而生六子，苟不以爻變之法通乾、坤之藴，則乾自乾、坤自坤，何以神變化之妙？故易之諸爻，皆以變動取義，乾之用九、坤之用六，爻變之藴也。坤之象曰：『六二之動，直以方也。』文言曰：『坤至柔而動也剛。』又曰：『六爻之動，三極之道也。』『爻者，言乎變者也。』道有變動，故曰爻；至曰：『成象謂之乾，效法謂之坤。』吾夫子繫易，示人爻變之法，深切著明矣。漢、魏以來，諸儒注釋，奚啻數百餘家，往往皆於本卦取義，而用九用六之説不明，好奇過高，傅會穿鑿，談玄妙者則涉乎莊、老，衍虛無者則流乎異端。太玄，擬易也，而易爲之破碎；潛虛，擬玄也，而玄爲之散滅。甚則假老子之學，以創無極太極之論，變爐火之術，以撰先天、後天之圖。自是以來，談太極者以虛無爲高，講大衍者，以乘除爲法，強指陰陽老少爲四象，而四象之説不明，妄引復、姤逆順爲八卦，而八卦之位不定，易之蘊愈晦矣。由是談玄之士，承訛踵謬，畫圖累百，變卦累千，充棟汗牛，初無一毫有補於易。嗚呼！夫子殁二千餘年，邪説蝟集，横議蠭起，爻變之法，乾、坤之蘊，晦而不明，易道之厄，一至此哉。傳曰：『易之興也，當殷之末世，周之盛德耶？』至於明夷之彖曰：『明入地中，明夷。内文明而外柔順，以蒙大難，文王以之。』又曰：『箕子之明夷。』當時聖人援事比□①，發揮爻象之蘊，故遇逐爻觀變用事比證，庶幾爻變之蘊，得以發揮。或曰：『子之説誠是矣，方今談玄之士，以老、莊②爲祖，周、邵爲師，削去其圖，辨明其説，寧不觸其黨之怒耶？』愚曰：『韓子云：古者楊、墨塞路，孟子辭而闢之，廓如也，天下後世不以孟子爲非。今之談玄之士，甚於楊、墨之謬，理到之論③，不讓於師，與其得罪於孟子，寧若得罪於楊、墨也。』吁！此爻變之蘊，所以④不容於不明，邪正之説，所以不容於不辨，□□之圖⑤，所以不容於不作也。賢哲之士，尚憐其愚而正教之，易有光矣。至治⑥丙戌春正月。」

黄溍序曰：「易更四聖而成書，秦火之餘，幸因卜筮而僅存；自漢分爲三家，有田何、焦貢、費直之易，易之説瓜裂矣；至魏王輔嗣雜以老、莊之學，易之説愈遠矣。繼是諸儒注釋奚啻數百家，或泥於天

① 「□」，四庫薈要本作「證」，文淵閣四庫本脱漏，文津閣四庫本作「時」，備要本作「例」。
② 「老、莊」，文津閣四庫本作「莊、老」。
③ 「論」，文津閣四庫本作「談」。
④ 「所以」二字，文津閣四庫本脱漏。
⑤ 「□□之圖」，四庫薈要本作「爻變之圖」，文淵閣四庫本作「先、後天圖」，文津閣四庫本作「易蘊之圖」。
⑥ 「至治」，依四庫總目應作「至正」。

道而不及人事，或專乎①義理而不及象數，角立異論，茫無統緒。天台陳澤雲，獻肅公邦彦先生之後，易有家傳，延祐間，余丞海寧，澤雲由黄巖文學起爲郡曹掾，議論雄偉，剖決如流，凜凜然有骨鯁風，嘗曰：『余家貧親老，不能遠遊，竊升斗之禄以養親，資尺寸之楮以著述，它無所覬也。』挑燈夜話，出示野趣之什，清新俊逸，翰林承旨子昂趙公嘗序之矣。又數年，余爲越上監，運②澤雲調明幕，把酒論文，出示詠史之什，美善刺惡，一出至公，翰林學士伯長袁公爲之序矣。澤雲曰：『余欲著爻變易藴，此潔静精微之學也，時居簿書叢中，無食息暇，非二三年静坐工③夫不能也。』三年春，余乞老金華，澤雲以書來曰：『余近調桐江賓幕，時宰急於聚斂，議論落落不合④，困守幕下，幸有餘暇，時復登釣臺，坐羊裘軒，卧山高水長閣，汲泉煮茗，洗胸中之不平，若有神助，今幸爻變易藴粗成，使二三十年勸苦之志，一旦有成，未知果合於爻變之義、易之藴否乎？子其爲我訂正之。』余曰：『易豈易注哉？復之彖辭曰：「復其見天地之心乎？」天地之心，唯羲、文、周、孔數聖人能見之，澤雲生於數千年之後，直欲見數聖人之心，不其難乎？』雖然，道無終窮，才有超邁，余嘗焚香静坐，觀澤雲所注之易，乾、坤二卦已無餘藴；至於變爻三百八十有四，旁通他卦之義，爻爻有發揮，事事有考證，造理精微，立説洞徹。餘如删正太極、八卦、爻法、逆順等圖，探賾索隱，自非灼然有見乎聖人之心者不能也，讀之使人聳然，亹亹不倦，倘使程、

① 「乎」，文津閣四庫本作「於」。
② 「運」，備要本作「連」。
③ 「工」，文津閣四庫本作「功」。
④ 「不合」，文津閣四庫本作「不相合」。

朱諸子復生，未必不擊節而加嘆也。余投老田里，安得以澤雲所注之易寘諸翰苑，與同志者商之，使澤雲名垂不朽，是則不負其二三十年勤苦之志也，澤雲勗之哉。至正丙戌正月。」

〔四庫總目〕

案：經義考載此序題「至治丙戌」，至治有壬戌無丙戌，干支不合。且黄溍序題「至正丙戌」，序中稱：「延祐間，余丞寧海。又數年，余爲越上鹽運。三年，余乞老金華。」溍延祐二年進士，下距至治壬戌①僅六年，安有乞老之事。此必經義考刊板之訛，非此本傳寫之誤也，謹附訂於此。（卷四，頁二十五—二十六，周易爻變義緼四卷提要）

石氏伯元周易演説

佚。

王褘序曰：「周易演説，京兆石君伯元之所著也。石君之言曰：『聖人之作易也，立象以盡意，設卦以盡情僞，繫辭焉以盡言，變而通之以盡利，鼓之舞之以盡神；必如是，故天下後世之人悉能知而行之，在天則道氣之變通也，在人則日用之事業也，此聖人所以爲生民立命者也。自漢以下，易道無傳，諸儒之傳注百有餘家，然考象辭者或泥於術數，談義理者或淪於空虛，以故聖人設卦觀象贊辭而明吉凶，以爲開物成務之用者，其本旨因晦而不明。夫易道不可以傳注求，求易道於傳注，則其道爲愈不明

① 「壬戌」，依上下文應作「壬戌」。

矣。於是諸儒之説悉棄勿取，間獨取河、洛二圖以玩索之，一旦恍然若心領其義而神會其旨者，遂乃筆而爲書。每卦有説，其引物指事也爲甚近，其析理陳義也爲甚著，大抵專以明象爲要，取之有所從，推之有所用，非苟爲空言而已。至於河圖、洛書之數，重卦、變卦、揲卦之法，又爲十有二圖以發揮其要指，總名之曰周易演説，其言皆出於自得之妙，而未嘗有所蹈襲者焉。』余嘗以謂君子之爲言，不必取異於人，亦不必務同於人也；求與人異，是驕己以勝夫人也；求人之己同，是強人以隨乎己也；要皆失之偏而不能適乎至當。今石君之於易，非故與人爲異同也，推其所自得者以爲言，以求夫至當之適，故不能無異同焉耳。雖其所以合乎聖人者，非人所能知，苟非其自信之篤，烏能及是哉？抑余論之，易至程子爲傳，始一於言理，及朱子本義，又專夫卜筮，其道蓋已甚明。演説之書，石君以爲繼程子而作，然非唯諸儒之傳注有所不取，而於程子、朱子之説有不合焉，亦不恤也。嗟乎！石君其誠篤於自信者乎？君在異時常①舉鄉貢進士，爲陝西第一，已而隱不仕，關輔之學未能或之先，而今亦老矣。蓋其學受於賈仲元氏，而賈氏學於蕭貞敏公，同文貞公一出於正者也。石君以余能相知也，出其所爲演説者屬余序，余不得辭，世之不知君者，因余言而求之，則其爲書固可得而知也。」

〔補正〕

王褘條内「常舉鄉貢進士」，「常」當作「嘗」。（卷二，頁八）

① 「常」，依補正、四庫薈要本、文淵閣四庫本、文津閣四庫本應作「嘗」。

趙氏良震**易經通旨**

佚。

蘇伯衡墓銘曰：「良震，字伯起，別號東谷，於宋宗室郯勤孝王宗惠爲八世孫，家平陽。」

陳高易書二經通旨總序曰：「予友趙伯起著易書二經通旨，取經文意義之近似者，比類而條析之，或會而同，或別而異，大而爲天文地理，細而爲制度名物，微而爲性命道德、陰陽鬼神，以至於先儒之訓詁，凡有所疑，靡不辨決。嗚呼！亦勤矣。朝廷設科，以明經取士，而試以經義，經義之文，易用程氏、朱氏，書用蔡氏之説，二經及傳疏數十萬言，學者諷誦尋繹，或自少至老不能究一經，及就試場屋，主司發難，則握筆瞠視，不敢措辭者，往往有焉。趙君獨能研精探賾，貫穿融會，解其肯綮，剖其盤錯，使習是經者得而觀之，如獲指南之車，不待問途而越裳可至。其於答主司之問也何有？然則是編之有益於學者，固不少矣。雖然，士之明經，豈專爲科舉計哉？聖人之道，非經不傳，學者讀聖人之經，則當求聖人之道。是故明吉凶消長之理，知進退存亡之幾，而動不違乎時，則深於易者也；觀二帝三王之心，考唐、虞、三代之治，而以之修己治人，則深於書者也。若夫迷溺於文字之支離，而徒以是爲進取之媒者，亦豈趙君之所望於後學也哉？」

錢氏義方**周易圖説**

一卷。

〔四庫總目〕

是書成於至正六年，上卷爲圖者七，下卷爲圖者二十。朱彝尊經義考作一卷，疑傳寫誤也。（卷四，頁二十三—二十五，周易圖説二卷提要）

〔校記〕

四庫本二卷，善本書室藏鈔本同。（易，頁一一二）

存。

義方自序曰：「錢子既作易圖説，或問之曰：『易之有圖，尚矣。今子之作，不盡合先儒之説，何也？』余應之曰：『求合於聖人之旨，則先儒之合乎聖人者取之，異乎聖人者正之以聖人之説，此所以不盡合也。』或又問曰：『昔之述河圖者，必並陳洛書，子獨不然，何也？』余又應之曰：『河圖者，伏羲所取而用之，洛書之出，則在乎千有餘年之後，吾聖人兼而取之，不過以龍龜負文以出河、洛者其事同，聖人則之以開物成務其□①同。而即理推數，二者又可以相通，故並言之耳，非謂作易兼取洛書也。余爲明易而本之河圖，其不及洛書，宜矣？』烏乎！六經之道，如日行天，萬古一日，秦火之變，易獨以卜筮得全，傳之者雖衆，知之者蓋寡。自漢孟喜本易緯稽覽圖推易離、坎、震、兑各生②

① 「□」，補正作「用亦」；備要本作「理」。

② 「生」，應依補正、文淵閣四庫本作「主」。

一方，餘六十卦，每卦主六日七分，此易有圖之始也。寥寥千載，易學絶響，宋之陳摶①心領神悟，始本吾聖人易有太極，兩儀、四象、八卦，因而重之，及天地定位等説，爲横圓大小四圖，傳之穆、李，以及邵子，而又本『帝出乎震』之説，爲後天圓圖，因大横圖之卦爲否泰反類方圖，於是易之有圖，始大明於天下。而朱子尚有圓圖，有造作，不依他元初畫底之説，且欲挈出方圖在圓圖之外，而釋天地定位。『帝出乎震』者，必曰『邵子曰』，此伏羲八卦之位，此卦位乃文王所定，似猶有歉然未滿之意。然其釋河圖之則，猶未免惑於孔安國之説，此愚所以不揆其陋，而有所述也。楊子雲曰：『衆言淆亂，折諸聖，苟無聖人之書，而臆度爲之。』顧余何人，而敢與先儒立異同哉？且愚伏讀易之經、傳，而學之三十年矣，苟非反覆潛玩，而有所自得，亦豈敢遽爲此書？觀者幸恕其僭，而嘉其用心可也。至正六年夏四月。」

〔補正〕

自序内「聖人則之以開物成務其□同」，當作「其用亦同」。又云「離、坎、震、兑，各生一方」，「生」當作「主」。（卷二，頁八）

黄虞稷曰：「義方，字子宜，吴興進士。」

按：葉氏菉竹堂書目有篷錢氏圖説，當即義方别號。

① 「陳摶」，應依文淵閣四庫本作「陳摶」。

黄氏澤易學濫觴

佚。

〔四庫總目〕

朱彝尊經義考載此書，注曰：「已佚。」則彝尊亦未及見，知爲稀遘之本矣。（卷四，頁十——十一，易學濫觴一卷提要）

〔校記〕

此書一卷，四庫著録有經苑刊本。（易，頁一三）

趙汸作行狀曰：「先生諱澤，字楚望，資州人，留家九江，行省以書院山長之禄起，教授江之景星、洪之東湖，考滿即歸，閉門授徒，家人絶食，不知所出，而先生瞑目端居，涵泳優游，未嘗少變；或與客談論終日，揖讓如平時，不知先生未飯也，然終不降心以謀温飽，惟以經學失傳，用是爲戚。其於易以明象爲先，因孔子之言，上求文王、周公之意，而其機括則盡在十翼，作十翼舉要。以爲易起於數，因數設卦，因卦立象，因象起意，因意生辭，故孔子曰：『易者，象也。立象以盡意，居則觀其象而玩其辭。』聖人言易之爲教如此，易不可廢象明矣。由象學失傳，漢儒區區，掇拾凡陋，不足以得聖人之意；而王輔嗣忘象之説興，至邢和叔則遂欲忘卦棄畫，雖以近代鉅儒繼作，理學大明，而莫能奪也，作忘辨象。有一卦之象、有一爻之象，或近取諸身，或遠取諸物，或以六爻相推，或以陰陽消長，而爲象學者猶可求也。然有象外之象，則非思慮意計所能及矣，而況於立例以求之乎？李鼎祚綴緝於王氏棄擲之餘，朱子發後出而加密，丁易東繼之而愈詳，聖人立象之妙，終不可見，作象略。象學既明，則因象以立意，因意以得辭，陰陽消長有一定之機，上下貴賤有一定之分，善惡吉凶有一定之則，位之當者，孔子無由獨言其非，卦與爻之小者，文王、周公固不謂之大，然後知三聖人之易一而已矣。若舍象而求，則人自爲易，不期於異而自異，作辨同論。嘗曰：『易有八卦、有六十四卦、有三百八十四爻、有大象、有小象、有大傳、繫辭、有說卦、有序卦、有雜卦，有河圖、洛書蓍策之數，學者當隨處用工，各詣其極，至於一以貫之，而後全易見矣。』又曰：『古者占筮之書即卦爻取物類象，懸虛其義，以斷吉凶，皆自然之理，乃上古聖人之所爲也。文王、周公作易，特取一二，立辭以明教，自九筮之法亡，凡著人所掌者，皆不可復見，而象義隱微，遂爲百世不通之學矣，乃作易學濫觴。』臨川吴文正公見之曰：『楚望父之著經也，其志可謂苦矣。弘綱要義，昭揭其大，而不遺其小，先儒舊說可信者，拳拳尊信，不敢輕肆臆說，以相是非，用工深、用意厚，以予所見明經之士，未有能及之者也。』先生經學，自得之說爲多，薦經寇亂，故宅爲墟，遺書之在者鮮矣。悲夫！」

吕氏洙**易圖說**

一卷。

佚。

金華府志：「吕洙，字宗魯，永康人，從許謙游。」

盛氏德瑞**易辨**

五卷。

佚。

陸元輔曰：「德瑞，字祥父，其先江陰人，徙居崑山。至正中，聘入郡庠爲訓導。」

葉氏登龍**周易記**

佚。

括蒼彙紀：「葉登龍，號梅林，麗水人。」

黃氏瑞節**易學啓蒙注**

四卷。

存。

吉安府志：「黃瑞節，字觀樂，安福人。舉鄉試，授泰和州學正，元季遂不仕，隱居力學，萃朱子所定太極圖、通書、正蒙、易學啓蒙、家禮、律吕新書、皇極經世諸書，並加注釋，目曰朱子成書。」

朱氏隱老**易説**

佚。

隱老自述曰：「易之爲書，廣大悉備，伊、洛大儒雖嘗論著，而其義愈索而愈無窮，予於是有易説。」

陸元輔曰：「豐城朱隱老，大學士善之父也，所注皇極經世書有刊本，而易説、禮説、正蒙、書説均未之見。」

經義考卷四十八

易四十七

陳氏謙周易解詁

二卷。

河圖説

二卷。

佚。

吴中人物志：「陳謙，字子平，吴人，孝事父母，父疾，思食鱖，進鱖而父歿，謙終身不忍食。至正十六年，兄訓爲江浙行省幕官，還家，俄遇兵亂，入室被斫，謙以身蔽，并遇害。」

黄虞稷曰：「謙分卦辭、象、彖，會粹諸家，以附其説，題曰周易解詁。後死於兵，其書散失，弟子范文絅僅收得二卷，非全書也。」

曾氏貫**周易變通**

佚。

〔四庫總目〕

朱彝尊經義考載有周易變通之名，亦以爲已佚。今檢永樂大典所録周易，各卦下收入貫説尚多，其標題實作易學變通，知彝尊未見原書，故稱名小誤矣。（卷四，頁二十一——二十三，易學變通六卷提要）

〔校記〕

四庫輯大典本六卷，缺豫、隨、无妄、大壯、晉、睽、蹇、中孚八卦。（易，頁一三）

江西通志：「曾貫，字傳道，泰和人，紹興照磨，監州辟，禦龍泉寇，戰死。」

楊士奇曰：「傳道先生以易經爲學者所宗，所著書有易變通，四書類辨，庸、學標旨。爲紹興路照磨，後家居遇亂，鄉郡推舉率義兵禦寇，兵敗，守節死。」

雷氏杭**周易注解**

佚。

閩書："杭，字彦舟，建安人。授儒學提舉，遷潮陽縣尹，以死事贈奉化府①知州。嘗注周易注解行世，時稱雷氏易。"

鄭氏玉**周易大傳附注**

佚。

程朱易契

佚。

黄虞稷曰："大傳附注者，以孔子繫易之辭爲大傳，其孔子之傳辭義深奥者，則附以己之注説。易契者，折衷程、朱二子之説，合爲一書。"

汪克寬曰："先生爲學，大概本於朱子，嘗曰：『易於諸經爲首出，而獨爲全書。天地萬物之理、古今萬事之變，易無不具；而吾身心四體、出處進退，易無不在；是故不可一日不講。』於是取文王、周公之辭以爲經，列夫子十翼之辭以爲傳，其或十翼辭義簡奥，則附以注説，命曰周易大傳附注。既又折衷程、朱二子之説，合爲一書，命曰程朱易契。"

元史："鄭玉，字子美，徽州歙縣人，覃思六經，尤邃於春秋，絶意仕進，而勤於教學，門人受學者

① "府"，四庫本誤作"州"。

衆，所居至不能容，學者相與，即其地搆師山書院以處焉。至正十四年，除翰林待制奉議大夫，遣使者賜以御酒名幣，浮海徵之，辭疾不起。明兵入徽州，被拘，自縊而死。」

玉自序曰：「伏羲畫八卦而文籍生，則易於諸經爲首出；秦焚典籍而易獨存，則易視諸經爲全書。天地萬物之理、古今萬事之變，易無不具，吉凶消長之故、進退存亡之幾，易可前知。所以爲潔靜精微之教，而示人以開物成務之道也，易其可一日不講乎？予自中年即有志於是書，學陋識卑，不敢有所論著。至正壬辰，蘄、黄紅巾攻陷吾□①，禍及先廬，累世藏書無片紙存者，求之親舊，悉皆煨燼，雖欲一周易白文讀誦，亦不可得。後三年乙未，被召，至四明，始從友人胡伯仁氏假得程、朱傳、義歸來，山中日誦一卦，似若有所得者，折中二先生之説，合爲一書，名曰程朱易契。間有一二己見，不敢附入，始有僭越論著之意，又以無書考據而止。丁酉之秋，復避亂淳安之梓桐源，出入澗谷，上下林壑，寂寥無事，心地湛然，因思天地一易也、古今一易心、人物一易也，而吾身亦一易也。自天地而斂之，以至於吾身，易之體無不備；自吾身而推之，以至於天地，易之用無不周。又以吾身而論之：心者，易之太極也；血氣者，易之陰陽也；四體者，易之四象也；進退出處之正與不正，吉凶存亡之所由應者，易之用也。如此，則近取諸身，而易無不盡矣，雖無書可也，無畫可也，又何有於傳注乎？又何事於考據乎？況伏羲作易，文王繫之辭，以明其卦，周公繫之辭，以明其爻者，經也。孔子爲之彖、爲之象、爲之文言，所以釋文王之卦辭；爲之小象，所以釋周公之爻辭；其源委綱領之論，不可附入各卦者，則爲之總論，號繫辭

---

① 「□」，文淵閣四庫本作「郡」，備要本作「邑」。

上下篇，其各卦義有未盡者，則發凡例於繫辭之中；又爲序卦以明其次，說卦以明其象，雜卦雜述其義者；則易之傳也。今人舍夫子之易傳而欲明文王、周公之易經，其亦昧於明易之道矣。乃取文王、周公之辭以爲經，而列夫子之辭以爲傳，其或夫子之傳辭義深奥，則附以注說，名曰周易大傳附註①，庶幾三聖人之書，不費辭說而義自明矣。嗚呼！四聖人之心，天地之心也。三聖人之書，所以發明天地之精微、乾坤之藴奥，夫豈淺見薄識所能窺其萬一？是書之作，徒見其妄誕不知分量之罪而已，何有補於易哉？雖然，二文之經、夫子之傳，自足相發，有不待論著而明者，則亦千古之確論也，讀者試以是求之。」

余氏闕**易說**

五十卷。

佚。

程邦民曰：「先生名闕，字廷心，武威人。至順癸酉進士，官至淮南行省左丞，命下，而先生已死，賜謚文忠，追封貞國公。嘗讀書青陽山中，學者稱之曰青陽先生。」

戴良跋曰：「公初僉浙東，廉訪謝事，居太夫人憂於合肥，淮南盜起，行省彊起爲淮西宣慰副使，守安慶，累功至淮南左丞。當其圍守時，以孤城抗賊者幾十載，其後援絶食盡，猶血戰兩月，城始陷，死

① 「註」，依前文及文淵閣四庫本應作「注」。

之。朝廷贈公榮禄大夫淮南等處行中書省平章政事柱國豳國公，謚忠宣，立廟以祀。公在浙東時，有所著易說五十卷，良嘗請以卒業，公曰：『天假數年，所見當不止此，他日相示未晚。』或傳公死之日，神降於私第之前庭，曰：『我有易說，爲賊中某小校所得，當取以授吾故人某，使刊之。』時二公子已遇害，妻妾亦投井中死，是書之存否，不可知矣。」

汪叡曰：「公僉憲浙東時，仲魯往見，公言易之一經，嘗求得古書，考索積思有年，遂得見易中一字一句，盡出河圖、洛書。自秦、漢以來，人未之見，今幸偶得之，方將著述成書，以貽後世，然未敢輕也。仲魯再三舉一二疑難叩問，但言子且用工此經，五七年後相見，當以吾之所得者相告，非有隱也。不二三年而兵革動，海内不相聞，壬寅春上同安，詢知有王無霸者，專爲公謄録所注易經，因求王生，詢之，無一字存，亦不能識其一語矣。」

鄧氏錡**大易圖說**

二十五卷。

存。

黄虞稷曰：「鄧錡、張理易圖，俱録入道藏中。」

許氏復**周易衍義**

二十二卷。

未見。

郭氏偁**東山易解**

一卷。

未見。

陳氏訥**河圖易象本義**

一册。

未見。

陳氏子肩**易説**

一册。

未見。

按：許氏以下，爵里世次未詳，見葉氏菉竹堂目，聚樂堂藝文志亦有。許氏、郭氏、張氏三書，考葉氏所載易解，不及明代，當屬元以前書，姑附於此。

雷氏思齊易圖通變

五卷。

存。

揭傒斯序曰：「雷先生思齊，字齊賢，臨川之高士也。遭宋亡，獨居空山之中，著易圖筮通變義、老子本義、莊子旨義凡數十卷，和陶詩三卷。去儒服，稱黄冠師，與故淳安令曾公子良、今翰林學士吴公澄相友義，四方名士大夫慕其人，往往以書疏自通，或聞其講學，莫不爽然自失。故翰林侍講學士袁公桷，博雅君子也，稱其所著書援據精切，感厲奮發，合神以窮變，盡變以翼道，且曰：『知齊賢不如是，齊賢之意不明。』方今天下稱爲斯文宗主，莫先吴公，天下稱善著書，莫先吴公，亦曰：『與談老子甚契。』又稱其詩精深工緻，豪健奇傑，有杜、韓風。蓋皆以爲知言。嗚呼！古稱虞卿非窮愁不能著書，太史公世掌天官，使不遇禍，史記不作。夫求雷先生之志，讀雷先生之書，遑與世俗道哉？余讀其所著之書，想其爲人幾五十年，今又得其詩文二十卷，於其徒孫傅性真與周惟和傳入京師來，因識以辭。」

張宗演序曰：「道德數千言，吾教之所獨尊，古今未有能廢之者，然傳注層出，渺茫叢惑，莫識旨歸，徒見多岐之紛紛也。雷思齊嗜學有要，精研是書，探覈本旨，爲之傳釋，合儒、老之所同，歷詆其所異，條分緒别，終始一貫，不翅入老氏之室，避之席以相授受也。其將學是者，終究其説，知其玄之玄，而不昧其所嚮，傳之將來，庶幾於吾教非小補也。」

吴全節序曰：「昔世祖皇帝既定江南，首召三十六代天師入朝，未幾，天師奉旨掌道教，還山，遂禮請先生爲玄學講師，以訓迪後人。余時雖幼，而有志於學，遂受學於先生，先生嘗誨余曰：『文章於道，一技耳。人之爲學，將以明斯道也，不明斯道，不足以爲聖賢之學矣。』余由是日知所省，益自奮發。及弱冠，入侍先師開府公於朝，遂不得事先師①以終學焉。先生嘗著易圖筮通變義、老子本義、莊子旨義凡數十卷，詩文二十卷。至順二年秋，先生之徒弟傳性真遺徒孫周惟和持所著諸書來京師示余，且曰：『先生所著之書，雖有黄公震、曾公子良、吴公澄爲之序，而未得公一言以發明之，敢以爲請。』余曰：『嗟夫！先生之殁迨三十年矣，今不可得見，得見所著之書，斯可矣！』然先生之學，豈所著之書可能盡哉？後之觀者考諸書，則知先生之學誠不止若是也。余今且老，久留於朝，嘗欲集先生諸文而序之，未果也。今諸文既已成編，又豈敢嘿嘿無一言以發明先生之學哉？故續爲之序。先生諱思齊，字齊賢，學者尊之曰空山先生，撫之臨川人也。」

思齊自序曰：「河圖，八卦是也。圖之出，聖人則之。庖犧氏仰觀象、俯觀法、近取身、遠取物，以通神明之德，類萬物之情，始因之畫八卦，以作易者也。孔子謂其則之，豈欺我哉？圖之數以八卦成列，相盪相錯，參天兩地，參伍以變，皆自然而然。後世不本其數實惟四十，而以其十五會通於中，乃妄計天地之數五十有五，以意增制於四十之外，以求其合幸其中，故愈説愈迷，紛紛至今。余因潛心有年，備討衆説，獨識先聖之指歸，遂作變通傳，以與四方千載學易者，同究於真是焉。兼筮法亦乖素旨，附見後篇，求古同志宜能明其非敢誣也。」

① 「師」，文淵閣四庫本作「生」。

袁桷志墓曰：「思齊，字齊賢，臨川人。幼棄家居烏石觀，晚講授廣信山中。暨終也，復歸烏石，治其窆而先表焉，表曰：『空山雷道士之墓，所爲書援据切至，感厲奮發，不蹈世俗繩墨，合神以窮變，盡變以翼道，申言廣指，其於力誠至矣。』」

白雲霽曰：「内述河圖、洛書、參天兩地倚數之圖、錯綜會變等圖，河圖遺論，皆三成變化吉凶奇偶元數。」

易筮通變

三卷。

存。

白雲霽曰：「臨川道士雷思齊撰。」

按：雷氏易筮通變，書凡五篇，一卜筮、二之卦、三九六、四衍數、五命蓍。

夏氏失名**讀易十字樞**

十則。

存。

朱升曰：「淳安夏氏讀易十字樞，一曰中，二爲下卦之中，五爲上卦之中。二曰偏，初、三，下卦之偏，四、上，上卦之偏。三曰正，陽居陽位，剛畫居初、三、五。陰居陰位。柔畫居二、四、上。四曰反，陽居陰位，陰居陽位。五曰應，初與四應，二與五應，三與上應，陰陽相得。謂一陰一陽相遇。六曰敵，初與四、二與五、三與上陰陽相敵。謂皆是陰、皆是陽。七曰比，初與二比，二比三，三比四，四比五，五比上。八曰遠，不相比。九曰乘，本爻在彼爻之上。十曰承，本爻在彼爻之下。」

楊氏失名**玉井易説**

二卷。

佚。

王申子曰：「玉井楊氏家傳易學，蓋自五世祖得之晏蓮蕩，蓮蕩得之晦庵，淵源有自，故其家如字溪、如以齋各有易説行於世。玉井以明易擢高科，年將八十，工於易。今見予輯説，特編二帙與予辨難，平山蹇氏爲之跋。」

常氏失名**易學圖**

未見。

吴澂跋曰：「眉山則堂家公如箕子，仕周而不仕周，其外孫臨邛常君不肯爲農、爲賈、爲胥、爲史以賤辱其身，而寄跡於老氏清浄之教，公遂爲言老氏所以同於吾聖人之易者，而并及陳、邵、周子之學，所望①於其

① 「所望」，文津閣四庫本作「其所望」。

外孫者，不其遠乎！常君籍記外祖之訓，罔敢墜遺，述一圖以廣羲、文八卦之説，可謂不羞其先世，不忝其外氏者矣。邵子曰：『老子得易之體。』又曰：『孟子得易之用。』進退存亡，不失其正，家公有焉；消息盈虚，與時偕行，常君有焉；祖孫之所得於易者如是。邵、周授受之次，則頗與予所聞異，予所據者，邵子文所記陳授穆，穆授李，李受穆，親授於陳，而非轉受於种也，种亦得陳學之一支，傳於南方，劉牧仍其緒。或以周子與牧同出此一支者，非也。周子之學乃其自得，而無所師授，至謂牧傳之周，尤非也。朱子發進易傳表蓋踵訛而失其實，何也？周在南，穆在北，足跡不相及也，何由相授受哉？雖然，不足深辨也。予願常君忘言而用易，忘象以體易，言可忘也，象可忘也，之瑣瑣者又何足道。」

范氏失名**竹溪易説**

佚。

熊良輔曰：「竹溪范氏，九江人。」

黄氏失名**春臺易圖**

佚。

黄淵序曰：「理者，太虚之實義；數者，太虚之定分。未形之初，因理而有數，因數而有象；既形之後，因象而推數，因數以推理；論理遺數，烏乎可？此朱文公啓蒙所以作也。文公易得於康節邵先生爲多，春臺黄君之圖，又啓蒙之義疏，辨析精密，神智盡在是矣。譬如枝頭樹底，一一見花活處，不止檐①頭看賣桃杏，豈心猛氣粗者所能了了？然竊有疑戴九履一之象圓，五行生成之象方，安知邵不以九爲圖、十爲書乎？圖、書自圖、書，大衍自大衍，以圖、書而合大衍，拘矣。天地定位，此八卦立圖；帝出乎震，此八卦舒圖。或以前爲羲、後爲文，失之。邵觀物吟：『乾遇巽時，地逢雷處，天根月窟，來往多春。』此解先天圓圖。大易吟：『否、泰、咸、損，恒、益、既、未，四象相反，成六十四。』此解先天方圖。不止乾一坤八也。數往者順，謂天、地、山澤、風、雷、水、火，此已往之象。知來者逆，謂曰雷、曰日、曰兑，而乾以君之；曰風、曰雨、曰艮，而坤以藏之，此方來之事。以左爲順，以右爲逆，然乎不也？四十九者，蓍之體；數用四十九者，以其圜②而神也；或以五行言之，何哉？歲月易邁，義理無盡，長江浩渼，欲遡從之，邈不可即，何時一樽與吾春臺細論此事爲快？敬書右方，以答來辱。大德丁未清明莆四如老人黄某七十七筆也。」

〔補正〕

黄淵序「内不止檐頭」，「檐」當作「擔」。「以其圜而神也」，「圜」當作「圓」。（卷二，頁八）

趙氏失名**讀易記**

佚。

---

① 「檐」，依補正、四庫薈要本、文淵閣四庫本應作「擔」。

② 「圜」，補正、四庫薈要本作「圓」。

蘇伯衡序曰：「經莫古於易，莫完於易，莫粹於易。伏羲畫八卦而文籍生，則經豈復有古於易者乎？秦焚典籍，而易以卜筮存，則經豈復有完於易者乎？書出於虞、夏、商、周之史官；詩多出於閭巷之小夫婦人；春秋雖出於仲尼，然本魯國之史；而禮皆雜出漢儒之綴緝；易則伏羲畫之，文王演之，周公重之，孔子贊之，皆古之聖人，則經豈復有粹於易者乎？嗟夫！易之爲書古矣、完矣、粹矣，而汩而不明者，吾祖以爲諸儒之説亂之也。漢室去古未遠，焦、費、京房之流已泥於術數災異，況後世乎？經學至宋而大明，程子之傳、朱子之本義，或者猶詆其各有所偏，況他人乎？由是觀之，則先儒之於易也，知之有至焉、有不至焉，言之有至焉、有不至焉，亦可見矣。使其知之言之而至焉，吾①無可言也。如使②其知之言之而不至焉，吾無言奚可也？此趙先生讀易記所以不容已也與？易者，天地之藴，萬物之奥也，唯聖人能言之，聖人明乎天地萬物之情故也。不明乎天地萬物之情以言乎易者，則賴有聖人之説存焉耳。先生當易道汩而不明之際，不專主一説，不務爲苟同，問難以造端，辨析以折衷，而一本之於聖人，此其志豈苟哉？諸説具在，如指諸掌，士之處乎窮鄉下邑者，有志於學，而力不足以致諸家之書；力足致之，而或不能殫其歲月之勞；一旦見先生之書，豈不深有藉哉？顧乃謂其足以應有司之問，則其知先生也，抑末矣。昔西山真文忠公不有讀書記乎？不知其書亦徒以應有司之問否也？吾知其不爲是也必矣。文忠之書，非爲應有司之問而設，何獨至於先生之書而云云乎？得之心者，不可喻

① 「吾」，文津閣四庫本作「我」。
② 「使」，文津閣四庫本脱漏。

以言，得之天者，人不與力焉。先生潛心於易六十年矣，其所得者，吾亦安敢謂其盡於是也？先生讀書亦有記，惜已爲人持去，吾不得見之，又焉得隱度論之？」

無名氏大易忘筌

一册。

未見。

易學變通

十册。

未見。

易疑擬題

一册。

未見。

右三書載葉氏菉竹堂目。

經義考卷四十九

易四十八

朱氏升**周易旁注前圖**

二卷。

存。

〔校記〕

前圖，四庫本作圖說。（易，頁一三）

周易旁注

十卷。

存。

升自序曰：「愚自中年以經書授徒教子，每於本文之旁，著字以明其意義，其有不相連屬者，則益之於兩字之間。苟又有不明不盡者，則又益之於本行之外，學者讀本文而覽旁注，不見其意義之不足也。惟易旁注則有前圖者，易之爲易，其本也圖象而已。文王、周公、孔子之書，實爲圖象作注腳，故明此經者不得不求其本也。河出圖、洛出書，天不愛道，泄諸象數，一可已，二何居？作河圖洛書合一圖第一。聖人之則之也，八卦成列，而又因而重之，其傳於今也，各有横圖圓圖，而六十四卦圓圖中又有方圖，則亦悉矣。帝出乎震、成於艮，其方位之象又何爲哉？作先天後天合一圖第二。先天後天，其始其終，既各有序矣，連山、歸藏，首艮首坤，今不能知，而周易首乾、坤，終既、未濟，經分上下，其間卦序乃復如彼，作周易卦序圖第三。卦變①也、卦主也、互體也、卦數也、卦位也、納甲也，之六者時雜見於經、傳，必合著其全，使人可通考焉者也，作六圖第四。淳安夏氏有讀易十字樞，愚平日竊窺，於易得三大義，二者經傳訓釋之機要也，則以附六圖之後。聖人處憂患之道，自履至巽，其傳古，其指深，卦之名義殆未足以盡之也，作三陳九卦圖第五。夫子言蓍卦之德，曰圓曰方，固非直曰七奇八偶而已，作蓍七卦八圖第七。邵子天根月占圖説第六。揲蓍以求卦，因變而用爻，比義從長，宜勿拘一説，作蓍卦變窟之唫，非爲今易安注腳也，豫章蕭氏周易卦序之學，區别於三畫六畫之原，而象意昭融，玩味乎正變始終之故，而教道明著，前纂爲圖，今録其全文於後，而係以邵子之詩，履運處身，同一揆也，作三十六宫圖説第八。八圖爲之前，而後周易旁注可得而讀矣。」

① 「卦變」，文津閣四庫本作「其卦變」。

程應明曰：「先生經書皆有旁注，而易爲最詳，行世已久，字畫模糊，今更定。以先生之旁注從考亭之本義，非敢師心有乖先正，實欲復古以公海内云爾。」

子同家傳曰：「公考六書之原，究制作之始，參之以傳注之文，究極乎濂、洛之説，熟玩其所已明，而深研①乎其所未明。嘗曰②：『先儒傳注之意，所以求經之明也。而近世舉業，往往混誦經注，既不能體味乎傳注，而反斷裂其經文，使之血脈不通，首尾不應，知味樂學，何所自乎？』於是始作諸旁注。離而觀之，則逐字爲訓；合而誦之，則文義成章；綱提目舉，一覽可知。其有訓而未類、疑而未安者，必窮研極慮，不合乎聖經不止。於易則有以見夫河圖、洛書之異也，而原則同；先天、後天之殊也，而實則一。序卦之説，則本乎吴澂之卦統以總其綱，表章乎蕭漢中之説以極其趣。他如四卦從中起之，故方圓往來順逆之妙，蓍七卦八之實迹，用九用六之微機，卦象之神奇，卦變之定法，貞悔元吉之大義，三陳九卦之要旨，旁注不足以盡其藴，則列於前圖以表之，而千古不釋之疑，於是乎定矣。」

張雲章曰：「休寧朱允升從遊陳櫟、黄澤之門，至正中鄉進士，授池州學正，江南北學者多從之問業，號楓林先生。明太祖兵下徽州，召見，辭歸。後連歲被徵，官翰林侍講學士，所居梅花初月樓，太祖以御書賜之。諸經皆有旁注，而易有前圖。允升嘗曰：『旁注之作，知其粗者以爲小學訓詁之入門，悟其妙者知爲研精造道之要法。』至萬曆中，錢塘姚文蔚元素以其書易古文爲今文，易旁行爲直下，目之

---

① 「研」，文津閣四庫本作「究」。
② 「曰」，文津閣四庫本作「思」。

曰會通，取便於讀，而無所增損，然非楓林作書之本意矣。」

梁氏寅**周易參義**

十二卷。

存。

寅自序曰：「漢班固氏言：『六藝具五常之道，而易爲之原。』夫羲、農以前，詩、書之文，禮、樂之具，春秋之行事，皆未著也。而八卦之畫，三才備焉，六位之列，人文彰焉，天下之道盡於①易矣。文王之彖辭、周公之六爻、孔子之傳贊，辭無不備，而吉凶爲益明。迨孔子殁，而商瞿以易相傳授。漢興，易以卜筮存，而田何之學爲稱首，爲之訓釋者，蓋寖多焉，然九師之説无聞，百氏之言雜出，其高也或淪於空虚，其卑也或泥於象數，而易之意隱矣。程、朱二夫子出，而大明斯道，於是闡其微、窮其賾、通其拘、啓其窒，象辭之義、變占之法、陰陽之妙、人事之殊，復燦然著矣。夫聖人之書，其所同者，道也，其不同者，言也，善學者各因其言以求其道，則其要歸一而已，觀於傳注者，亦由是也。程子論天人以明易之理，朱子推象占以究易之用，非故爲異也，其詳略相因，精粗相貫，固待乎學者之自得也。寅讀書山中，竊好是經，懼於荒怠，而无以自勵，乃參酌二家，旁采諸説，僭附己意，别爲一書，名曰參義②。俾觀之者

① 「盡於」，文津閣四庫本作「盡於此」。

② 「參義」，文津閣四庫本誤作「參觀」。

由詳而造約，考異而知同，則是書者，亦程、朱之義疏也。今天子即位之元年爲至元，六年，歲名商橫執徐，月名畢聚，始繕録成編，總十二卷，將以行於四方，諏之君子，以俟詳訂。」又自述曰：「讀程、朱易，以其釋經意殊，乃融會二家，合以爲一，謂之易參義。」

明太祖實録：「寅，字孟敬，臨江新喻人。辟集慶路儒學訓導，以親老辭歸。明年，兵起，遂隱居教授。所著有周易參義，詩、書演義，周禮考注，春秋考義。徵修禮樂書，已六十餘，在禮局中討論精審，書成，賜金帛，將授以官，以老病辭歸，結屋①石門山，學者稱爲梁五經。」

佚。

汪氏克寬**周易程朱傳義音考**

吴國英作行狀曰：「先生諱克寬，字德輔，一字仲裕，自歙還②祁門縣。泰定丙寅，舉江浙鄉試，歸以經學教授宣、歙間。先生所居，山谷環繞，稱曰環谷，四方學者皆目曰環谷先生。洪武二年，聘修元史，事畢，留任，先生力辭，給驛而還。」

程敏政曰：「文公朱子一傳於勉齋黄氏，再傳於雙峰饒氏，三傳於東山汪氏，華，字榮夫。即先生仲大父，而先生實嗣其傳。先生著述有易程朱傳義音考、詩集傳音義會通、春秋傳纂疏提要、左傳分紀、

① 「結屋」，文津閣四庫本作「居」。

② 「還」，文淵閣四庫本作「遷」。

禮經補逸、周禮類要、四書音證綱目凡例考異諸書，惟纂疏傳學者，餘多散佚不存。」

趙氏汸**大易文詮**

八卷。

存。

〔校記〕

四庫本作周易文詮，四卷。（易，頁一三）

錢謙益曰①：「汸，字子常，休寧人。師事九江黄澤，受易象、春秋之學，隱居著述，築東山精舍以奉母。洪武二年，召修元史，不願仕，還，未幾，卒。」

鮑氏恂**大易舉隅**即大易鉤玄。

三卷。

存。

〔校記〕

四庫存目及帶經堂目均作學易舉隅。（易，頁一三）

① 「錢謙益曰」，四庫薈要本、文淵閣四庫本俱作「錢陸燦曰」，文津閣四庫本脱漏。

寧王權序曰：「建陽城之表者，則必擬乎土圭之法；定方隅之體者，則必正乎指南之規。是知造化必假物，而易之爲書，又必因人而明焉。按：神農重卦説云：『羲皇得河圖，始畫八卦，後人因而重之，是爲六十四卦。』王輔嗣以爲宓羲，鄭玄以爲神農，孫盛以爲夏禹，史遷以爲文王。乾鑿度云：『垂皇策者用蓍，在六爻之後。』是羲皇已重卦矣。書契取諸夬，是羲皇之①時已有夬卦，其重明矣。羲皇乾上坤下，立天地之位也。歸藏先坤後乾，尊萬物之母也。連山乾始於子，坤始於午，以明先天之道。周易尊乾卑坤，其體乃定。讀易者可得而明矣。然易之精者，獨鮑氏得其所傳之妙，而勿行於世。先生崇德人，姓鮑名恂，字仲孚，元②乙亥進士也，深得大易之旨，乃作是書，以宣大易之道，名曰學易舉隅。而授之連山陳先生亮，亮授之建安趙先生志道，志道授之黄州程先生伯昌。先生名蕃，生於至元十七年丁酉，生而英爽超卓，穎悟且奇，貫通三氏之學，深得大易之旨，而合乎神明之德，出於人也，大不凡矣，可謂奇士也。於是重加訂正，以明聖人作易之心。數十年間，屢欲刊行，而事不果，予乃命壽諸梓，以示後學，更其名曰大易鉤玄。」

浙江通志：「恂，字仲孚，崇德人，徙居嘉興西溪。三領元江浙省鄉試，薦爲翰林，不就。洪武初，召至京師，命爲文華殿大學士。」

---

① 「之」，文津閣四庫本脱漏。

② 「元」，依備要本應作「至元」。

郭氏櫝**易説**

佚。

浙江通志:「櫝,字德茂,仙居人,徙家太平。元世隱居授徒,洪武初,用薦知饒陽縣事,及卒,門人私謚貞成先生。」

葉氏儀**周易集解**

未見。

黄虞稷曰:「儀,字景翰,金華人,受學於許白雲。明太祖下婺州,與范祖幹等同被召。」

周氏南老**易傳雜説**一作「集説」。

佚。

錢謙益曰①:「南老,字正道,其先道州人,宋末徙吴。元季以薦補信州永豐學教諭,又檄爲吴縣主簿,進淮南省照磨。國初,徵赴太常,議郊祀禮,禮成,發臨濠居住,放還,卒。」

① 「錢謙益曰」,四庫薈要本、文淵閣四庫本俱作「錢陸燦曰」,文津閣四庫本作「陸元輔曰」。

王氏廉**周易參疑**

未見。

黃虞稷曰："廉，字熙陽，處州人。與修元史，後官山西布政使。是書蘇州知府況鍾曾刊行。"

趙氏撝謙**易學提綱**

未見。

陸元輔曰："趙撝謙，名古則，餘姚人，宋秦悼魏王之後。明初，徵修洪武正韻，持議不協於衆，出爲中都國子監典簿，罷歸，築考古臺，述六書之旨，作聲音①文字通，又撰周易提綱，時人稱曰考古先生。尋以薦爲瓊山縣儒學教諭，嶺以南尊之曰趙夫子。"

胡氏璉**易學會通**

未見。

江西通志："璉，字商用，高安人。洪武初，以薦爲句容教諭。"

---

① "聲音"，文津閣四庫本作"聲韻"。

何氏英**易經發明**

未見。

江西通志：「何英，字積中，鄱陽人，學於元儒王松塢，自號梅谷，累薦不起，建玉谿書院以納天下來學者。」

林氏大同**易經奧義**

二卷。

未見。

姑蘇志：「林大同，字逢吉，其先長樂人，曾祖以下皆官常熟，因家焉。洪武中，爲開封訓導，著易經奧義。」

歐陽氏貞**周易問辨**

三十卷。

未見。一齋書目有。

歐陽原功序曰：「易之爲書，上盡神明之蘊，下該事物之理，以變易爲用，以會通爲方，其初立名，起義如此，其爲説宜無窮焉。漢以來，易專門師，多於五經，而其疑尤多，千有餘年，未有紀極。

族子貞歷考諸家之異同，質正先儒之論議，初名易疑，後改曰問辨，凡三十卷，用功精深，可尚也。吾宗巽齋先生爲曾大父冀郡公作經訓堂記，言歐陽氏經學、司馬氏史學由三代而下，代有其人。蓋六經甫出孔氏之壁，歐陽氏即以八世博士世其學，其來豈一日哉？司馬氏史學至宋君實復振，歐陽氏經學我六一公易有童子問、詩有本義，凡宋儒以通經學古爲高，實公倡之。故余見貞是編，喜我歐陽氏經學亹亹其不絶乎。抑是編豈獨便場屋之習？山林窮經皓首之士見之，未必無助。我之嘆也，貞爲我勉成之。」

江西通志：「歐陽貞，字元春，分宜人，受業於揭傒斯及鄉進士夏鎮。」

黄虞稷曰：「貞洪武初以易魁江西鄉試，官考城主簿，其書歷考諸家之異同，廣證先儒之論議，初名易疑，更今名。」

朱氏諡①**易學啓蒙述解**

二卷。

存。

温州府志：「朱諡②，字思寧，永嘉人。洪武初貢士，仕邳州學正。」

①②　「諡」，四庫薈要本、文淵閣四庫本、文津閣四庫本、備要本俱作「謐」。

佚。

鄭氏觀周易本義通釋增纂

陳璉序曰：「伏羲畫八卦而文籍生，是易於諸經爲首出；秦焚典籍而易獨存者，以其占筮之書也。易之作，雖本於占筮，自占筮既立，而理義實寓於占筮之内，其道廣大，包括天地，其源一出於天之自然，有非人爲智巧之私。而後世説易者，各隨所見，不失於鑿，則失於泛，不失於誕謾，則失於怪僻，俱未爲得。逮河南程子作傳，始以隨時變易，發明陰陽變易之妙，所謂『體用一源，顯微無間』是已。若偏於象占，而不該乎理義，則奚以知文王之彖辭、周公之爻辭，孔子之十翼也？若專於理義，而不及象占，又奚以知伏羲、文王所畫八卦之心哉？紫陽朱子本義之作，所以補程傳之所未足，而上以承四聖之心，羲、文、周公之言，至是始坦然而明矣。然則程、朱不惟有功於四聖，誠有功於萬世也。厥後雲峰胡氏之通釋，一以本義爲主，集諸家之説不背程、朱者爲之，其學出於朱子門人蔡氏。三山鄭尚賓博學有文，而專於易，嘗登考古趙撝謙之門，考古之易得於天台鄭氏，迺雲峰所傳之派，故其學有源委。間取諸家説與程傳、本義合者，以補通釋之未備，間以一二己意附其間，名曰增纂。用心之勤、取擇之審，視予前所云説易者相去遠甚，而有功於①本義、通釋矣。學者誠能因是以明乎易道，則立言勵行、處己治人，守常應變，豈不有得哉？尚賓間屬予序其所傳之由與增纂之意，遂書此復之。尚賓名觀，洪武中領

① 「於」，文津閣四庫本脱漏。

薦，歷官至臨川令，所至有循良名，今爲駙馬都尉沐公學録云。」

汪氏有訓**周易句解**

未見。

黄虞稷曰：「字得時，休寧人，著周易句解，尚書、論語、孟子注。洪武中，卒。」

王氏潤孫**周易圖解**

佚。

括蒼彙紀：「王潤孫，青田人，國初以薦任本學教諭。」

張氏洪**周易傳義會通**

十五卷。

未見。

吴中人物志：「張洪，字宗海，常熟人。洪武乙丑，坐事戍雲南，久之，以薦授靖江王府教授。永樂元年，擢行人，使日本，復使遼東，尋入翰林修大典，充副總裁官。所著有四書解義二十卷、周易傳義會通十五卷、尚書補傳十二卷、詩經正義十五卷。」

程氏汝器**周易集傳**

十卷。

未見。

黄虞稷曰：「汝器，名昆，以字行，休寧人，師事趙汸。洪武中，舉明經，永樂初，官蘄州知州。」

鄭氏以仁**周易集解**

十二卷。

闕。

張雲章曰：「攷嘉定縣志有鄭閎，字以純，少學易於元貢士嘉禾鮑恂，自號味易叟，崑山、長洲更聘爲儒學訓導，郡縣治易者多出其門，洪武中，舉授禮部郎中。此書卷前題長洲儒學訓導嘉定鄭以仁著，官爵邑里正合，必非二人。意者閎其本名，而以字行，仁與純又因聲同而傳寫之譌耶？其書專就本義衍通其旨，分别經、傳，一如朱子依古易篇次，更與後出淆雜者不同，惜上經已闕，而世尠傳本，未得其全也。」

方氏孝孺**大易枝辭**

佚。

錢謙益曰①：「孝孺，字希直，一字希古，世居臨海侯城里。洪武中，召至京，除蜀王府教授，獻王師事之，號其讀書之室曰正學，學者稱正學先生，亦曰侯城先生。建文帝召爲翰林博士，進侍講，靖難時以死殉。」

胡氏廣**等周易傳義大全**

二十四卷。又義例一卷。

存。

明成祖實録：「永樂十二年十一月甲寅，上諭行在翰林院學士胡廣，侍講楊榮、金幼孜曰：『五經、四書皆聖賢精義要道，其傳注之外，諸儒議論有發明餘蘊者，爾等采其切實之言，增附於下，務極精備，庶幾以垂後世。』命廣等總其事，仍命舉朝臣及在外教官有文學者同纂修，開館東華門外，命光禄寺給朝夕饌。十三年九月己酉，五經、四書大全成，廣等以進，上覽而嘉之，親製序於卷首，御奉天殿受之，命禮部刊賜天下。庚戌，賜纂修官翰林院學士兼左春坊大學士胡廣，右春坊右庶子兼翰林院侍講楊榮，右春坊右諭德兼翰林院侍講金幼孜，翰林院修撰蕭時中、陳循，編修周述、陳全、林誌②、李貞、陳景著，檢討余學夔、劉永清、黄壽生、陳燧、陳用，典籍黄約仲，庶吉士涂順，禮部郎中王羽，兵部郎中童謨，

---

① 「錢謙益曰」，四庫薈要本、文淵閣四庫本俱作「錢陸燦曰」，文津閣四庫本脱漏。

② 「林誌」，文津閣四庫本作「林志」。

禮部員外郎吴福，北京刑部員外郎吴嘉靖，禮部主事黄裳，刑部主事段民、洪順、沈昇、章敞、楊勉、周忱、吴紳，廣東道監察御史陳道潛，大理評事王選，太常寺博士黄福，北京國子監博士黄復原，太醫院御醫趙友同，泉州府儒學教授曾振，常州府儒學教授廖思敬，蘄州儒學正傅舟，大庾縣儒學教諭王進，濟陽縣儒學教諭杜觀，善化縣儒學教諭顔敬守，常州府儒學訓導①彭子斐，鎮江府儒學訓導留季安鈔幣有差，仍賜宴於禮部。」

按：永樂中詔修五經、四書大全，開館則給月饌，書成則賜鈔賜幣賜燕，又御製序文頒行，稱爲廣大悉備，不知胡廣諸人止就前儒之成編，一加抄録而去其名。如詩則取諸劉氏；書則取諸陳氏；春秋則取諸汪氏；四書則取諸倪氏；禮則於陳氏集説外，增益吴氏之纂言；易則天台、鄱陽二董氏，雙湖、雲峰二胡氏。於諸書外，全未寓目，所謂大全，乃至不全之書也。夫既竊其廩賜，並未效纖毫搜采之勤，攘私書爲官書，以罔其上，豈不顧博聞之士見而齒冷乎？即此可見胡廣心術之不純，而同事諸臣亦苟且游戲甚矣。

楊氏士奇**周易直指**

十卷。

未見。

① 「訓導」，文津閣四庫本作「教授」。

錢謙益曰①：「士奇，初名寓，以字行，泰和人。以辟召，事建文皇帝，入翰林。太宗靖難，改編修，入直文淵閣，歷事獻、景、裕三陵，累官少師、華蓋殿大學士。卒，贈太師，謚文貞。」

黄虞稷曰：「仁宗在東宫，命楊士奇纂卦爻、朱子本義要旨爲是書，以備觀覽，賜今名。」

王氏達**易經選注**

未見。

錢謙益曰②：「達，字達善，無錫人。洪武中，舉明經，除國子助教。永樂中，擢翰林編修，遷侍讀學士。」

趙氏友士**易義**

一卷。

佚。

楊士奇曰：「易義一册，建寧趙友士以教其徒者。趙故建寧經師，余爲審理時，趙爲伴讀，往還相好也，是編吴司業德潤得之以見遺者。」

---

①②「錢謙益曰」，四庫薈要本、文淵閣四庫本俱作「錢陸燦曰」，文津閣四庫本脱漏。

高氏暐**讀易日録**

未見。

黄虞稷曰：「暐，字汝晦，臨安人。永樂甲申進士，累官四川按察僉事。」

張氏文選**易經講義**

未見。

温州府志：「張文選，字士銓，永嘉人。永樂丙戌進士，改庶吉士。」

劉氏髦**石潭易傳撮要**

一卷。

〔四庫總目〕

蕭鎡序云「總爲四卷」，而此刻則僅有一卷，然門目與鎡序皆符，知無所佚闕。朱彝尊經義考亦作一卷，蓋重刻者所合併也。（卷七，頁十三，石潭易傳撮要一卷提要）

未見。

江西通志：「劉髦，字孟恂，永新人，永樂戊子舉人，學者稱石潭先生。」

林氏誌**周易集説**

三卷。

未見。

姓譜：「林誌，字尚默，閩縣人。永樂壬辰進士，累官右春坊右諭德，兼翰林院侍講。」

張氏敔**京氏易考**

未見。

人物考：「張敔，字伯起，合肥人。永樂中，貢入太學，除廣東道監察御史，遷陝西按察僉事。」

李氏賢**讀易記**

一卷。

存。

名臣言行録：「賢，字原德，河南鄧州人。宣德癸丑進士，仕至少保吏部尚書、華蓋殿大學士。卒，贈太師，謚文達。」

徐氏良**讀易指南**

佚。

湖廣總志：「徐良，字明善，邵陽人。宣德中，以經明行修，任本縣儒學訓導，秩滿，以薦擢知均州。」

劉氏定之**周易圖釋**

十二卷。一云三卷。

未見。

〔校記〕

四庫存目著録十二卷。（易，頁一三）

言行録：「定之，字主静，江西永新人。正統丙辰進士，仕至禮部左侍郎。卒，贈禮部尚書，謚文安。」

金氏潤**周易圖解**

佚。

應天府志：「金潤，字伯玉，上元人。正統戊午舉人，歷官南安知府。」

王氏恕玩易意見

二卷。

存。

恕自序曰："玩易意見者，老夫玩易軒中所得之意見也。弘治壬戌春，老夫偶得寒疾，少愈，就於臥内牖間觀書，不甚明白，乃於屋前搆一小軒，軒成，移於其中，取易玩之，雖細字亦無不見，遂以玩易名其軒，作記以識之。夫易本四聖之書，理義深奥，未易通曉，自漢、魏以來，諸儒①訓釋不一。至宋伊川程先生既爲之傳，晦庵朱先生又爲之本義，自是以來至於今，以二先生傳、義爲準的，師儒之講學、科目之取士，皆不外此而他求。然六十四卦、三百八十四爻之辭，二先生固已講貫訓釋明白，老夫依文尋義，間有不洽於心者，乃敢以己意言之，言之非敢自以爲是，願與四方學者商榷之，或有可取，不爲無補。苟或不然，必因此以發高明真知灼見之至論於久蘊深藏之餘，使四聖之道焕然大明於世，以淑諸人，亦老夫之志願也。"

言行録："恕，字宗貫，陝西三原人。正統戊辰進士，仕至太子太保、吏部尚書。卒，贈太師，謚端毅。"

張雲章曰："公爲學老而彌篤，是書成於暮年，序作於正德初元，公時已九十有一矣。書意在匡弼

① "諸儒"二字，文津閣四庫本脱漏。

程、朱，而不免於師心立説，讀者詳擇焉可也。」

包氏瑜**周易衍義**

佚。

括蒼彙紀：「包瑜，字希賢，青田人。景泰庚午舉人，官教諭，淮王聘爲客。著周易衍義、春秋講義，又①左傳事類四十卷。」

黄虞稷曰：「成化中，浮梁知縣。」

楊氏守陳**讀易私抄**

未見。

守陳自述曰：「易經古文以伏羲之卦，文王、周公之辭，孔子之十翼各分爲袠，則經、傳隔越而不通。今文自坤卦而後，以彖、象傳合綴於卦下，以小象傳分綴於爻下，則經、傳混雜而無别。惟若乾卦今文，則猶存古而且便今，斯亦可矣。程子之傳主義理，朱子本義主卜筮，各極其精。然易道廣大，卜筮特其一端，而學者非所當務。易理無窮，程、朱間有微漏，而諸儒亦或可補。故首抄古文，以見其原，次抄今文，皆同乾卦，而雜取於繫辭中之文言，分附於各卦之末，其經、傳之下，則各擇程、朱及諸儒之

① 「又」，文津閣四庫本脱漏。

説凡主義理者抄之，主占筮者不抄也。」

人物考：「楊守陳，字維新，鄞縣人。景泰辛未進士，累官吏部右侍郎。卒，謚文懿。所著有易、書、詩、三禮、孝經、大學、中庸、論、孟私抄凡數百卷。」

經義考卷五十

易四十九

劉氏誠**周易衍辭**

未見。

黄虞稷曰："誠，字敬之，雞澤人。天順丁丑進士，官至湖廣布政司參議，其書專辨焦氏納甲飛伏之非。"

沈氏瑶**易經比類**

一卷。

未見。

按：登科録沈瑶有二：一南直隸山陽人，天順丁丑進士；一武功左衛人，嘉靖癸丑進士，撰書者未詳何人。

吾氏㝷**周易傳義會同**

未見。

范路曰：「吾㝷，字景端，衢州開化人。天順己卯舉人，爲江浦教諭，時人稱曰文山先生，章楓山志其墓。」

張氏元禎**周易要語**

未見。

范路曰：「元禎，字廷祥，南昌人。天順庚辰進士，官至吏部左侍郎，學者稱東白先生。」

羅氏璟**周易程朱異同**

未見。

姓譜：「璟，字明仲，南城人。天順甲申進士第三，歷國子監祭酒。」

盧氏璣**河圖衍義**

未見。

繆泳曰：「璣，浙江松陽人，天順甲申進士。」

姚氏綬**大易天人合旨**

未見。

俞汝言曰：「姚綬，字公綬，嘉善人。天順甲申進士，官監察御史，嘗著大易天人合旨，而里中無有儲藏者，蓋名爲書畫所掩也。」

金氏旅**易意**

未見。

括蒼彙記：「金旅，字崇吉，麗水人。天順間歲貢生，仕爲雲南永昌府判。」

桑氏悦**易抄**

未見。

悦自述曰：「愚於孔子彖辭中發文王卦辭之意，成朱子志也。」又曰：「愚於易抄，説理以程子爲主，而輔以諸儒之論，或寓鄙見於其間。至後始言象占，亦不失文公本意也。」又曰：「愚於易抄，欲每卦先宓犧畫，次文王卦下繫辭，又次則周公六爻辭，始以孔子釋象爻等辭繼於後，而文言、繫辭等仍各自爲卷，庶幾四聖之易不亂，而學者亦易於觀覽。後得先儒董真卿所注之易，已先得吾心，遂用其例。」

錢謙益曰①：「悦，字民懌，常熟人。成化乙酉鄉薦，除泰和訓導，遷長沙通判，調柳州。」

羅氏倫**周易説旨**

四卷。

存。

言行録：「倫，字彝正，江西永豐人。成化丙戌進士第一，授翰林院修撰，疏奏大學士李賢奪情非是，落職，提舉泉州市舶司。明年，召還，復官，改南京，尋以疾辭歸。開門授徒，日以注經爲業，垂十年，卒於退居之金牛山，後追謚文毅。」

張氏昇**易爻用九六説**

一篇。

存。

沈進曰：「張昇，南城人。成化己丑進士第一，歷官太子太保、禮部尚書，謚文僖。」

---

① 「錢謙益曰」，四庫薈要本、文淵閣四庫本俱作「錢陸燦曰」，文津閣四庫本脱漏。

談氏綗**讀易愚慮**

二卷。

存。

綗自述曰：「綗愚且弱而多病，心雖嗜經，口不能誦，日惟玩索文義而已。慮之所及，多與傳注不合，心不能安，欲質人而言訥，存疑久矣。於兹衰老，遺忘頗多，閒中筆其一二，以付兒輩，相與就正有道。時正德改元丙寅春。」

易㪍圖義

一卷。

存。

卜筮節要

一卷。

存。

綗自序曰：「易之用，莫妙於卜筮，所謂神以知來也；莫難於卜筮，所謂極數知來也。八卦定吉凶，吉凶生大業，又孰要於卜筮哉？大衍畢天下之能事，何可不講？夫幽贊神明，而生蓍衍之由也；參天兩地，而倚數衍之法也。觀變陰陽，衍天道也；發揮剛柔，衍地道也。和順道德而理於義，窮理盡性以至於命，衍人道之極功也。所係如此，可不講夫？」

易義雜言

一卷。

存。

易指攷辨

一卷。

存。

綗自序曰：「康節邵氏天分甚高，數學甚精，二程雖曰外之，亦莫屈其雄論，天下學士望風而靡，孰敢抗衡？然而不本聖經，本乎李、穆之傳，掠乎揚、京之緒。數其數，而非易之所謂數；理其理，而非易之所謂理；專先天而略後天，律乎聖經，其誤多矣，此易考圖義所由作也。然初亦不肯直言其誤，惟自立說以明易耳。而人之惑者既深，其牖不啓，吾約何納，不直則道不見，我且直之，愚能已哉。於是申明則圖之義，以窮其源；中推別卦之義，以泝其流；末即源流以明其誤，以翼圖義。直且辨矣。語曰：『予豈好辨哉？予不得已也。』」

曹溶曰：「綗，無錫人，成化己丑進士。」

謝氏理**周易解**

未見。

太平府志：「謝理，字一卿，成化壬辰進士，著周易、春秋解。」

洪氏貫**周易解疑**

未見。

錢謙益曰①：「貫，字唯卿，鄞縣人。成化丁酉舉人，從化知縣。」

葉氏應**易卦方位次序圖**

一卷。

未見。

廣東通志：「葉應，字子唯，歸善人。成化戊戌進士，廣西慶遠知府。」

① 「錢謙益曰」，四庫薈要本、文淵閣四庫本俱作「錢陸燦曰」，文津閣四庫本作「寧波府志」。

吴氏璉**周易訂疑**

未見。

南海縣志：「吴璉，字美中。成化甲辰進士，知含山、進賢二縣事。」

李氏承恩**易大義**

佚。

陸元輔曰：「承恩，嘉魚人，成化甲辰進士。」

蔡氏清**周易蒙引**

二十四卷。

〔校記〕

四庫本十二卷，丁氏八千卷樓書目載明刊本廿四卷。（易，頁一三）

存。

人物考：「蔡清，字介夫，晉江人。成化甲辰進士，除禮部主事，改吏部，歷員外，尋遷禮部郎中，出爲江西提學副使，忤寧藩，遂致仕。正德三年，起南京國子監祭酒，未至，卒。」

嘉靖八年直隸松江府推官蔡存遠奏：「臣聞君道莫先乎立教，立教莫重乎經術，漢求遺書而置五經博士，唐開弘文而集五經注疏，雖未還乎粹古，要爲知所先務也。矧五經之首，實惟周易，始自伏羲畫卦，而周文係以彖、爻，孔子贊以十傳，四聖之精，具於是焉。其後王弼談玄、京房演數，去古益遠，學失真傳。爰至宋儒，得其宗旨，惟程之易傳、朱之本義，然讀者多枝蔓於辭，而卒莫究於理，明而復晦，弊也久矣。竊念臣父蔡清少習易經，頗能心契，自鄉解而登甲科，由督學而擢祭酒，仕宦所至，專意講易，門徒相授，無慮千數，舉世謬稱以爲專門焉者。悼世俗之見，執泥象辭而支離於形下，宗程、朱之言，研究陰陽而特達於虛中，觀先天後天而漸悟，洞太極無極以深造，手不停披，迄裁衆説，積有成編，僭名蒙引。向惟藏之篋笥，若有待於明時，不幸謝世，未及獻呈。而臣忝舉鄉闈，叨登甲第，所以蒙陛下之恩澤而進身者，皆臣父教以一經而致然也，臣不自揣，敬用謄寫，上塵陛下乙夜之覽，倘或有取其一得，庶幾足發乎經學。伏望陛下焕發德音，俯賜收納，貯之内閣，以備昭代專經之説，頒之禮部，以開天下諸生之學。則億兆臣民仰見陛下右文之治，皆顒顒然以興起，而通今學古之士，將輩出以效用矣。爲此將臣父蔡清所著易經蒙引，每部二十六册，正、副二部共五十二册，隨本親賫①等。」因奉世廟聖旨：「所進書籍，正本朕留覽，副本發禮部看詳回奏。」禮部尚書李覆：「故祭酒蔡清潛心易學，專意注疏，平生精力所得，盡在蒙引一書，真足羽翼聖經，開示後學，合無候命下之日，本部行福建提學副使將易經蒙引訂証明白，發刊書坊，庶幾可以傳播遠邇。嘉靖八年十月朔奉旨是。」

①「賫」，文津閣四庫本作「齎」。

明神宗實録：「萬曆二年，工科李熙題原任南京國子監祭酒蔡清，少而志學，壯而聞道，飭功①砥行，動準古人，歷官郎署，咸推師表。嘗賀寧王壽旦，獨去朝服，中蔽膝，大忤寧藩，引疾致仕。居家經學自娱，四書、易經各著蒙引，發揮羽翼之功，信非渺小。雖祀鄉賢，未蒙特典，乞賜建祠，專祀其鄉，禮部覆請，得報依議。」

〔補正〕

明神宗實録條内「飭功砥行」，「功」當作「躬」。（卷二，頁八—九）

林希元序曰：「虚齋蔡子以理學名，成化、弘治間易説若干卷，坊間有舊刻，顧荒缺弗理，人有遺恨。三子存微、存遠、存警雅嗣先志，各出家本以增校，予屬禄仕，分心未之及也，退居暇日，始克成事。書成，將刻之，庸書數言以告學者曰：『嗟乎！易豈易言哉！夫五經之有易，猶衆水之有海也，海不可列於衆水，易可列於五經哉。夫詩、書、禮、樂、春秋，皆經也，然章自爲意，句自爲義。易則不然，稽實以待虚，托一以該萬，以六十四卦、三百八十四爻冒天下之道，豈與諸經比哉？聖人以辭而説易，猶人以舟而涉海，涉海者乘長風破巨浪，窮力之所至，謂之見海則可，謂盡海之觀，則未也。説易者擬形容象物，宜窮意之所至，謂之見易則可，謂盡易之藴，則未也。是故易可象而不可言，可言而不可盡，聖人其猶病諸，況其下者乎？河南見理而遺數，建安舉數以兼理，二者不同，要亦齊、魯之間耳，蔡子之説，何以過是？然近世諸儒説經，未能或之先也。或者見其字分句解，遂目之爲訓詁，吾取其大者而

① 「功」，依補正、四庫薈要本、文淵閣四庫本、文津閣四庫本應作「躬」。

已，訓詁非所知也；或者見其旁論遠引，遂目之爲支離，吾取其近者而已，支離非所知也。學者信吾所知，所不知者，置之以俟他日，斯則切問近思之學矣。』」

謝廷讚序曰：「易之爲道，廣矣大矣。至人窮理，至絶韋折擿，思假以數年；儒者窮訓詁，至寐以魂交而神與，先告其精也。如是，繼乃歧爲京房、翼奉、孟喜、郎顗之學，幾爲讖緯之書。夫以三極之理，貶而爲禨祥，無乃過與？程子著易傳，高出王弼諸傳注之上；朱子著①本義，一取法於宣聖小象，言約而解微，詁近而旨②遠。明興，虚齋先生佐之以蒙引一書，爲本義之疏。蓋宣父有功於易，朱子有功於宣尼，而蔡先生復有功於本義，此經此傳遂揭日月而行之中天矣。」

王氏雲鳳**訂正復古易**

十二篇。

未見。

雲鳳後序曰：「秦以易爲卜筮書，得不焚，故易在六籍中爲完書。漢人有以十翼冠一傳字於其首，而統附於上、下經二篇之後者，或曰費直爲之。今考其本傳，則曰『以彖、象、繫辭、文言解説上、下經』而已，豈費氏始以傳説經，其徒轉相傳授，遂自附其後與？厥後鄭玄始析彖、象附於各卦之末，王弼宗

① 「著」，文津閣四庫本脱漏。

② 「旨」，文津閣四庫本作「指」。

之，復以彖併大象，綴於各卦之下，小象綴於各爻之下，而乾則仍其舊，又增文言①於乾、坤之後，雖欲使學者尋省易了，而不知孔子之易，固未可爲文王、周公之易也。程子作傳，亦用弼本，汲郡呂氏、嵩山晁氏始欲復古，經、傳各爲一書，而間有未盡合者；東萊呂氏又更定著，始復孔子之舊，而朱子因之，以作本義。嗚乎！易之爲書也，廣大悉備，是以儒者尚之，然穿鑿於漢人之支離，假托於異端之邪曲，書雖存而道則晦矣。書不亡，猶可以明道，而鄭、王二子乃割裂混亂焉，遂使千百年來世不復見古聖人之完書，其亦不幸矣哉。朱子復求古易，所取甚博，卒從東萊，所以處之者已審，後聖有作，蓋無以易。而董、張、胡、陳諸家相繼②攘臂而起，各用己見，更置紛紛。迄我朝儒臣纂輯諸經，於易謂程、朱不可偏廢，乃從程氏本，而以本義分附之，且有删改於其間。自是朱、呂之易復爲鄭、王之易，而讀本義者，往往有不得其説者矣。嘗與莆田宋孔時談易，孔時屬余繕寫如朱、呂元③本，於是更加考究，以就此編，藏之巾笥，用備私覽，且以就正於同志君子云。」

陸元輔曰：「王雲鳳，字應韶，和順人。成化甲辰進士，歷官巡撫宣府、副都御史。所居在縣之虎谷，因以爲號，與虛齋蔡氏爲同年，而師事之。」

①「文言」，文津閣四庫本誤作「文王」。
②「相繼」二字，文津閣四庫本脱漏。
③「元」，文津閣四庫本作「原」。

楊氏廉先天後天圖學考正

未見。

桑悦序曰：「連山、歸藏，夏、商之易，有無不可知，而伏羲之易爲周易之宗祖，則確然之理也。伏羲卦圖爲方外閟之已久，逮宋康節邵先生遂指出之爲先天圖①，而以文王之卦爲後天，至朱子亦尊信而表章之也。方正楊先生合二圖②，會先儒議論，剖析詳明，謂非深明易道者耶？且言孔子云：『先天而天弗違，後天而奉天時。』謂天人合一事，而與前二圖無干涉，實有卓然之見者矣。」

廉自序曰：「易始於伏羲，止有卦圖而已，其後夏、商、周之易因之以演。夏曰連山，以艮爲首；商曰歸藏，以坤爲首；周曰周易，以乾爲首。當孔子贊周易之③時，伏羲、夏、商之易尚存，孔子猶及見之，觀其論伏羲之易而兼取於坤藏之義，吾知其有見於商之易矣；論文王之易而兼取於艮始之義，吾知其有見於夏之易矣。至於易有太極、兩儀、四象以及天地定位、數往知來之説，發明極詳，非以伏羲卦圖日諦視之，不至是也。然自孔子而後，僅有周易孤行，其餘三易遂寖以隱。夫連山、歸藏隱，而易塞其流，伏羲卦圖隱，而易迷其源。求黄河而不於崑崙，求江、漢而不於嶓冢④、岷山，可

①② 「圖」，文津閣四庫本誤作「國」。
③ 「之」，文津閣四庫本脱漏。
④ 「嶓冢」，依補正、四庫薈要本、文淵閣四庫本、文津閣四庫本應作「嶓冢」。

乎？不然，孔子所贊者，周易耳，而何其言伏羲之易，不一而足哉？寥寥千載，至宋邵子始得伏羲卦圖而推明之，以復傳於世，而於文王八卦亦兼明之；以伏羲易爲先天，以文王易爲後天，邵子之功，不其大哉？自邵子之傳此易，如林栗、袁樞輩，往往詆之，非朱子作啓蒙、本義以力主其説，亦未必盛傳於世如今也，朱子之功，不其大哉？予少即治易，特爲科舉之學，未能深究，近於暇日取先天、後天卦圖潛思默玩，似覺有味，僭爲考證，以便檢閲。嗚呼！言之所會者淺，象之所會者深，知易君子，尚其有以誨予哉。」

〔補正〕

自序内「嶓冢」，「嶓」當作「嶓」。（卷二，頁九）

范路曰：「楊廉，字方震①，豐城人。成化丁未進士，歷官南京禮部尚書，謚文恪，學者稱月湖先生。」

王氏啓**周易傳疏**

未見。

台州府志：「王啓，字景昭，黄巖人。成化丁未進士，歷官刑部右侍郎，學者稱東瀛先生。」

① 「方震」，文津閣四庫本作「震」。

朱氏綬易經精藴

二十四卷。

存。

都穆序曰：「客有問穆者曰：『易有卜筮之道乎？』穆曰：『然。』『主卜筮而作乎？』曰：『否，請以水喻。崑崙上源發而爲江、漢、河、淮，以迨溝、澗、溪、渠，皆水也。居溪者曰水以溪而生也，濱江者曰水以澗而出也，舉一廢百，知水不亦淺乎？夫易，備天地之道者也，莫大於天地，而易備其道焉，所以爲開物成務之本也。庖犧氏者，具是道者也；文王、周、孔①，闡明是道者也。孔子曰：「假我數年，卒以學易，可以無大過矣。」夫以大成之聖，欲學易以免過，易之道可知矣。豈卜筮所可盡哉？陰陽、剛柔、仁義之道，象辭變占之理，至精至備，聖人居則觀其象而玩其辭，動則觀其變而玩其占，定之以仁義中正而主静，立人極焉。天下事物之理，千變萬化，皆由此出，而爲萬世人道之準，君子修之則吉，小人悖之則凶，惟百姓日用而不知，故立卜筮之法，使之因筮玩占而趨避焉。是則引愚翊②弱之微意耳，明乎易而克體之者，弗事焉。夫易以河圖而作，疇以洛書而敘，圖、書相爲表裏，觀疇可以知易矣。夫龜者，卜之序也，負文出洛，宜專主夫卜也。禹乃第稽疑於六疇之末，其不重卜也明矣。皇極之建，即人極之

① 「周、孔」，文津閣四庫本作「周公」。

② 「翊」，文淵閣四庫本作「翼」。

立也；五行者，陰陽剛柔之用也；五事①者，仁義中正之器也；五紀，象也；八政三德，變也；箕疇，辭也；稽疑，占也。占居象辭變之後，稽疑居八政三德之末，易、疇之意，概可見矣。故主卜筮而擬易者，水因江溪而生也；舍卜筮而言易者，水流而外江溪也；惡足以尚論千古，而明四聖之心哉？』嗚呼！義理無窮，而人心之靈可以默會。穆也因本義以發身際時，而忝在位，曷敢妄爲異同，第以義理大閑，不容終嘿，而著作弗遑，莫能仰裨本義，每用耿耿。伏覩文佩朱公易經精蘊，而深契焉，其言推本崇正，擴前哲所未發，其有功於易也大矣，因述所以對客者序之。公名綬，登丁未進士，由翰林檢討出相楚藩，未老而休，故能深探乎易，可嘉也已。」

邵寶②序曰：「易爲性命道德之原，而開物成務，仲尼贊之詳矣。惟其道無不備，故百氏宗之、卜筮者伎之，至微者也。自朱子本義一出，學者翕然從之。夫方術談於庸醫，聽者不能什一，惟夫和、扁一言，雖或盡變軒、岐之書，人將謂其有據也。朱子名冠諸儒，道行今古，誠吾儒之和、扁矣，專主卜筮之③説，疇不謂其有據④乎哉？庠序以之而教人，科目因之而取士，習尚成風，安固而不搖矣。嗚呼！此文佩朱公所以深懼，而精蘊之書不容於不作也。書凡二十四卷，首原羲、文作易之意，繼言陰陽闔闢之機，以明繼善成性之德，一以孔子義理之言爲主。至於太極理氣之分，無極本原之義，又先儒所未發

① 「五事」，文津閣四庫本作「五行」。
② 「邵寶」，文津閣四庫本作「邵賓」。
③ 「之」，文津閣四庫本脱漏。
④ 「有據」，文津閣四庫本作「有據也」。

者，按卦推辭，隨爻析義，一覽之間，而四聖之心昭然在目，其有功於斯道也大矣。雖然，本義無心於晦道，精蘊豈有心於矯弊哉？一念所主，而①得失因之，紫陽有知，必將感其救正之功也，君曰有罪，此豈然哉？」

綬自序曰：「易經精蘊者，闡揚四聖之精蘊也。周子曰：『聖人之精，畫卦以示；聖人之蘊，因卦以發。』其蘊維何？凡彖傳、文言、繫辭、説卦皆是。若所謂各正性命，繼善成性，始開性命之源②，以成天下之務，其大易之源乎？宋儒以周禮言太卜掌三易，故專作卜筮之書，歷詆大聖理義之言，不少假借。愚於此大懼，深求其病，只作太卜掌三易之一言耳。不知易有理、有象、有數，理即蘊之發，象即精之寓，數因一以積。畫卦示象之吉凶，繫辭論理之吉凶，數之吉凶未之明，故立筮人掌三易，以辨九筮之吉凶也。觀象玩辭，聖人體易，君子學易，以成盛德大業，至矣。庸人不能，故立占人、筮人七八九六、揲蓍求卦，不過筮更筮，咸尤細事耳，末矣。太卜所領，大事卜、小事筮，筮短龜長，故聖人列筮人於龜人之下，卑之也。易無不該，天地有此數，不立筮法以成變化，則天地間缺此一藝，非謂易道③、易象之大舉在此筮，專作占筮之書也。夫子欲加年學易，期無大過，豈在占筮乎？況占筮專於動而不主於靜，一於用而不由於體，求諸神而不求諸己，失無算矣。使一委之卜筮，而平日無玩易之功，遇吉行之

① 「而」，文津閣四庫本脱漏。
② 「源」，文津閣四庫本作「原」。
③ 「易道」二字，文津閣四庫本脱漏。

而已，遇凶避之而已，君子將何以自彊不息，將何以厚德載物？學者無用辯悔吝之介，無用震无咎之悔，六十四卦訓戒之言，皆作虚文矣。宋儒又謂有伏羲之易，有文王之易，有孔子之易；愚謂伏羲生於上古，故作先天易，開物以後也；文王生於中古，故作後天易，成物①以後也。先天，易之體，後天，易之用。孔子因先天卦而發己之藴者，即發伏羲之藴也；因後天卦而發己之藴者，即發文王之藴也；豈復更有孔子之易哉？嗚呼！易居五經之首，道爲天地之先，乃爲一數所掩，寧無害道？洪惟聖朝用爲首經取士，崇道至矣，第經生學士只在占筮授受，豈不誤甚？無由挽之回車就道，徒抱憤耳。皓首窮經，積有歲月，勞無補也。自知得罪於先儒，取譏當世，獨賴聖人爲之依歸，用以自解云。」

① 「物」，文淵閣四庫本作「務」。

經義考卷五十一

易五十

劉氏績**周易正訓**

未見。

績自序曰：「易，變易也。惟其變，故不滯於一，其用通而不窮，大事小事、一時萬世，民咸用之，故曰：『彰往而察來，因貳以濟民行。』伏羲畫卦、文王彖、周公爻、孔子十翼，先聖後聖，用心一而已矣。雖然，畫之所示無方，言之所指有限，故卦六位即成，繫辭不一而足；知幽明之故、死生之説、鬼神之情狀，體也、道也；尚辭、尚變①、尚象、尚占，用也、器也。引申觸類，又驗之以天文地理、人情物宜，然後可以進德修業、居夷險、處治亂、消息虛盈，無往無時不宜。成位乎中，而於易庶幾焉。故易非聖人不

① 「尚變」二字，文淵閣四庫本脱漏。

能作，非君子不能用。自孟軻没，而失其傳；漢以來，紊亂古經，以爲卜筮之書；宋儒仍之，晦作者之意；豈足以知下學上達、潔静精微之旨哉？績當道微之時，固陋僻居，懼斯文泯滅，采程、朱合經者，附己意作訓。使學者知易道之大，千萬里之遠一轍，千萬世之久一致。窮理盡性，以至於命，後必有知予言之不誣者。」

湖廣通志：「績，字□□①，江夏人，弘治庚戌進士。」

胡氏易**易經淵源**

佚。

江西通志：「胡易，字光貞，寧都人。弘治庚戌進士，官吏科給事中。」

王氏緒**易學辯②疑**

未見。

黄虞稷曰：「緒，字紹夫，江西樂平③人。弘治壬子舉人，四川忠州知州。」

---

① 「□□」，文淵閣四庫本作「懋功」。
② 「辯」，文淵閣四庫本作「辨」。
③ 「樂平」，文津閣四庫本誤作「平樂」。

諸葛氏駿易經集説

未見。

閩書：「駿，字文敏，晉江人。弘治壬子舉人，除永嘉縣儒學訓導，著有易經集説。」

何氏孟春易疑①初筮告蒙約

十二卷。

存。

孟春自序曰：「六經去聖久遠，簡錯文誤，後學類難讀，易爲尤難。史記：『秦焚書，周易獨以卜筮存。』漢募群書，易獨完，胡乃亦②錯誤而使人難讀也。易自翼後，五傳至田何，何後分爲施、孟、梁丘，並列學官，而傳民間者，有費直學。田何之易經與傳十二篇，易之本經也，施、孟、梁丘同出於何，大都易在漢無弗祖田氏者。傳言劉向以中古文校施、孟、梁丘，或脱去『无咎』、『悔亡』，惟費與古文合，不知所謂古文，又傳自誰氏。先儒謂易家著書自王同始，按傳，何授王同、周王孫、丁寬、服生，皆著傳數篇，

① 「易疑」，文津閣四庫本作「易經」。

② 「亦」，文津閣四庫本脱漏。

何①於寬有『易已東矣』之嘆。小章句不知視王所著果誰先後，然則謂著書自同始，吾烏敢②斷其然也？費學傳載其以彖、象、文言等十篇解上、下經，彖、象、文言雜入卦中，實始費氏，東京馬、鄭皆傳之。費學既興，施、孟、梁丘暨京氏學皆廢。歐陽公云③：『田之學息，而古④十二篇之易亡矣。』春惟脱去『无咎』、『悔亡』者，其亡在文；彖、象、文言入卦中者，其亡在簡。簡錯不能無軼，文誤不能無闕，錯誤軼闕，於古文均之爲亡，而不亡者固存也。朱子末年嘗悔解經支離，與張敬夫書有『方知漢儒善説經』語，以漢儒只説訓詁，使人就此訓詁玩索經旨，意味特深長也。且夫易本義，朱子著述中未嘗自滿，而序吕伯恭音訓謂其猶或有所遺脱，他日答劉君房滕珙書，本義有模印之戒、音訓有改易之屬。夫音訓，吕蓋併陸德明、晁景迂書足之者。德明釋文兼存别本，使人得以所見去取；景迂又得九十五家，是正其文，厥功不細。吕既會粹⑤成書，朱子欲修補焉，漢以來諸儒傳注，蓋未嘗敢忽也。晦庵裔孫鑑音訓跋云：『先公經傳悉加音訓，易獨否者，以有東萊此書。』今讀者乃秖知本義，而不知有音訓，此春易疑初筮告蒙約之所爲録也。此書春始名音訓補，從晦庵志，而復標今名者，晦庵自言某易簡略，音訓則欲補其遺脱。晁景迂所謂古訓詁簡而全，雖數十字同一訓，雖一字兼數用者，晦庵之所甚契，而春之所爲

① 「何」，文津閣四庫本脱漏。
② 「敢」，文津閣四庫本脱漏。
③ 「云」，文津閣四庫本作「曰」。
④ 「古」，文津閣四庫本脱漏。
⑤ 「粹」，四庫薈要本、文淵閣四庫本、備要本俱誤作「梓」。

取於約也。嗚呼！今之讀易君子，未有不患其難者，難則疑，疑則筮，不憤不啓，不悱不發，舉一隅不以三隅反，則不復也，於蒙之繇辭見之矣。春此書志在從古，經、傳各卷下鄙意已悉，而各章句下尤詳，句讀、字義、聲韻之奇詭者，在我晦庵前如陸、晁、吕氏所輯咸在，而春之所記憶及晦庵後各家注，凡若此者，參入焉以存其疑。晦庵語録與本義不同者，必具書而互約，飛伏、象數、占驗等類，亦間録一二，以備其例。是固晦庵所謂易中無所不有，苟其言推而通，則亦無害於易者也。嗚呼！傳有之：『潔静精微，易之教也。』荀卿子曰：『善爲易者不占。』魏管輅曰：『善易者不論易。』或勸輅注易，曰：『安可注？』唐劉迅作六書繼六經，惟易闕不敘。春之始爲此書也，病其弗博，而終爲此書序也，又懼其病吾約，因冠數圖於首，以爲告蒙者，告非不自知其不可也。」

林俊曰：「古易數家，惟吕伯恭本尤善，朱子本義是據，而音訓補有缺然者。郴陽何燕泉先生是集始名音訓補，既又曰易疑初筮告蒙約，易復於古，釐大象别之、繫辭合之，寓不敢當作者之意，附獨得其間，擴朱子所未備，其於易深矣。」

張志淳曰：「今之談易者，自程傳、朱本義外無聞焉，乃有并程傳不識者矣。學官之教士如是，科舉之取士如是，況泝而上之魏、晉諸家乎？今觀燕泉先生易疑初筮之書，可謂深於道矣。蓋推本原始，則經、傳分合之義不可忽也；誦辭訂聲，則音韵翻切之細不可紊也；潛心默契，則本義之未滿於朱子者不可不究也；博求約取，則漢儒之論與夫飛伏、象數、占驗之類不可不知也。如是則窮理致用，四聖之藴庶無遺矣。」

錢謙益曰①：「孟春，字子元，郴州人。弘治癸丑進士，除兵部職方主事，歷郎中，出補河南參政，入爲太僕卿，以僉都御史巡撫雲南，召爲吏部右侍郎。世廟即位，詔議尊親禮，子元率部院臺諫跪泣於左順門，左遷南工部右侍郎，無何，削籍。穆廟初，追贈禮部尚書，謚文簡。」

胡氏世寧**讀易私記**

四卷。

未見。

姓譜：「世寧，字永清，仁和人。弘治癸丑進士，江西按察時上疏論宸濠反狀，繫錦衣獄，減死，戍遼東。濠誅，起陞僉都御史，歷兵部尚書，贈少保，謚端毅。」

何氏垕**易經解**

未見。

建昌府志：「何垕，字朝舉，新城人。弘治癸丑進士，程番知府。」

陳氏鳳梧**集定古易**

十二卷。

---

①「錢謙益曰」，四庫薈要本、文淵閣四庫本俱作「錢陸燦曰」，文津閣四庫本脱漏。

存。

張雲章曰：「廬陵陳鳳梧，字文鳴，號静齋。弘治丙辰進士，武宗朝官南京吏部侍郎，兼右都御史，巡撫應天。卒，贈工部尚書。其所著書，羅允升嘗稱之曰：『旁搜約取，率有定見，而不爲苟同。』此書經、傳皆用古字，意在復費氏之舊，上下篇惟取本義爲釋，彖、象、文言則兼程、朱，餘或取草廬吴氏，其旁及他家者甚少也。」

童氏品**周易翼義**

未見。

人物考：「童品，字廷式，蘭谿人。弘治丙辰進士，官兵部員外郎。所著有周易翼義、春秋經傳辨疑、禮記大旨。」

劉氏玉**執齋易圖説**

一卷。

存。

楊愼曰：「執齋先天、後天、圓圖、方圖、卦變説，義理極精，先儒未發，觀之犁然當於心，可入周易義疏，不第爲一家之言而已。」

盛子鄴曰：「劉玉，萬安人。弘治丙辰進士，歷官刑部左侍郎，贈尚書，謚端敏。」

左氏輔**周易本義附説**

未見。

黄虞稷曰："輔，字弼之，涇縣人。弘治丙辰進士，寧州知州。"

周易圖説

一篇。

存。

錢氏貴**易通**

未見。

黄虞稷曰："貴，字元抑，吴人。弘治戊午舉人，鴻臚寺丞。"

許氏誥**圖書管見**

一卷。

存。

誥自序曰："河圖、洛書，萬世文字之始，羲、文因以造易，禹、箕敘而作範，凡儒者皆所當知，不特習易與書者宜究心也。河圖則孔子固已言之,惟洛書未經孔子之論,以故初學之士往往不能明其指歸。暇日因采集諸書,附以己見,論著同異,爲十有二章,以便觀覽。固未能盡究精微之藴,亦可粗得乎位數之末,録而藏之,用訓子弟,非敢以示人也。九疇之數合於洛書,雖有諸儒之論,皆牽合附會,不足發明先聖之意,惟玉齋胡氏謂禹參酌天時人事而類之,不必盡協乎木、火、土、金之位,斯言庶幾近之矣。」

人物考:「誥,字廷綸,靈寶人。弘治己未進士,歷官南京户部尚書。」

都氏穆**周易考異**

未見。

錢謙益曰①:「穆,字玄敬,吴縣人。弘治己未進士,授工部都水主事,歷禮部主客郎中,年五十四,乞休,加太僕少卿致仕。」

童氏器**易經講意**

佚。

① 「錢謙益曰」,四庫薈要本、文淵閣四庫本俱作「錢陸燦曰」,文津閣四庫本脱漏。

温洲府志：「器，字大用，平陽縣①人。弘治己未進士，鎮遠知府。」

周氏用讀易日記

一卷。

存。

鄒元標序曰：「予官南比部，知恭肅公之爲昭代名臣也，乃公裔孫有以先集見遺者，知公學博而正，近又從公曾孫侍御君季侯得公讀易記，莊誦一再過，知公學淵矣。易之一書，體天地之撰，通神明之德，廣大悉備，畢生不能殫其奥。予林居三十年，知千聖心法備載無遺，吾儒欲通性命之精②，舍此别無津筏。而世儒於稍涉性命語，輒以爲禪、爲異端。何思何慮、寂然不動是何物，『乾，元亨利貞』作何解，恐非學究語能竟，宜公之老，而屈首探其奥也。公所筆記於先後天卦圖、爻象剛柔之旨，語雖寥寥，實抉窔奥。先輩之軒揭一世，豈偶然哉？」

錢謙益曰③：「用，字行之，吴江④人。弘治壬戌進士，授行人，遷南京工科給事中，出爲廣東參議，歷副使布政，召爲右副都御史，歷吏、刑二部侍郎，工、刑二部尚書，以左都御史加太子少保特詔爲吏部

① 「平陽縣」，備要本作「平陽」。
② 「性命之精」，文津閣四庫本誤作「神明之德」。
③ 「錢謙益曰」，四庫薈要本、文淵閣四庫本俱作「錢陸燦曰」，文津閣四庫本脱漏。
④ 「吴江」，文津閣四庫本作「蘇之吴江」。

尚書，卒於位，贈太子太保，謚恭肅。」

鄭氏禧**周易本義音釋**

佚。

括蒼彙紀：「鄭禧，縉雲人。弘治甲子舉人，官信陽知州。」

崔氏銑**讀易餘言**

五卷。

存。

銑自序曰：「銑童丱居陝，聞蜀蘇氏茂之講易，心樂之，先君子亦篤好是經，手録以訓。及壯，仕於京，官翰林，得閱秘書，至今五十年，憂喜夷險，履行處運，無一日不體夫易也。羲皇①卦畫，文王、周公繫辭，夫子作翼，一也。因夫子之贊，明三聖之旨，以貞夫變、以正其履，傳是者倡於王弼，備於程子，斯時之宜也，易之要也。爰述管見，以暢二氏之疑。」

① 「羲皇」，文津閣四庫本作「羲王」。

易大象説

一卷。

存。

銑自序曰：「先聖贊易，彖、爻隨文生解，繫辭以下，兼明羲畫，惟大象探卦爻之賾，示民用之宜，雖剥爛夷誅①，可安宅涖衆。是故不待布筮列卦，而能立己澤物，雖②用三聖之文，别發大道。於乎？其孔子易③也與？程、朱傳、義闡微挈藴，於象則略，諸儒求義於賾，或乃迂曲不通。先南郭君耄年讀易不輟，不肖銑少受庭訓，日味聖言，今年在艾耆之間，乃④考諸家，乃出臆見，裁截敷衍，綴爲一卷，差若詳明，可訓蒙士。」

言行録：「銑，字子鍾，河南安陽人。弘治乙丑進士，仕至禮部右侍郎。卒，謚文敏。」

黄省曾曰：「公性淵醇清卲，卓然鉅儒，燕居著書者數矣。若易象、春秋傳説，皆仲尼之心也。」

楊時喬曰：「崔公恬退力行，方時學興，獨首明程、朱，其曰：『朱子之訓，孔子之教也。』又謂時學假言知以掩其知之不真、行之不力，著洹詞數卷，有功於道，晚著易大象説，多精微自得之旨。」

---

① 「剥爛夷誅」，文津閣四庫本作「當剥尚損」。

② 「雖」，文津閣四庫本作「雜」。

③ 「孔子易」，四庫薈要本、文津閣四庫本、備要本俱作「孔易」。

④ 「乃」，文津閣四庫本作「歷」。

〔四庫總目〕

朱彝尊經義考載銑讀易餘言五卷，又載銑易大象説一卷。考此書第三卷即大象説，彝尊以其別本單行，遂析爲二，偶未考也。今附著於此，不更複出焉。（卷五，頁三—四，讀易餘言五卷提要）

湛氏若水**修復古易經傳訓測**

十卷。

存。

若水自序曰：「昔者伏羲作易，有卦畫焉而已矣。伏羲之易行數千年，而後有文王、周公，未聞待文王、周公之彖、爻而後可行也。羲、文之易又行數百年，而後有孔子，未聞待孔子之傳而後可行也。由羲、文之①上，其説簡；由孔子之下，其説長。其説簡，所以待上士也；其説長，所以待下士也。世之降也，孔子之不得已也。自孔子之後，又數千年，善治易者，吾獨取費直焉。以孔子之十傳明羲、文、周公之經。然而易之道，直未之知也。夫易傳，孔子所以體天地之道，盡人物之理，窮變化之奥也，直數焉而已哉。故韋編三絶，以窮夫②易之道；由文王、周公之易，以窮伏羲之易；由伏羲之易，以窮身心之易；由身心之易，以窮天地人物之易；是故十傳作焉，廣大悉備至矣。夫十傳，所以解經者也，後之

① 「之」，文津閣四庫本作「而」。

② 「夫」，文津閣四庫本作「大」。

儒者，於經而解之，又以傳而分附之，不亦贅而支也乎？予頗竊見此意，以末學而未敢自是，不輕易著作者數年，乃江都葛生澗深知篤信，懇請爲學者俛焉正之，乃爲出羲、文、周公之易，復爲上、下經，而取孔子之翼爲後人所分附者，復合而爲十傳，讀孔子之傳以明羲、文、周公之經，曉然矣。其舊本多有錯簡，如重出『亢龍有悔』以下十九條，乃文言之文，而錯簡散逸於繫辭者，今亦①因與釐正，復歸文言之後。十傳篇次或爲後人所訛者，稍加更定，而著其義。夫然後易爲全書矣。於孔子十傳，則稍出愚見，因言求義②，而各爲之測；於三聖之經，則全本文，第令葛生等采測義作旁識，而不爲之說。俾學者因測以明傳，因傳以明經，庶乎天下後世復見古易之大全③，而四聖之心或可得矣。」

張雲章曰：「增城湛文簡公，字元明。弘治乙丑進士，仕至南京吏部尚書。少學於同郡陳白沙，官京師，與王陽明往復議論，自後無日不講學，所至爲白沙建祠，多立書院，從遊者幾遍天下，學者稱甘泉先生，其④所著有發揮經傳者，皆以測名其書。」

顧氏應祥**讀易愚得**

一卷。

① 「今亦」二字，四庫薈要本脱漏。
② 「義」，文津閣四庫本誤作「易」。
③ 「全」，文津閣四庫本脱漏。
④ 「其」，四庫薈要本脱漏。

未見。

楊時喬曰：「箬溪書言先後天①，辨歐陽子論繫辭，辨京房、郭璞變占之誤②。」

姓譜：「應祥，字惟賢，長興人。弘治乙丑進士，官刑部尚書。」

安氏磐**易牖**

佚。

楊慎曰：「安公石作易牖，其説曰：『天下之事，數往者順，知來者逆。易爲知來而作，故其數逆數也。往者順，蓋因下句而並舉之，非爲易有數往之順數也。』公石妙契經義，此解極爲超邁，惜未見其全。」

姓譜：「安磐，字公石，嘉定州人。弘治乙丑進士，官兵科都給事中，以争大禮落職。」

穆氏孔暉**讀易録**

未見。

姓譜：「穆孔暉，字伯潛，棠邑人。弘治乙丑進士，歷禮部左侍郎兼翰林院學士，謚文簡。」

---

① 「先後天」，文津閣四庫本作「先天後天」。

② 「誤」，文津閣四庫本作「訛」。

田氏汝耔**周易纂義**

未見。

開封府志：「田汝耔，字勤甫，祥符人。弘治乙丑進士，由刑科給事中轉湖廣按察副使。」

張氏邦奇**易説**

一卷。

存。

祁承㸁曰：「易説一卷，載文定公本集。」

錢謙益曰①：「邦奇，字常甫，鄞縣人。弘治乙丑進士，改庶吉士，授簡討②，出補湖廣提學副使，遷春坊庶子、國子祭酒、南吏部右侍郎。召還③，爲吏部左侍郎，以學士掌院，以太子賓客、禮部尚書掌詹，改南禮部尚書，贈太子太保，謚文定。」

① 「錢謙益曰」，四庫薈要本、文淵閣四庫本俱作「錢陸燦曰」，文津閣四庫本作「寧波府志」。
② 「簡討」，文淵閣四庫本作「檢討」。
③ 「還」，四庫薈要本作「遷」。

鄭氏善夫**易論**

一卷。

存。

鄧原岳曰：「先生字繼之，别號少谷山人。弘治乙丑進士，正德末，以禮部員外郎諫南巡，杖闕下，乞歸。嘉靖改元，用薦起爲南京刑部郎中，改吏部稽勳郎。」

經義考卷五十二

易五十一

伊氏伯熊**易學講義**

四卷。

未見。

黃虞稷曰：「伯熊，吴縣人，徙上元。正德丁卯舉人，除深州知州，改祁州。」

吕氏柟**周易説翼**

三卷。

存。

言行録：「柟，字仲木，高陵人。正德戊辰賜進士第一，仕至①南京禮部右侍郎。」

馬理曰：「涇野子經學無駁雜戾道之失。」

王九思曰：「本朝學者見道分明，踐履篤實，粹然成德者，惟河津薛文清公一人，觀其讀書録可知也。乃至於今，涇野公出焉，完名令德，不忝文清。至於著述，公則爲盛，其大者若周易説翼，尚書説要，毛詩説序，春秋説志，禮問内篇、外篇，四書因問，宋四子抄釋，足以發前聖之奥旨，正後賢之偏識，指來學之迷途，若斯人者，謂不有功於聖門，可乎？」

楊時喬曰：「涇野學宗程、朱，當新學盛行，力辨之不能勝，乃一著諸經日抄。既著説翼②，其於易理與象數兼收，乃其辭則於象理時事相合者論注之，此即文言之類，所謂吕子易可也。」

曹溶曰：「吕氏説翼三卷，歙人王獻芝序，衢州守豐城李遂作後序。」

張雲章曰：「是書皆與門人問答之語，爲馬書林、韋鸞、滿潮③等所録，詞旨淵奥，非深於易者，不能窺其藴也。」

---

① 「至」，文津閣四庫本脱漏。

② 「説翼」，文津閣四庫本誤作「説易」。

③ 「滿潮」，文津閣四庫本作「滿朝」。

王氏崇慶**周易議卦**

二卷。

存。

〔校記〕

明志作一卷，四庫存目同。（易，頁一三）

崇慶自序曰：「夫易以象道而顯神，開務而昭化也。慶行年四十有九，乃始取而讀之，然而未之入也。則以六十四卦大義，本諸彖、質諸象，而又參諸人事考焉，慎斯以往，其庶乎。」

孔天胤曰：「先生自晉東還，日以著書爲事，易有議卦，書有説略，詩有衍義，春秋有斷義，禮有約蒙，深體往聖之精，頗定後儒之惑。」

蔣一葵跋曰：「易無辭，初亦無畫，無畫而有畫也，有畫而有辭也，非聖人意也，矧畫之上更加圈乎？故尼父十翼，説者猶或疑之，則辭何容贅也。後有君子，悟在畫前，而得其無辭之藴，直證先天，是爲深於易爾。」

姓譜：「崇慶，字德徵，開州人。正德戊辰進士，歷南京吏、禮二部尚書。」

唐氏龍**易經大旨**

四卷。

存。

金華府志：「唐龍，字虞佐，蘭溪人。正德戊辰進士，歷官太子太保、吏部尚書。卒，謚文襄。」

楊秦序曰：「唐子虞佐視學關中，患易之弗明也，乃作大旨以示門人曰：『潔静精微，易之教也。教之弗行，易斯晦矣。予每探奥窮玄，竟罔所獲，剖析群言，尤爲未當，兹私布之，惟二三子圖焉。』於是多士傳録，若左思之賦初出也。夫易，難言也，好浚則鑿，好侈則泛，惟鑿失真，惟泛寡要，今之學者病焉。兹録純而明，則真矣，簡而盡，則要矣，要且真焉，固可傳矣。」

吕柟序曰：「易大旨，蘭溪唐漁石先生之所著也。漁石子爲舉子時，深得於易，及提學關中，乃著此大旨，以示三秦士，蓋皆即舉子業，格而發之乎性命者也。夫世有二學，一曰性命學，二曰舉子業學。爲舉子學業①者，或背經而蕩於辭；爲性命學者，或浚經而淪於空；之二者，於治道皆損焉。夫舉子業與性命，豈有二乎哉？夫辭變象占，聖人之道所以大，而君子所由密於觀玩也，若獨於其動焉學之，其所遺者多矣。是故黄牛健馬，不啻語乎畜也；翰音雉膏，不啻語乎禽也；岐山大川，不啻語乎地也；雷電斗沬，不啻語乎天也。昔程子教門人十日爲舉子業，餘日爲學，予亦嘗疑焉，將程子不以聖人道待舉子耶？苟知性命與舉子業爲一，則干禄念輕，救世意重；周之德行道藝，由此其選也；漢之賢良孝廉，由此其出也。於乎！大旨之著，將非漁石子藉此而進諸士子於②潔静精微之地乎？」

① 「學業」，依補正、四庫薈要本、文淵閣四庫本應作「業學」。
② 「於」，文津閣四庫本脱漏。

龍自述曰：「天順初，予師禮部尚書楓山章先生、外大父靖江令聽庵鄭先生並倡易道於金華，闡幽發微，達於精蘊。龍生也晚，猶獲遊其門學焉，既入仕版，公事鞅掌，正德丙子，按部雲南，境遠而僻，政約而簡，乃坐幃捧卷，以意會象，以言會詞，以道會器，以神會變，幾三年。或問曰：『庶幾有得乎？』曰：『而今而後，吾知其難矣。』嘉靖紀元督學關西，諸生請書之，乃爲離句析義，發其大旨，綴以講語。髮種種然，猶支離於舉子業，然則立言之道，終身何如邪？」

〔補正〕

吕柟序内「爲舉子學業者」當作「業學」。（卷二，頁九）

韓氏邦奇**易學啓蒙意見**一名「易學疏原」。

四卷。

〔校記〕

四庫本五卷。（易，頁一三）

存。

邦奇自序曰：「夫易，理象辭數而已矣。易以理爲本，數者計乎此者也，象者狀乎此者也，辭者述乎此者也。圖、書者，理之輿也，辭之方也，數之備也，象之顯也。是故聖人觀象以畫卦，因數以命爻，修辭以達義，極深以窮理，易以立焉。自夫子稱相盪，而先天之義微，微之者，後儒失之也。夫相盪者，自八而六十四者也；先天者，加一倍者也，其本同，其末異，其生異，其成同，而漢以下莫能一焉。宋邵康節氏自八而十六，自十六而三十二，自三十二而六十四；朱晦庵氏爲之本圖書，爲之原卦畫，爲之明蓍策，爲之考占變；於是乎易之先後始有其序，而理數辭象之功懋矣。奇也魯而善忘，誦而習之，有所得焉，則識之於册，將以備温故焉；奇也愚而少達，思而辨之，有弗悟焉，則自爲之説，將以就有道焉。是故爲之備其象、盡其數、增釋其辭矣，理則吾末如之何也。」

蘇祐跋曰：「盈天地惟氣，而理寓焉，乃備諸易矣。是故洩精呈秘，莫大乎圖、書；制器尚象，莫大乎卦畫；成能利用，莫大乎蓍策；趨時通志，莫大乎變占。圖、書不本，則玄虛淆矣；卦畫不原，則識緯亂矣；蓍策不明，則功化滯矣；變占不考，則趨避疑矣。淆焉、亂焉、滯焉、疑焉，易之道窮，聖人之志衰，民生何利焉，造化之用不幾息乎？是君子之憂也。苑洛先生早承家學，極研易道，乃著是編，首本圖書以遡其源，次原卦畫以崇其象，次明蓍策以極其數，次考變占以達其用，易之用廣矣。舊嘗刻諸河東，原卦畫缺焉，兹乃大備，刻諸上谷，與同志者共焉。」

曹溶曰：「韓氏啓蒙意見四卷，河東韓文、濮陽蘇祐序之。」

易占經緯

四卷。

存。

王賜紱序曰：「先生自入仕歷四十年，罷免里居者四，故士多從之遊。嘉靖己亥春，先生自撫晉歸，紱以易往就學焉。甲辰，先生起總河道，紱南宫不第，歸卒業門下，先生以占變語紱，且命以三百八十四變爲經，四千九十六變爲緯。經者，易爻辭；緯取易林附之；占則一以孔子占變爲主。且曰：『易取變，爻皆九六，不變則七八也，易無七八之爻，何自而占？且於孔子之旨違焉。』紱乃與張子士榮次第成編。士榮者，先生外孫。」

卦爻要圖

卷①。

存。

張思静序曰：「苑洛先生里居，思静往受易焉。先生曰：『孔子，大聖也。加數年可以學易，易豈易言哉？然欲學易，先以卦爻始。』取卦爻三變圖説授思静。思静②拜手曰：『卦爻之變盡於是矣。』伏羲之卦，自一而二、二而三、三而四、四而五、五而六，成六十四矣；孔子三而三之，則亦六十四矣；先生畫二圖而合之。夫生卦之序，士子之常談也；至於伏羲一加之、孔子三加之，生序先後，無不脗合，則發自先生也，此一變也。夫子三而三之，相盪爲六十四，士子之常談也；以八卦三爻各三變，各爲八卦，爲六十四，則發自先生也，此第二變也。一卦盡六爻之變，爲四千九十六卦，此士子之常談也；以六畫之上，再加六畫，即與四千九十六變合，且以制用者，則發自先生也，此第三變也。嗚呼！盡之

① 「卷」，文津閣四庫本作「三卷」，備要本作「一卷」。

② 「思静」二字，文津閣四庫本脱漏。

矣。先生曰：『義理無窮，安知此外更無變乎？姑藏之以俟精深君子焉，可也。』」

易林推用

未見。

邦奇自序曰：「五星連珠，日月合璧，所謂七曜齊元之法，數之始也。三百六十五日四分日之一一歲，天運之全數也，微抄①不盡餘數也。三百四十八一歲，月運之數也。三百六十者，六甲相乘，六甲之全數也。月甲之數非造化之正，而聖人兼取之者，乾、坤之大用也；今夫端陽之日，非五氣之五日也，諸家之術，用之必驗。六甲非氣之全，自古紀數必用者，乾、坤之用，不可遺也。數雖萬變不齊，然實不過於三，元再倍而六，得全日三百六十六，雖曰日之所餘，歷不能齊，於全日無損焉，聖人倚數於此矣。是數也，以天運爲體，以月運紀年，以甲子紀日，歲餘三時四餘益□②支干起於兩上元之首，三百六十年一運之始，推自坎中焉。直日之爻，千歲可坐而致矣。爲京氏之學者，此其階也。」

言行録：「邦奇，字汝節，朝邑人。正德戊辰進士，仕至南京兵部尚書。」

張雲章曰：「朝邑韓恭簡公，譚理學，負經濟，世稱苑洛先生，有性理三解行世，内啓蒙意見四卷，即易學疏原也。易占經緯四卷，前列卦變圖，易占圖，焦氏易林占圖，易彖、爻辭；復有附録一卷，明卦

---

① 「抄」，依四庫薈要本、備要本應作「杪」。

② 「□」，文津閣四庫本脱漏。

爻三變及易林推用之法；經緯云者，以三百八十四變爲經，四千九十六變爲緯；經者，易爻辭；緯取焦氏易林附之。」

鍾氏芳學易疑義

三卷。

存。

芳自序曰：「易有聖人之道四，曰：『辭、變、象、占。』象以揭體，變以顯用，辭以闡微，占以致決，聖人之精藴在是矣。程子曰：『推辭考卦，可以知變，而象與占在其中。』則辭之所繫尤重，故其作傳主於治辭，至爲精密。及朱子本義，發明象占，殆無餘藴，而或猶病其簡。非簡也，程氏已詳，則不得不簡。簡者所以會其要，詳者所以悉其微，皆義理之宗也。夫四聖之書，不相沿襲；羲畫無文，至簡①矣；及②文王、周公詳焉；及孔子加詳焉；歷數千年，及程子又加詳焉；然皆不出羲畫範圍之内，而無絲毫臆説雜乎其間。本義之簡，乃所以爲詳，而有裨於詳者也。雖然，惟詳也，故能窮天下之變，而差③無勿④察；惟簡也，故能弘本體之全，而理無不該。至簡如羲皇，尚矣，而説者猶謂畫前有易，則知俯仰之

① 「簡」，文津閣四庫本誤作「減」。
② 「及」，文津閣四庫本誤作「乃」。
③ 「差」，依補正、四庫薈要本、文淵閣四庫本、文津閣四庫本應作「義」。
④ 「勿」，文津閣四庫本作「不」。

間，易理具在，要須①心體虛明，自得之耳。芳愚陋，自少讀易，茫無所覺。晚年詳玩本義，粗有疑難數條，録置别帙，未敢語人。顧遐僻寡儔，無從質問，私與仝志者言之，俾出而遇四方君子，代余質焉。」

〔補正〕

自序内「差無勿察」，「差」當作「義」。（卷二，頁九）

廣東通志：「芳，字仲實，崖州人，徙瓊山。正德戊辰進士，官至户部右侍郎。」

夏氏良勝**周易變卦傳**

未見。

良勝自序曰：「嘉靖八年夏五月，良勝以罪逮繫獄，年五十矣。日對周易一卷，誦言思省。夫易，變而不窮者也。故筮必觀變，爻詞是已；不變，彖辭是已；卦爻通變，若乾之用九、坤之用六，乾之坤亦坤之乾是已，外此無占辭焉，是欲學者觸類而長之也。不揣荒陋，自屯以下而奇偶互變之，其位、其象、其德、其名，皆有自然消長、乘應、吉凶、悔吝之占，不假强附而意自足，祖述序卦，爲變卦傳云。嗚呼！易之道，以羲、文、周、孔四聖而備矣；聖之易，以辭、象、變、占四道而備矣。漢以下，言易數十家，至程、朱而備矣。雖然，聖人作易之道廣大，猶天地也，天地以太②和

① 「要須」，文津閣四庫本作「須要」。
② 「太」，文津閣四庫本作「大」。

元氣流行於人物，自一息以至億萬。斯世化生，形色莫之能齊；斯其理數無窮，而天地所以爲大也。若謂聖道可以言盡，是道亦有窮，而易小矣。故易止羲畫，自無不足，益以文王、周、孔之言，固非有餘，亦非外羲畫而有言也。使連山、歸藏並顯於世，又不知其述作者何如也，是故道可以一言盡也。充其類，雖萬古十①聖，言人人殊，猶有所未盡也。程子見市兔，曰：『此便可以畫易。』朱子謂一卦可變爲六十四卦，此最善言易者。良勝無似，懷是言也久矣，荒迷失次，忍死命牘，以畢斯志，非敢謂能言易也。」

建昌府志：「夏良勝，字于中，南城人。正德戊辰進士，歷官南京太常寺少卿。」

王氏大用**易經安玩録**

未見。

人物考：「王大用，字時行②，南直隸興化人。正德戊辰進士，歷官南京刑部右侍郎。」

洪氏鼐**讀易索隱**

未見。

---

① 「十」，依四庫薈要本、文淵閣四庫本應作「千」。

② 「時行」，文津閣四庫本誤作「時特」。

〔四庫總目〕

朱彝尊經義考載有是書，註曰：「未見。」此本紙墨尚新，蓋刻於彝尊後也。（卷七，頁十九，讀易索隱六卷提要）

〔校記〕

四庫存目著録凡六卷。（易，頁一四）

黄虞稷曰：「鼒，字廷器，壽昌人。正德庚午舉人，國子監助教。」

楊氏慎易解

一卷。

未見。

王世貞曰：「用修工於證經，而疎於解經。」

錢謙益曰①：「慎，字用修，新都人，少師廷和之子。正德辛未廷試第一，授翰林修撰。嘉靖甲申，兩上議大禮疏，率群臣撼奉天門大哭，廷杖者再，謫戍雲南永昌衛。年七十有二，卒於戍。」

曹溶曰：「升庵易解一卷，未刊，載山陰祁氏澹生堂餘苑。」

---

① 「錢謙益曰」，四庫薈要本作「錢陸燦曰」，文淵閣四庫本作「毛奇齡曰」，文津閣四庫本作「四川通誌」。

王氏道**周易億**①

四卷。

存。

陸元輔曰：「王氏易億，大約舉宋、元諸儒傳注之誤者而駁之。如謂伏羲則河圖以作先天之易，文王則洛書以作後天之易，後世以九爲洛書，以十爲河圖者，誤。又謂上古聖人畫卦，將以順性命之理，類萬物之情，通幽明之故，而示人以開物成務之道，初不爲占筮而作，而占筮亦在其中，朱子主卜筮者爲叛聖。又以易篇分上下者，其說甚長，而非因簡袠重大，晁氏②朱子之說爲非。又謂大象亦有倒置者，如『天地交，泰』、『地上有水，比』，及『雷電，噬嗑』之類，而以程子象無倒置之說爲乖。又謂『乾，元亨利貞』應照孔氏文言分爲四德，而朱子以爲大亨而利於正，則謬。又謂乾爲天、爲君、爲聖人，故文王、周公、孔子皆以聖人天子之事釋之，而聖人在天子之位，由微至著，如乾之六爻自潛至飛者，莫明於舜，故程子又以舜事爲言。朱子主張占筮，謂乾人人有用，故深斥孔子龍德、程子帝舜之說，至見龍、飛龍二爻，自覺其說不通，乃創爲變例以文之，亦過矣。又謂伊川不主卦變之說，以六十四卦皆出於乾、坤二體，朱子破之，而別創卦變之說，不若且依程子之說，猶爲渾全。諸如此比，不可枚舉，其言多出揣

① 「周易億」，文淵閣四庫本誤作「周易臆」。

② 「晁氏」，依補正、四庫薈要本應作「晁氏以」。

測，與先儒不合，故曰臆①。聊城朱延禧校刻之。」

〔補正〕

陸元輔條内「晁氏、朱子之説爲非」，「氏」下脱「以」字。「故曰臆」，當作「億」。（卷二，頁九）

姓譜：「道，字純甫，武城人。正德辛未進士，仕至吏部左侍郎。」

戚氏雄**易原**

二卷。

未見。

黄虞稷曰：「雄，字世英，金華人。正德辛未進士，南京監察御史。」

余氏本**易經集解**

十二卷。

讀易備忘

未見。

①「臆」，依補正、四庫薈要本應作「億」。

李鄴嗣曰：「南湖余先生本，字子華，鄞縣人。正德辛未廷對第二人，授翰林編修。出爲廣東按察副使，提督學政，尋又視山東學政，遷南京右通政。著有讀易備忘、禮記拾遺、春秋傳疑、孝經刊誤、周禮考誤、皇極釋義等書。」

孫氏承恩**易卦通義**

佚。

徐文貞公志墓曰：「公諱承恩，字貞甫，華亭人。正德辛未進士，歷官太子少保、禮部尚書，兼翰林院學士，掌詹事府事，贈太子太保，謚文簡①。」

貢氏珊**易經發鑰**

未見。

姓譜：「珊，字廷甫，宣城人。正德辛未進士，唐山知縣。」

汪氏必東**易問大旨**

佚。

---

① 「贈太子太保，謚文簡」八字，文津閣四庫本脱漏。

湖廣總志：「汪必東，字希澮，崇陽人。正德辛未進士，官至河南參政。」

張氏辰**易經講義**

未見①。

太倉州志：「張辰，字伯逢，正德癸酉舉人。」

胡氏東**易經象訣**

未見。

金華府志：「胡東，字時震，湯溪人。正德癸酉舉人，從楓山章氏學，鄉黨稱曰古愚先生。」

梅氏鷟**古易攷原**

三卷。

存。

鷟自序曰：「有儒一生②問於鷟曰：『伏羲之作易，有畫無文，信乎？』鷟應之曰：『非然也。景差

---

① 「未見」，文淵閣四庫本、備要本俱作「佚」。

② 「有儒一生」，文津閣四庫本作「有一儒生」。

大招曰：「伏羲駕辯兮。」王逸註云：「駕辯，伏羲書名。」伏羲既有書名駕辯，安得謂其無文哉？』伏羲先有卦畫之易，後有蓍策之易，周官太卜掌三易之法，則易字之文始於伏羲，三代特隨時而冠以代號於其上耳。三畫奇、三畫偶，或一奇二偶，或一偶二奇，此伏羲内卦之畫也。皆奇者乾，皆偶者坤，奇初者震，奇中者坎，奇上者艮，偶初者巽，偶中者離，偶上者兑，此伏羲内卦之文也。三奇三偶矣，又重之以三奇三偶，一奇二偶、一偶二奇矣，又重之以一奇二偶、一偶二奇，此伏羲外卦之畫也。曰乾下乾上、乾，坤下坤上、坤，震以下六卦皆然；乾下兑上、夬，乾下離上、大有，乾下震上、大壯，乾下巽上、小畜，乾下坎上、需，乾下艮上、大畜，乾下坤上、泰；舉一乾而其他皆然，此伏羲外卦之文也。畫卦之後，龍馬負圖以出於河，自天一至地十之數，衍爲五十有五之數，伏羲則衍此數，而大衍之爲九十有九之數，置其體之五十不用，惟用四十有九之用數純粹不雜者，以揲蓍求卦，此伏羲蓍策之數也。分二卦一，揲四歸奇，再扐，此其揲蓍之文也。太①剛爲重□，少剛爲奇⚊②，太柔爲交×，少柔爲偶⚋③，此伏羲揲蓍之四象也。曰七、曰八、曰九、曰六，此其四象所以示人之文也。六畫皆七爲乾，皆八爲坤，本羲聖之文而設，此求得之卦於前，觀象繫辭焉，以明吉凶，由是始爲文王之文矣。初畫變曰初九、初六，二畫變曰九二、六二，上畫變曰上九、上六，六畫皆變曰用九、用六，亦伏羲之文。而因其剛柔相推，以知變化，繫辭

① 「太」，備要本作「大」。
② 「⚊」，文淵閣四庫本、備要本俱誤作「一」。
③ 「⚋」，文淵閣四庫本、備要本俱誤作「⚊」。

焉以明吉凶，由是始爲周公之文矣。雖然，伏羲之文，一卦變爲六十四卦，而周公獨於乾、坤二用，以二語該之，而猶未盡攄伏羲之文也。夏、商之易，亦不外此，但序各不同耳。特爲古易攷原一書，使讀易者知三易之有本也。説者云：『伏羲止有八卦，文王重爲六十四卦。』又以伏羲止立三畫卦之名，文王始立重卦之名者，吾无取乎爾。是時古易攷原適成，因次其語，以冠於首。嘉靖三十三年夏四月。」

黄虞稷曰：「鶱，旌德人。正德癸酉舉人，官南京國子監助教，終鹽課司提舉。」

馬氏理周易贊義

十七卷。

闕。

〔四庫總目〕

今本僅存七卷，繫辭上傳以上皆佚。案：朱彝尊經義考已註曰：「闕。」則其來久矣。（卷七，頁二十，周易贊義七卷提要）

〔校記〕

四庫存目計七卷，丁氏善本書室目同。丁氏所藏即竹垞舊本，云但缺繫辭及序卦、説卦、雜卦等傳，不應尚闕十卷。（易，頁一四）

理自序曰：「夫太極而兩儀，兩儀而四象，四象而八卦，八卦而六十四卦者，此伏羲所畫之卦，先天之易也。乾、坤設而易行乎其中，至未濟而終焉者，此文王所敘之卦及所繫之辭，後天之易也。周公又繫之爻辭，遂成一代之書。名曰周易者，以別連山、歸藏夏、商之易也。孔子贊易於周，不於他者，以是易變通①無方，而不離於正，雖至凶之時之位，有吉道寓焉，潔静精微而不失之賊也。易，窮則變，變則通，通則不窮；以是道而行於上，則垂裳而治，堯、舜之君也；以是道而行於下，則昭明協極，堯、舜之民也。是故聖人明之則希乎天，君子明之則齊乎聖，小人明之則吉無不利，而天祐之矣。是故易之爲書，有轉禍爲福之理，有以人勝天之道，非龜卜之書所可班也，故孔子贊之。自孔子贊易，而龜卜書廢，蓋卜之吉凶定於天，而易之吉凶係於人。夫天作孽，猶可違，自作孽，不可活，吉凶誠係乎人，而非定於天也。是故孔子獨於周易贊之，以示夫堯、舜君民之治，聖人君子之道，吉凶消長之理，在此而不在彼也。於戲！易誠萬世不刊之典也歟？」

朱睦㮮序曰：「乙卯之秋，馬谿田先生以周易贊義寄余，且貽之詩，有『茲呈管見編，薄言供覆瓿』之句，余受之，未及卒業而先生云亡，悲夫！悲夫！明年春，侍御南泉龎公來按茲土，首出是編，左史葵山鄭公覽而嘉之，遂付之②梓人，刻既竣，命余序之。夫易自③伊、洛、考亭之後，其學有二，攷象辭者泥於術數，談義理者淪於空寂，求其所謂弘通簡易之法、仁義中正之歸，則尠矣。國朝道化宣朗，易學大明，而修經之士，林林總總，以④余所知者，臨江梁石門氏，晉江蔡虚齋氏、陳紫峰氏，增城湛甘泉氏，

① 「通」，文津閣四庫本脱漏。
② 「之」，文津閣四庫本脱漏。
③ 「自」，文津閣四庫本作「是」。
④ 「以」，文津閣四庫本脱漏。

南海方西樵氏，高陵呂涇野氏，安陽崔少石氏，凡七先生；所著者或曰參義、或曰蒙引、或曰通典、或曰易測、或曰約説、或曰説翼、或曰餘言，咸推明理性，出所自得，無勦説雷同，以與前儒相統承者也。豁田先生少與增城、高陵、安陽同仕於朝，以德藝切磨最久。頃歲，自卿寺謝病而歸，卜築名山，雅志著述，是時四方請業者踵接於門，講授之暇①，先生乃謂易爲六籍之原也，今者不作，二三子②何觀焉。於是發凡舉例，闡微擿隱，博求諸儒同異，得十餘萬言，釐爲十有七卷，猗與盛哉！當與七先生之易並行矣。然所謂弘通簡易之法，仁義中正之歸，其庶幾乎？先生其他著述歷履，世自有精鑿嘉尚而傳之者，兹不載。南泉公名俊③，涇陽人，丁未進士；葵山公名絅，莆田人，己丑進士；二公皆以經術緣飾吏事，巍然爲公輔之望，此其中蓋有合於是編者，故特爲之表章云。」

鄭絅序曰：「余少好讀易，竊覽諸家傳注，其精詣者得四人焉。在漢、魏之際，有鄭康成氏、王輔嗣氏；宋有程正叔氏、朱仲晦氏；然四人者，大義不殊，節目亦稍有異。鄭之學主於天象，王之學主於人事，程之學主於義理，朱之學主於占筮；其後諸儒迭興，互相祖述，雖千有餘家，然亦不出四氏之矩畫也。夫易之爲道也，廣大悉備，是以仁者見之謂之仁，知者見之謂之知，要其歸，一而已矣。故曰：『其旨遠，其辭文，其言曲而中，其事肆而隱。』遠而可以彌綸宇宙、匡濟邦家，近而可以淑厥身心、推辟咎

① 「暇」，文津閣四庫本誤作「下」。
② 「二三子」，文津閣四庫本作「諸子」。
③ 「俊」，文津閣四庫本作「浚」。

悔，誠三才之樞籥，六藝之宗統也。光禄卿三原馬伯循先生以卓犖之才、該洽之學，屏居山中，歷載構綴，乃就斯編，總十有七卷，題曰周易贊義，門人侍御南泉龐公繕録藏於家。歲在丙辰，南泉公來按中州，政暇，以斯編出示，且屬予序於首簡。余取而讀之，乃知先生參酌四氏，旁求諸説，由詳而約，考異而同，於是乎象辭之旨、變占之法，乃燦然明矣。余因校之，刻置省署，將以傳諸四方，後有好古博聞如南泉公者，則子雲之書爲不朽矣。」

陝西通志：「馬理，字伯循，三原人。正德甲戌進士，仕至南京光禄寺卿，學者稱谿田先生。」

金氏賁亨**學易記**

五卷。

存。

洪朝選序曰：「學易記者，一所金先生晚年學易有得，因記其得於易者也。夫易廣矣，大矣，先生何如而學之也？曰：『學孔子之學而學也。』孔子之學何如？曰：『孔子之身，三才之理備矣。大本立而知大始矣①，達道行而作成物矣，易簡而天下之理得，天下之理得，而成位乎其中矣。然孔子之心猶不自足也，反復易理於易之書，見其廣大而無所不包，精微而無有少雜，歎曰：「假我數年，五十以學易，可以無大過矣。」孔子之過，非夫人之過，而不可不謂之無過也，此孔子學易之心也。』然則孔子之學

① 「矣」，文津閣四庫本作「也」。

易也，將求之於書乎？求之於心乎？曰：『孔子固有言矣，曰：「生生之謂易。」曰：「神無方而易无體。」曰：「易，變易也，隨時變易以從道也。」謂易爲有形之書，不可也。曰：「夫易，聖人之所以極深而研幾也。」曰：「夫易，聖人之所以崇德而廣業也。」謂易盡爲無形之理，不可也。易具於心而著之書，書著其理而原於易，孔子以其生生無體、隨時變易之易者，而證夫畫卦命爻繫辭之易者。觀象玩辭、觀變玩占之餘，所得多矣，然後書之於策，曰：「天下何思何慮。」「天下同歸而殊塗，一致而百慮。」天下何思何慮，自是而從容中道，從心所欲，不踰矩矣。謂夫子之無所得於易書，不可也。此夫子之學易也。於乎！微矣。』一所金先生崛起於有宋程、朱二先生之後，倡道浙東，自其知學，即以程門相傳指訣，所謂中庸『喜怒哀樂未發之中』者致力，平居默坐體認，反觀密照，操存涵養，積有歲年，由是用功久而心體澄瑩，施之應用，從容閑暇，綽有成矩，乃以告人曰：『此真聖學指要也。』先生素業春秋，晚歲獨喜讀易，沈潛反覆，參伍諸家之說，而專以證驗乎此身之動静、語默、出處、去就。不爲經師，以故於先儒之說不主一家，但取其合於四聖人之旨而已，亦不攻其未合者也。蓋先生氣質渾厚，充養純粹，剛介有立，寬裕善容。自其登第，即棄州縣而就儒官，中歲督學閩南、江右之墟，漸致通顯，而先生輒棄去，居家，辭受取予①，一依於義，無所苟。雖一室蕭然，不以屑意，然未嘗爲介也。風格高遠，湛然如深淵之停②，凝然如喬嶽之峙，測之莫窺其藴，迫之不見其動，然未嘗爲迂也。蓋先生一身無非易矣，而獨有好

①「予」，文淵閣四庫本作「與」。
②「停」，文淵閣四庫本作「渟」。

於易，其好於易而學之也，乃以之證驗一身之言動是非，學孔子之學而然哉。先生此書之成，徒以講於家庭之間，未嘗輕以示人也。其介子中夫君參議吾閩，獨出以示某，且命之序，某曰：『明道先生有言，聖人之微言在中庸、易，論語乃其格言耳。』於乎！先生既有得於未發之中矣，而尤注心於此書，然則易之太極、兩儀、闔闢、象器之物，豈外於未發已發之謂？先生既已用力於大本之中者有年，而又精義入神，以致①其用，利用安身，以崇其德，其所造將底於何思何慮之地，而不自覺矣。某末學，何足以知先生，敬因中夫君之命，而序於首，與欲學易者共焉。」

姓譜：「金賁亨，字汝白，臨海人。正德甲戌進士，歷提學副使。」

鄭氏佐**周易傳義**

未見。

陸元輔曰：「佐，字時夫，歙縣人。正德甲戌進士，歷官貴州左參政。」

---

① 「致」，文津閣四庫本作「利」。

經義考卷五十三

易五十二

舒氏芬**易箋問**

〔校記〕

四庫存目作易問箋。（易，頁一四）

一卷。

存。

梅鷟曰：「子舒子博極群書，尤盡心於易，祖程宗朱，有易箋問之作。其言曰：『爵禄不入於心，溝壑不忘於念，則吾身雖凶，吾道亦貞而吉矣，又何朵頤之凶哉？』又曰：『未濟之終，雖當可濟，而上九高而无位，才无所施，自信有命而飲酒爲樂，故得无咎。』嗚呼！賢才固不可以不自惜，而有國者亦不可以不重惜賢才也。予三讀其言，而深悲之。」

言行録：「芬，字國裳，進賢人。正德丁丑賜進士第一，授翰林修撰，謫廣東市舶副提舉，復職，卒，謚文節。」

季氏本**易學四同**

八卷。

圖文餘辯

一卷。

蓍法別傳

一卷。

〔校記〕

四庫存目圖書餘辨①、筮法別傳均二卷。（易，頁一四）

古易辯

一卷。

---

① 「圖書餘辨」依上文應作「圖文餘辯」。

俱存。

〔四庫總目〕

朱彝尊經義考云二書各一卷，此本乃各二卷，或刊本誤二字爲一字。彝尊又載古義辨①一卷，此本無之，則當由脱佚矣。（卷七，頁二十一——二十三，易學四同八卷、别録四卷提要）

本自序易學四同曰：「易，心學也，隨時變易，歸於中道，故謂之易，夫心之動静，陰陽而已矣。陰陽往來，其變無窮，道之所以流行而不已也。往者，事之化，來者，幾之微，事既化，不可得而知矣，所可知者，惟其幾耳，知幾而中在是矣。故易以知來爲要，聖人以此洗心退藏於密，知以藏往，神以知來，無他學也。於是憂民之迷於吉凶也，而爲之設卜筮，以前民用，將與②共立於無過之地，此豈有所强哉？不過因其心之同，不待外求者而開明之，使不昧於吉凶之幾，即其一念之覺，而得補過，以復於无咎，此伏羲作易之本意也。易爲卜筮作，豈若後世推測利害於形迹之粗哉？既有卜筮，則必有貞悔之二體，七八九六之四象，雖未有辭，而卦已有名，陰陽之變，可以無所不通矣。不然，則卦畫之具，將安所用耶？禹謨曰：『龜筮協從。』是唐、虞時同此卜筮也。洪範曰：『龜從筮從。』是夏、商時同此卜筮也。自伏羲之後，卜筮之法未有改者，特以商政不綱，民罹罪咎，文王拘於羑里，身經患難，憂民之迷吉凶，亦猶伏羲也。乃即伏羲所畫之卦，繫之彖辭，以發明其義，而易道復興焉。雖其所言於卦畫之情，已皆全

① 「古義辨」，應依上下文作「古易辯」。
② 「與」，文淵閣四庫本作「以」。

具，但未言其變，則其藴尚未顯然，故周公復作爻辭，其用九六，蓋以變言也。變即其所不變者，不變者因變而後顯，於此見吉凶之幾焉，其實本文王之意也，故周公之爻即文王之彖，文王之彖即伏羲之象。至於孔子之象、彖、爻傳，則又不過解釋三聖之義而已，千聖一心，豈有異學哉？顧自戰國以來，微言既絶，易師所傳，多失其真，重以遭秦烈焰，民間易書因卜筮而獨全，而繫辭、文言、説、序、雜卦諸傳汨於異説者，爲不少矣。世儒信之，不折諸理，遂以爲四聖之易不同，爲説紛紛，竟無歸一，以至於今，學者貿貿莫知適從也。豈有聖人之教至於惑世如此哉？夫知來者，占也，覺於幾先之謂也，此即獨知之處，人所不見而甚微者也。堯、舜執中之傳，所謂道心惟微者，惟此而已。故孔門得之，世守以爲謹獨之教，而其源則實開於伏羲之世矣。然古人之學，以心而不以言，曰中曰微，自堯、舜發之，故語傳道者自堯、舜始耳。今觀易象，豈待堯、舜而後知道心之爲微，微之所以爲中哉？知聖道之同，則知易學之同矣。本竊此學踰三十年，輒不自揆，爲書八卷，名曰易學四同，而别於圖文餘辯、著法别傳，各分内、外篇爲四卷，以附其後，而言易者之得失，具可見焉。」

又圖文餘辯序曰：「圖文者，易中圖、書之文也；餘辯者，辯諸儒説圖未盡之意也。易之文，始於河圖、洛書，而伏羲因之以畫八卦，重之爲六十四卦，文王又演之爲乾、坤、屯、蒙以至既、未濟之序，而繫之辭。河圖、洛書，天地自然之易；伏羲卦畫之陳，世傳先天之易；文王卦辭之序，世傳後天之易。文王之易，在説卦本有乾、坤生男女之文，而後天之位明列乾、坎、艮、震、巽、離、坤、兑八卦之方，故先儒説易，多據乾父坤母、三男三女之義，未有先天、後天之分也。至康節邵氏受易於北海李之才，乃得伏羲四圖，史稱邵堯夫事李之才，受河圖、洛書、伏羲八卦六十四卦圖象，遂演伏羲先天之旨，著①書十萬餘言行於世，蓋至此而有先天之名也。以伏羲爲先天，則宜以文王爲後天矣。然後天之圖，未必文王所自作也，非惟後天之圖未必文所自作，雖先天自圓圖外，亦尚有可疑焉。其河圖、洛書亦自李之才而傳，則康節之前雖有其名，而亦未有定論，如劉牧以九爲河圖、十爲洛書，世亦皆宗其説，至康節而始知十爲河圖、九爲洛書。蓋古之所傳如此，然後説圖、書者不相亂矣。蓋易者，陰陽往來而已，由陰陽往來之義而言，則河圖盡之，洛書不過河圖之演義耳。伏羲之易，豈外於天地自然之理哉？伏羲不能外天地之理以爲易，則文王亦豈能外伏羲之易以有言哉？文王不能外伏羲之易以有言，則周公亦豈能外文王之説以盡變哉？三聖之易，其揆一也，孔子又安能别立一意而爲之傳哉？故自伏羲、文王之後，爲圖漸密，皆後人發明羲、文未盡之意，如卦變圖者，亦因周公爻辭之變而爲之也，其餘雖有他圖，何以加焉？朱子本義列河圖、洛書、伏羲八卦次序、八卦方位、六十四卦次序、六十四卦方位、文王八卦次序、八卦方位及卦變圖爲九，而曰：『有天地自然之易，有伏羲之易，有文王、周公之易，有孔子之易。』其説經義因而不同，則非千聖一心之學矣。故今以本義之九圖爲主，而先後之序，則以類相從，他圖有相發明者，亦附見焉。義係於九圖者，爲内篇；不係於九圖，而自成一家者，爲外篇。各辨其下，庶幾發先儒未盡之意，而盡易之情焉。」又曰：「伏羲四圖，考之皇極經世，則八卦次第圖本名始畫八卦圖，八卦方位圖本名八卦正位圖，六十四卦次序圖本名八卦重爲六十四卦圖，六十四卦方位圖本名六十四卦圖，今名非康節舊名也，特朱子更定於本義云爾。」

① 「著」，文淵閣四庫本誤作「著」。

又蓍法別傳序曰：「道一而已矣，豈有別傳哉？道之有別傳也，自傳之者失其正也。夫蓍，所以決嫌疑、定猶豫，以開人心，莫善於此。自古聖神率以此道設教，其所以明吉凶之故、盡天地萬物之情者，豈非由性命自然之理哉？自漢以來，其説多強，今其所存揲蓍之術，詳見於易學啓蒙，然亦但能辨明郭雍初掛後不掛之誤，而其餘悉皆仍舊。所謂明蓍策者，既不知七八常多、六九常少之偏；而所謂考變占者，亦多牽合，且不究之卦九六之老，不可以占本卦七八之少，其譏雍法亦猶五十步笑百步耳。後世遵信其書，習而不察，徒假象辭以爲斷例，其於天下之變，安在其能盡哉？竊疑聖人彰往察來之學，神而明之，不如是之膚淺也，輒以己意著論列圖，頗析群疑，别爲一説。雖然，豈敢自謂已得正傳哉？蓋天理之所不安者，正之本也。因其心之所不安，而通之於正，亦或可以少裨易道焉。書凡二篇，其發明蓍法本旨者，定爲占辨、占例、占戒、占斷，合卜筮論爲内篇；若象占取應於易辭之中，物類增分於易象之外，及以己意斷占有驗，而非出於易理之自然者，並列外篇，以備推測之一術云。」

楊時喬曰：「其書於易中性命之理、辭象變占不言，一切以心爲言。蓋其任心爲説，凡致行承心知直行，不事防檢踐履，蓋心易之流而放焉者也。」

張雲章曰：「山陰季本明德，正德丁丑進士，嘉靖間，以御史言事謫官，後稍遷至長沙知府。晚而退居彭山，凡三十餘年，輯成此書，蓋慈湖心易之流，而以程、朱爲支離牽強者，學者審諸。」

史氏于光**周易解**

十卷。

未見。

閩書："史于光，字中裕，晉江人。正德丁丑進士，改庶吉士，授吏科給事中。"

劉氏巘**易經卦變**

未見。

沈鈇志墓曰："公字伯繡，衡陽人。正德丁丑進士，官行人，諫南巡，受杖，改南國子學正，選授廣東道御史。"

王氏漸逵**讀易記**

三卷。

未見。

漸逵自序曰："易者，時也，道也。中庸曰：『道不可須臾離也。』道之不可離，易之不可離也。中庸自人道而推本於造化，如曰『及其至也，察乎天地』是也；易自人①道歸究於人事，如曰『不言而信，存乎德行』是也。中庸言道，夫婦與知焉；大傳言易，百姓與能焉。中庸言愚而好自用，賤而好自專，生今之世，反古之道，災必逮乎其身；易則明於天之道，察於民之故，吉凶與民同患。中庸言其略，易言

① "人"，四庫薈要本、文淵閣四庫本、文津閣四庫本俱作"天"。

其詳；中庸言其理，易兼言其事；中庸舉其常，易則盡其變。易者，天下古今常變之書也，故於天地之運化，帝王之制作，聖賢之事業，君子之德學，衆人之吉凶悔吝，莫備焉，尤中庸之所未盡也。予近日益覺此易之在於吾身，不可一日而離，蓋自起居食息，以至辭受取與、出處進退、富貴貧賤、患難死生，無往而不貞夫一焉，道之不可離故也。夫子曰：『五十以學易，可以無大過矣。』予齒五十過半，悔吝尚多，兹益懼焉，乃取上、下經、十翼繹之，旁及程、朱二傳與夫諸儒之所證論，參其異而會其同，得意則筆之於册，久漸成帙，置於几案，以日觀省。雖時與諸說稍異，在明於吾心、切於吾身，如醫之制藥，惟求其病之證，服之愈而已，同異在所不論也。且夫易之理無窮，不可以一人而通，一言而盡也，如百川之支派多矣，而通諸海則同焉。苟執其一局之見，顓而言之，非知易者也。然則吾之於易，將以求其切身之病也，後之病同於吾者試之，亦可以少驗。若夫諸證或異焉，則有本草醫方在，將以付於别科，可也。」

人物考：「王漸逵，字用儀，番禺人。正德丁丑進士，官刑部主事，直陳時政，再疏乞歸。生平多著述，隆慶初，卹建言諸臣，贈光禄少卿。」

林氏希元**易經存疑**

十二卷。

存。

希元自序曰：「予束髮喜窮經，懼其遺忘，類皆劄記。既入仕中，遭斥逐，行跡①東西，散逸者有之，泗水辭官，始獲追修舊業。稍稍就緒，視學嶺表，因先出四子書示諸生，繼而入丞大理，南北更官，重以負罪南遷，風波涉歷，干戈在念，而易遂束之高閣矣。乃者被廢來歸，山居無事，念夙業未終，爰取所藏易說重加删飾②。始於辛丑之冬，越一歲而告成，定爲十二卷，命曰存疑，從舊也。」

王慎中序曰：「今之治經者，一以宋朱考亭先生之説爲宗，林次崖先生所爲易經存疑，信於朱氏深矣。前乎有言者，至於此而不可加；後乎有作者，考乎此而不能易；是先生所以獨尊朱氏者也。先生以直道爲大理，守理斷獄，歷忤權勢，其謫爲欽州，稍敘遷爲廣東僉事，議取交趾，具有謀③略，雖不用，而其志甚壯。易之爲書，於人事靡不畢備，其大者尤在於折獄用師，先生蓋不爲徒講於易之文矣。」

洪朝選序曰：「自天地設位，而易行乎其中矣。漢、唐以來，訓詁、術數、卦氣、曆象紛紛，無慮數十家，不無得於易之一體也。至伊川程子、考亭朱子生千五百年之後，獨抱遺經於衆言淆亂之餘，覃思研慮，得其粹精，然後筆之於書，爲程氏易傳、爲朱氏本義，以視漢、唐以來諸儒之易，不猶霄壤哉？國朝以經術取士，士不得兼治别經，其所以排異議、息群疑，而歸之一者，何其至也。由是以來，諸儒之治易

---

① 「跡」，四庫薈要本作「踪」。
② 「飾」，備要本作「節」。
③ 「謀」，四庫薈要本作「謨」。

者，得專肆其力於朱，絲分縷析，其業愈精，而尤莫盛於吾郡之晉江，倡之以虚齋，繼之以紫峰、筍江，而集其成於存疑。存疑者，存諸子之疑，以羽翼程、朱之傳、義者也。是書爲次崖林翁著，翁仕至兩京大理寺丞，立朝有風節。其在家，手不釋卷，其學最邃於易，所著書多未刻，子有梧才甫首刻此書，以惠多士，是能繼父之志者也。」

楊時喬曰：「是書明白條暢，繼蔡氏蒙引而作，微有異同。」

泉州府志：「林希元，字茂貞，同安人。正德丁丑進士，官大理寺丞。」

〔四庫總目〕

原刻漫漶，此本爲乾隆壬戌其裔孫廷玠所刻。舊有王慎中、洪朝選二序，載朱彝尊經義考，廷玠删之。所言皆無大發明，今亦不復補録焉。（卷五，頁五—六，易經存疑十二卷提要）

陳氏琛**易經通典**一名「淺説」。

六卷。

存。

〔校記〕

四庫存目作易經淺説，八卷。（易，頁一四）

人物考：「陳琛，字思獻，號紫峰，晉江人。正德丁丑進士，歷官江西提學僉事。」

陸元輔曰：「蔡文莊以易學教人，由科舉之業引而入於聖人之道。紫峰學於文莊，文莊曰：『吾所爲發憤沉潛而僅得者，以語人，嘗不解，不意子已自得之。』乃禮之如朱子之禮蔡季通焉。蒙引、通典雖皆訓詁之學，然發明先儒之藴爲多，説經者未可棄而不録也。」

周氏臣**大易聖傳**

卷①。

未見。

雲南通志：「周臣，字藎臣，雲南縣人。正德丁丑進士，以國子助教致仕。」

方氏獻夫**周易約説**

十二卷。

存。

獻夫序曰：「周易者何？文王之易也，故曰周易。古文周易者何？上、下經，十翼各自爲篇，古文也。何貴乎古文？循古文則伏羲、文王、孔子之易秩然矣。孰爲伏羲之易？八卦是也。孰爲文王之

〔校記〕

四庫存目作周易傳義約説，云獻夫弘治進士。朱考作正德進士，誤。（易，頁一四）

① 「卷」，四庫薈要本、文津閣四庫本俱作「一卷」。

易？六十四卦與卦、爻辭是也。孰爲孔子之易？彖、象、繫辭、文言、設卦①、序卦、雜卦是也。故循古文，則三聖之易秩然矣。傳者何？程子傳也。義者何？朱子本義也。約説者何？孟子曰：『博學而詳説之，將以反説約也。』博二子之説而約之，故名約説。於傳、義有去取乎？曰：『安得無去取也。』然則傳、義有得失乎？『噫！易道之難言也，未至於聖人者，難乎其免矣。本義之失，如謂伏羲作六十四卦，周公繫爻辭，與夫象占卦變之説之類是也。若夫傳，一詞一義之失則有之，其大者無有也。』然則傳足矣，何取於本義？曰：『自本義而通之傳，則無遺矣。豈惟本義，雖諸家之説有可取者，亦弗遺也。』然則約説多取邵子之説，何也？『噫！邵子其深於易矣乎？夫象數者，易之本也，故曰易者，象也，象也者，像也；象數得，則辭與意得矣，邵子之説，於象數精矣。所謂約者，其在是乎？其在是乎？』」

闗直方跋曰：「西樵先生盡心於三聖之藴，會古文要旨，博采程、朱傳、義諸説之醇乎易者，而折衷於邵子，一洗鹵莽支離之蔽，大彰潔静精微之全，成約説一書，凡十有二卷。嘉靖庚子夏，督府半洲蔡公嘉其簡明醇切，誠得作易要旨，而圖象尤極精到，既而以六十四卦與爻辭訂疑，復出四説，如指諸掌，公欣然攜之交南。是冬，公既戢戈櫜弓，辛丑春，爰命直方校刊而行之。」

姓譜：「獻夫，字叔賢，南海人。正德辛巳進士，仕至少師、大學士，謚文襄。」

① 「設卦」，依文淵閣四庫本應作「説卦」。

劉氏濂易象解

六卷。

〔校記〕

四庫存目著録作四卷。（易，頁一四）

未見。

黄虞稷曰：「濂，字濬伯，南宫人。正德辛巳進士，知杞縣事，擢御史。」

杜氏慤古易

一卷。

未見。

祝允明序曰：「門人杜慤以晁氏、吕氏、朱子所定古易，但復漢初之本，未合孔氏之舊。乃出己意，謂羲易獨八卦象，有畫無文，亦未①立名，因重出於三代，文王命名而作彖，周公作爻辭，孔子十翼以説、敘②、雜、彖傳、象傳、繫辭、文言爲次，亦皆有旨，此乃漢前未亂之易古文本也。乃定以羲皇三畫八

① 「未」，文津閣四庫本誤作「本」。
② 「敘」，依文淵閣四庫本應作「序」。

象爲一篇，文彖上下二篇，周爻上下二篇，孔翼十篇，共十五篇。愸爲淵孝先生之孫，余師僉憲先生之子，志夐而行狷，篤學力貧，不苟詣一人一事，游神風埃之上，有軒舉霞外想，奇士也。」

曹溶曰：「愸，字啓志，書凡十五篇，山陰祁氏有之。」

鄭氏伉**讀易管見、易義發明、卦贊**

俱未見。

鄭善夫志墓曰：「先生諱伉，字孔明，其先赤石①魯氏爲姑子後，遂爲鄭氏，居常山。先生吴康齋之高業弟子也。爲諸生，省試不合，棄去，築室龍池之上，日取諸儒論議，一切折衷於朱子，凡古載籍鮮不讀，但不讀佛、老之書，一時若蘭谿章楓山、開化吾文山、南昌張東白皆相與可否。著有易義發明、卦贊，惜其存者僅十之一爾。」

余氏誠**易圖説**

一卷。

存。

桑悦曰：「東山余先生，名誠，字中之，淛之姚江人。精於天人之學，與予論易之緒圖，乃著爲之

① 「赤石」，四庫薈要本作「出於」，文津閣四庫本作「齊實」。

說，發揚先儒之藴，而自出己見尤多。弘治十有三年六月訪予，約共訂定樂書，欲予作爲歌詩，協之律呂，定以舞節，一復千古缺典，不幸先生未抵家而卒。嗚呼！痛哉！先生著述甚多，惟此篇予著易抄相與論講，故筆之稿中。」

寧氏欽**周易宗旨**

八卷。

未見。

衡州府志：「欽，字宗堯，中鄉舉，署諸暨教諭。正德中，官御史，武皇南巡，疏請回鑾。」

潘氏葵**易思得録**

未見。

江西通志：「潘葵，字日臣，浮梁人。」

張氏廷芳**易經十翼章圖藴義**

十卷。

未見。

黄虞稷曰：「晉江人，講明理學，自號退密翁。」

汪氏思敬**易學象數舉隅**

四卷。

〔校記〕

四庫存目著録作學易象數舉隅二卷。又汪氏名敬，字思敬，此誤以字爲名。（易，頁一四）

易傳通釋

卷①。

俱未見。

黄虞稷曰：「思敬，名敬，以字行，祁門人。」

袁氏顥**周易奥義**

八卷。

未見。

孫仁記曰：「大父菊泉先生，名顥，字孟常，世居陶莊之浄池。蓄書萬餘卷，初讀易作周易奥義八

① 「卷」，文津閣四庫本作「十卷」。

卷；後讀春秋，歎曰：『仲尼實見諸行事，惟此書耳。』作春秋傳三十卷。」

李氏鳴盛**周易本義直講**

未見。

楊守陳序曰：「四聖之易，自漢以來，傳注無慮數百家，惟宋程子之傳、朱子之本義並行於世。國朝選士之制，治易必兼傳、義，士遵之久矣。至於近時，乃往往廢傳而專本義，豈謂傳、義有得失而取舍之哉？惟以傳詳義簡，競務簡以利捷耳。夫士不能博通五經，而各治其一，已愧於古，況治易而不兼傳、義，惟簡是務，益趨於陋矣。暨其幸得一官，則併其簡者，亦視之如弁髦，棄不復顧，其能仕而學者，幾何人哉？是皆可慨已。天長縣學教諭李君鳴盛，蚤受易於其父，長而講習不已，既被鄉選，以憂居家，取易溫習，因以平昔所見聞諸說，纂集成文，名曰周易本義直講，時僅及繫辭而已。逮起家官天長①，則又及上下二經，踰兩年而畢，乃因其鄉人修撰傅君曰川寓書請余爲序。其言大抵主本義而賓傳，皆循循然不敢越矩矱之外，蓋欲以示其徒，處則爲橫舍講解之資，出則爲場屋文辭之用，其用志亦勤矣。余少嘗□②易，間作舉子文字，亦主義賓傳，暨擢第歸，益味經旨，著易私抄，所見有異於前時。蓋以易爲卜筮用，而非爲卜筮作者；伏羲則河圖而作易，所以順性命之理也；大禹則洛書而作洪範，

① 「官天長」，文淵閣四庫本作「天官長」。
② 「□」，四庫薈要本、文淵閣四庫本俱作「學」，文津閣四庫本作「讀」，備要本作「習」。

所以敘彝倫之道也。圖、書非爲卜筮而出，易、範豈爲卜筮而作？尚占惟易之一道，稽疑特範之一疇耳。易豈火珠林之比哉？程子作傳，實探伏羲之精，以發性命之理，蓋不但衍周經而已。朱子謂程傳義理至備，象數猶欠，故作本義，推象數而明占筮，其辭尚簡，不過補傳之不足耳。學者豈可廢傳而專本義哉？且易道廣大，無所不備，非博學詳説，不足以究之，諸家之説，百氏之書，皆當取而不廢，則庶乎得易之道矣。李君尚進於此哉。」

程氏仲賢**周易參微録**

未見。

丁氏徵**周易注解**

佚。

紹興府志：「丁徵，字允中，新昌人。」

方氏太古**易經發明**

未見。

黃虞稷曰：「太古，字元素，金華人，從學楓山章氏。」

張氏璞**易髓**

佚。

繆泳曰：「華亭張璞，字友山，官學正。」

戴氏圭**易經大旨**

未見。

寧波府志：「戴圭，字秉誠，鄞人，學者稱野橋先生。」

胡氏居仁**易通解**

未見。

李頤疏曰：「餘干故儒胡居仁，窮經講學，深得濂、洛之傳。其平居著述有易傳、春秋傳，今頗散佚失次，存於世者有居業録、有粹言。」

范路曰：「胡居仁，字叔心，餘干人。學於吴聘君與弼，隱邑之梅谿，以敬名齋，學者稱敬齋先生。萬曆己酉追謚文敬，從祀孔廟。」

黃氏芹**易圖識漏**

一卷。

〔校記〕

四庫存目無卷數。（易，頁一四）

存。

黃虞稷曰：「龍安人，字伯馨，從蔡清學易。正德九年，以歲貢生官海陽儒學訓導。」

周氏積**讀易管見**

未見。

黃虞稷曰：「積，字以善，江山人。舉人，官至長史，從章懋、蔡清學易。」

謝氏顯**易說**

未見。

陸元輔曰：「顯，字惟仁，祁門人，甘泉湛氏弟子。」

沈氏㷆復古易

十二篇。

存。

黄虞稷曰：「嘉定人，正德中，以吕東萊訂正古易，刊正今世行本。」

㷆自序曰：「古易十二篇，羲、文、周、孔舊文也。漢人以傳解經，因附傳於經，古易遂廢，實造端於費氏，卒成於鄭氏、王氏，學者罕覩全經，孔子翼易之旨泯矣。晁氏、二吕氏始正之，蓋得於漢藝文志焉。而吕氏之更定爲得，朱子所因以作本義者也。朱子嘗病分經合傳，而羲、文、周公之經有拘執一端之弊，孔子之傳遂亂其音韻而不可讀。故本義主象占而用其本，本義所由名也。自董氏楷以本義分附程傳，今之本義因紊其次，彖、象諸傳之注，錯亂附記，了不可解，病孰甚焉。三聖人之述作，二三大儒正之而不足，世儒亂之而有餘，何俗之易同，而古之難復如此？㷆髫年受易，輒疑今文古文之云，質之師友，久而後知朱子本義次第非其故已。主程子易傳而析本義以從之，先儒之已誤。顧本義自爲書，而可以今文紊之，故不辭僭妄，而刊正之也。今文於易不加損，古文於易不加益，特欲學者復見聖賢之舊耳。抑吕微仲復古經於數百年之後，晁以道、吕伯恭繼之，朱子遂信以爲定本，則㷆之妄舉，寧不有取之而薄乎其罪者哉？」

朱氏星**周易通解**

未見。

太倉州志：「朱星，字兆文，州學生。子默中，嘉靖丙戌進士。」

陶氏廷奎**周易筆意**

十五卷。

未見。

張士紘曰：「廷奎，會稽人，官武學①訓導。以子承學貴，贈工部右侍郎，國子祭酒贈禮部右侍郎望齡之祖也。」

〔補正〕

張士紘條內「廷奎，會稽人，官武學訓導」，「武」下脱「康」字。（卷二，頁九）

王氏拱東**周易翫辭**

佚。

---

① 「武學」，依補正應作「武康學」，四庫薈要本作「武康」。

楊慎曰：「南溪老儒泉溪王拱東著周易翫辭一書，其論卦變云：『竊觀彖傳，知剛柔、上下、往來字樣，本義類以卦變言之，愚看止是一個見在卦體，並無卦變之説也。且如訟「剛來得中」，是上體之乾剛，來得坎體之中矣。隨「剛來下柔」，是上兑四五之剛，來下震三二之柔也。噬嗑以震體之二，上行離體之五，故曰「柔得中上行」。賁，艮體四五之柔，來離之二，以文三初之剛，離體三初之剛，上艮之上，以文四五之柔，故曰「柔來而文剛，分剛上而文柔」。大畜「剛上尚賢」，蓋上九以陽居上，六五以柔尊尚之矣。晉「柔進上行」，蓋坤之體柔，上行離體之五矣。无妄「剛自外來而爲主於内」，非以外乾之剛，來主於内震之初者乎？升「柔以時升」，非以巽初之柔，上行坤體之柔者乎？晉「柔進上行」，其以坤體之柔可知。睽①「柔進上行」，其以兑三之柔，上行離五之柔可見。蹇之「往得中」，言艮上之剛，往而得坎之五焉。涣「剛來不窮」，言巽上之剛，來主②於坎中之二焉。至於鼎「柔進上行」，其巽下之柔而上行離五之柔也，又豈待言哉？凡此皆本卦見成，所具義理，一展卷間，瞭然在目，若卦變甚覺牽強，恐非聖人作易之本旨也。』此論甚當，非守殘因③陋之瑣儒可及。」

① 「睽」，四庫薈要本、文津閣四庫本俱誤作「暌」。
② 「主」，文津閣四庫本作「至」。
③ 「因」，四庫薈要本、文淵閣四庫本、文津閣四庫本俱作「固」。

蔣氏以誠**易説**

未見。

按：蔣氏未詳其爵里，其説易見徐氏不我解，有曰：「羲皇圓圖，上下左右俱是剛柔相對，有開有合，諸卦立名取義，在於是也。」又曰：「乾獨言龍，舉其綱也。其餘普天萬象，莫不隨之而轉，因龍可以見天則矣。」徐氏稱其善於言易。

程氏鴻烈**周易會占**

未見。

錢枋曰：「周易會占，江寧程氏所演，占辭倣焦延壽爲之。」

姚氏麒**易經或問**

十卷。

未見。

楊氏幅**周易餘義**

八卷。

未見。

黄氏潛翁**讀易備忘**

四卷。

未見。

程氏轍**浠南易解**

九卷。

未見。

蘄水縣志：「轍，字子建，從湛若水游，仕爲國子監助教。」

氏①準**易象龜鑑**

二卷。

未見。

① 各本姓俱脱漏。

周氏佐補齋口授易説

三卷。

〔校記〕

四庫存目著録本，無卷數。（易，頁一五）

未見。

按：姚氏以下，爵里世次未詳，載聚樂堂藝文志，其目迄嘉靖初年，則所載六部皆正、嘉以前人無疑，姑附於此，俟再考。

經義考卷五十四

易五十三

徐氏體乾**周易不我解**

六卷。

闕。

〔校記〕

四庫存目存乾、坤一卷，古易辨一卷，竹垞所藏但有乾、坤一卷。（易，頁一五）

體乾自序曰：「楊龜山有云：『由漢、魏以來，以易名者，殆數千百人。』予乃徧求之，得五百餘家，皆無當孔子之義。至京口靈峰陳氏授以青山易半卷、希夷易一卷，覽其辭，闡揚十翼，率以天象言易，言約而旨深，遂以一圖懸諸室，久之，三垣七耀①若指諸掌。夫星辰體附於地、精耀於②天，凡地之一切有形，天皆有象，人變其常象，即有以示之於先。聖人觀象畫卦，辨時敘事，欲親萬民，先時示勸，舍此何從焉？故曰：『天垂象，見吉凶，聖人象之，易義悉矣。』輒不自量，爲書六卷，纖毫不敢以我與也。故定其名曰周易不我解，解不以我，寧不可證之斯人哉？萬曆庚戌陽生月。」

黄百家曰：「徐體乾，字行健，長淮衛人。嘉靖癸未進士，其易學自言本陳希夷、趙青山。用天星配四時，謂法象莫大乎天地、變通莫大乎四時，卦爻不合天文、不配四時，則孔子繫辭皆無著落。故其詮乾龍云：『春秋傳：「土功，龍見而畢務。」言九、十月之交，龍星朝見于東方，而農人土功之務畢矣。』梓慎曰：「龍，宋、鄭之星也。」魏獻子問龍于蔡墨，蔡墨曰：「周易有之，在乾之垢③曰潛龍勿用，坤之剥曰龍戰于野。若不朝夕見，誰能物之。」左氏言周易，實以星爲龍矣，龍非星，豈得朝夕見乎？史云：「杓攜龍角，角在斗前，爲蒼龍之首。」杓建子丑，龍亦旋于子丑之下，隱而未見，故曰「潛龍勿用」。杓建寅卯，龍亦躍于寅卯之方，實在天淵之分，故曰「或躍在淵」。杓建辰巳，龍亦見于辰巳之方，懸于天田星下，故曰「見龍在田」。杓建午未，龍適當中天之上，故曰「飛龍在天」。杓建申酉，龍夕惕于西南，故曰「夕惕若」。杓建戌亥，龍朝見于東北，晝晦其形，故曰「亢龍有悔」。按此而知履之「虎尾」、遯之

① 「耀」，文津閣四庫本作「輝」。
② 「地、精耀於」四字，文津閣四庫本脱漏。
③ 「垢」，依四庫薈要本、文津閣四庫本應作「姤」。

「尾」、晉之「角」、姤之「角」、中孚之「翰音」，俱取象于星，可以類而推矣。』其説具有神解。是編流傳者寡，余家止存乾、坤一卷，後五卷訪之不得，惜非完書矣。」

〔四庫總目〕

朱彝尊經義考引黄百家之言曰：「是編流傳者寡，余家止存乾、坤一卷，後五卷訪之不得。」此本乾、坤二卦一卷，與百家所言合。又有古易辨諸條，别爲一卷，則百家之所未言。蓋殘缺之餘，所存者互有詳略，故其本不同。百家又云其易本陳希夷、趙青山，然體乾自序云青山不知何許人，未審百家何以知其姓趙，殆因趙文號青山，而以意揣之歟？（卷七，頁二十五—二十六，周易不我解二卷提要）

李氏舜臣**愚谷易解**

二卷。

未見。

易卦辱言

一卷。

存。

舜臣自序曰：「唐初考定易注，惟存王輔嗣易，吉凶悔吝僉曰：『吉，善也。凶，羞也。』輔嗣或曰：『吝，恨辱也。』則恨辱云或得今吾卦數言存，豈不辱哉？然而自不可已，勉吾於易讀也。卦各一首，惟坤二首、明夷五首。」

姓譜：「舜臣，字懋欽，一字夢虞，樂安人。嘉靖癸未進士，官至太僕寺卿。」

潘氏恩**周易輯①義**

三卷。

未見。

公自序曰：「唐李鼎祚集虞翻、荀爽等三十餘家，刊輔嗣之文，補康成之象，昔儒有云：『隋、唐以前，易家諸書，逸不復傳，賴李氏集解，猶見一二。』然則古易師諸説胡可廢哉？予潛心易學，取古今人之論著，反覆攷觀，因憶昔儒吴立夫之論易云：『談理致者多溺於空虚，守象數者或流於讖緯。』乃以斯語定爲折衷，去浮文，存本實，芟煩雜，略玄虚，録其發明象義、有裨經學者，檃栝成編，一得之愚，偶有見聞，不揆淺陋，亦以附入，名曰緝義。説文：『緝者，繼也、續也，亦叶也。』謂其繼續前聞，叶和易義云耳。録藏家塾，朝夕覽觀，思豁潔静精微之教，以造致用崇德之階，未能也，貽示同志，蘄就正焉。」

人物考：「恩，字子仁，上海人。嘉靖癸未進士，歷官南京工部尚書，改都察院左都御史，贈太子少保，謚恭定。」

---

① 「輯」，四庫薈要本、文津閣四庫本作「緝」。

李氏義壯周易或問

未見。

義壯自序曰：「天下之道，正而已矣；天下之正，中而已矣；中正也者，所以貫天下之道也。易也者，易也，隨時變易，以從道也；道也者，中正之謂也。古今之學易者，率皆以陰陽各得其位爲正，而二五爲中，一三四六則非中也。陽而之陰，陰而之陽，則非正也。噫嘻！其然，豈其然哉？夫進退存亡，位不同也；吉凶悔吝，時不同也；盈虚消息，道不同也。膠於道，則有病於時；膠於時，則有病於位；膠於位，則有病於易。故聖人精義致用，變通隨時，凡求其所謂中正者，從之而已，不然，其何以爲易哉？予嘗有志於此，沉潛反覆四十餘年，而未之有得。一日，讀至小畜；卦一道也，彖又一道也；象一道也，爻又一道也；恍然若有悟焉。然後知孔子之易非周公之易，周公之易非文王之易，文王之易非伏羲之易。數聖人者，其所以爲天下後世慮，其將各有攸當乎？故讀伏羲者，如未嘗知有文王也；讀文王者，如未嘗知有周公也；讀周公者，如未嘗知有孔子也；此善學易者也。彼不知者，乃欲求中正於二五陰陽之間，則其執一亦甚矣，其又何以爲易哉？故曰：『所惡執一者，爲其賊道也，舉一而廢百也。』間嘗執此求之，天下不姗笑而置疑者，亦鮮矣。未有脱然以爲是者，乃退而求諸先儒之緒言，或有契焉。積之歲月，類以成書，其間微辭隱義，訓釋明備，可以擴四聖所未發者，亦并從而録之。惟求以極斯理之所至，盡吾心之所知，以不背於中正之歸則已，他非所敢知也。」

葉氏良珮**周易義叢**

十六卷。

存。

良珮自序曰：「自漢至今，專門易學，不啻百有餘家，或傳象數，或明義理，或推之互體卦變五行，求其真有以見天下之賾之動，得四聖人所不傳之秘者，什無二三焉。乃於百有餘家內，摘取精要者，彙爲是編，仍以子朱子本義冠之端首，蓋以其兼明象占故也。至若程傳，則備書而不敢有所删節，釐爲若干卷。僭不自量，輒綴測語附之章末，名曰周易義叢，用傳同好，聊備千慮一得之採擇云。嘉靖二十六年秋九月。」

臺州府志：「葉良珮，字敬之，浙江太平人。嘉靖癸未進士，仕止刑部郎中。」

豐氏坊**古易世學**

十五卷。

〔校記〕

四庫存目作十七卷。（易，頁一五）

存。

易辨

一卷。

存。

錢謙益曰①:「豐坊,字存禮,鄞縣人。嘉靖二年進士,除禮部主事,以吏議免官。家居坐法,竄吳中,改名道生,字人翁,年老貧病以死。存禮高才博學,下筆數千言立就,於十三經皆别爲訓詁,鈎新索異,每托名古本或外國本,今②所傳石經大學、子貢詩傳,皆其僞撰也。」

陸元輔曰:「豐氏古易世學本坊一人所作,而僞托於遠祖稷、曾祖慶、父熙,而以己承其學,真狂易者所爲也。」

按:豐坊易辨以孔子授易於商瞿,故其說文言傳,凡云『何謂也』,言是瞿所問,凡云『子曰』,則夫子答之之辭。

蔡氏潤宗**易學正言**

未見。

---

① 「錢謙益曰」,四庫薈要本作「錢陸燦曰」,文淵閣四庫本作「陳子龍曰」,文津閣四庫本作「寧波府志」。

② 「今」,文淵閣四庫本誤作「經」。

閩書：「蔡潤宗，字克昌，晉江人。嘉靖乙酉舉人，除餘杭知縣，以易學正言教士。」

陳氏深**周易然疑**

佚。

長興縣志：「陳深，字子淵。嘉靖乙酉舉人，知歸州調荆門。」

蔣氏經**易經講義**

佚。

兩浙名賢録：「蔣經，字引之，開化人。嘉靖乙酉領鄉薦，知昌平州。」

鄒氏守愚**易釋義**

未見。

黄虞稷曰：「守愚，莆田人，嘉靖丙戌進士。」

唐氏樞**易修墨守**

一卷。

存。

陸元輔曰：「唐樞，字子鎮，歸安人。嘉靖丙戌進士，官刑部主事。易修墨守一卷，王思宗序之。」

劉氏邦采**易蘊**

二篇。

未見。

黃虞稷曰：「邦采，字君亮，南昌人。嘉靖戊子舉人，官嘉興府同知，從學王陽明。」

鄭氏守道**易解**

未見。

閩書：「鄭守道，字用行，福州人。嘉靖戊子舉人。當主白鹿洞教事，著太極圖説并易乾坤上下繫辭解，能闡周、程之秘。知夏津縣，遷徽州府通判。」

羅氏洪先**易解**

一卷。

存。

范路曰：「羅洪先，字達夫，吉水人。嘉靖己丑賜進士第一，除翰林修撰，以言事削籍爲民。學者稱念菴先生，隆慶元年詔贈光禄卿，謚文恭。」

楊氏爵**周易辨録**

四卷。

存。

爵自序曰："予久蒙幽縶，自以負罪深重，憂患驚惕之念，即夙夜而恒存也。困病中①日讀周易以自遣，或有所得，筆之以備遺忘，歲月既久，六十四卦之説略具矣，因名曰周易辨録，繫曰困德之辨也。吾以驗吾心之所安，力之所勝何如耳。若以爲實有所見，而求法於古人焉，則吾死罪之餘，萬萬所不敢也。時嘉靖二十四年乙巳九月。"

姓譜："爵，字伯修，富平人。嘉靖己丑進士，歷御史，直言，下獄，釋爲民。隆慶元年，贈大理丞。"

林氏性之**易經淺説**

未見。

人物考："林性之，字師吾，晉江人。嘉靖己丑進士，官南京户部、廣西司郎中。"

---

① "中"，文津閣四庫本作"終"。

薛氏甲**易象大旨**

八卷。

存。

張袞序曰：「古者聖人之作易也，與天地準，設卦明象，觀爻立辭，而陰陽之賾、剛柔之變盡矣。薛君應登生千載之下，有志於聖人之學，覃思研精，深於易解，每卦之下，列傳與爻，證以文言，言必有斷，斷必有義，或以類求，或以出於其類之外，錯綜交互，而變化行於其中。爻以二五爲中爲正，有得其時，則位皆不當，而曰中行、曰可貞；不得其時，則位皆中矣，而曰貞凶、曰貞厲；神而明之，時之義大矣。薛君讀易十有餘年，蚤夜以作，食寢與俱，始克成編，刻而傳之，自題曰易象大旨。曰象者，易所自有，非有加也；曰大旨者，括其諸説，讚以微言，止以明象而已矣。此薛君之志也。」

人物考：「薛甲，字應登，江陰人。嘉靖己丑進士，歷江西按察副使。」

黄氏光昇**讀易私記**

未見。

姓譜：「光昇，字明舉，晉江人。嘉靖己丑進士，歷刑部尚書。」

熊氏過周易象旨決録

七卷。

存。

楊慎曰：「叔仁易象旨一書，多以易數爲主，而引伸觸類，繼絶表微，條貫葉分，可謂擇之精而語之詳矣。」

過自序曰：「易之始終，獨有象爾，學者猥稱畫前易，豈非秪以爲異哉？昔者聖人類萬物之情，象其物宜，物有萬，不出陽陰奇偶之畫也，是謂儀象，故生八卦，以象吉凶，是故易者，象也。八卦成列，象在其中，奚啻天地、風雷、山澤、水火哉？即陰陽消長盛衰之間，觀其所乘，而吉凶大業，莫能違也。樸斲風漓，後聖乃廣爲之象以開物，開而正名當物①，因其自然，故曰：『象者，像也。』象有數，故曰：『極其數，遂定天下之象。』象有辭，故曰：『象者言乎其象，聖人設卦觀象繫辭焉。』是數與辭皆出於象也。辭有吉凶悔吝，皆謂之象：吉凶者，得失之象也；悔吝者，憂虞之象也；彖爻所同也，四者不爲象而爲占，何其不察聖人之言耶？其所謂變化者，進退之象也；其所謂剛柔者，晝夜之象也；爻所獨也。異哉後世之説曰，此爲象、此爲占，既又曰戒占，嘻！亦已支矣。或又曰此爲意、此爲言、爲象、爲數，豈不益甚哉？昔韓宣子適魯，見易象，明古統彖爻爲象也。居則觀其象而玩其辭，居則本卦不變言，故曰

① 「正名當物」，文淵閣四庫本作「當名辨物」。

所居而安者，易之象。古爲象，今爲序，繇字誤也。動則觀變玩占，動謂之卦，故曰所變而玩爻之辭，亦緣字誤轉變爲樂矣。得其不變者則占彖，得其變者則占爻辭，皆象也。象皆占也，占皆象也，又可分象占哉？有不得其説者，則曰：『有占無象，象在占中；有象無占，占在象中。』嘻！支矣。是故易非獨言與數，其意亦皆生於象而已，故得稱象之意、象之言、象之數，書不能盡言，言不能盡意，立象盡意，則辭可略矣。今大①象旨者，猶爲因辭求象之道耳。是故有一卦之象，有一爻之象，自其變者觀。剥彖傳曰：『觀象。』觀也者，觀卦也，二陽之卦，剥五所自變也，一卦論變之例也。蒙六五：『童蒙之吉，順以巽也。』巽者，巽卦也，五變則上體巽，一爻論變之例也。在履而當夬位曰夬履；在兑而當剥位曰孚剥；否九五稱大人，與乾同；中孚九五稱攣孚，與小畜同。此四爻者，皆曰位正當，兼取兩卦相當之例也。歸妹以恒，用恒之道，以初三易位者也。乾九四，乾之小畜，小畜之中又有兑、離，故曰革，是變之又變也。萃六三上，巽三五，互一卦之例也。泰六五，歸妹中四爻，互二體之例也。雜物撰德，非其中爻不備之謂也。於是而正名，百物亦足矣。商瞿始受易孔子，瞿所爲學，今即無知者，史稱瞿後有數家，皆以象數爲宗，而王同始爲書，丁寬、服生皆著象數篇，亦以費氏廢矣。惜哉！王弼尚名理，隋興，遂爲中原師，邢昶等益欲忘卦棄畫，王濟有言：『弼所誤者多，何能頓廢先儒？』濟言是矣。然本先儒自淮南九師、虞、荀、崔、陸之徒，煩瑣猥曲，億而時獲，非能盡合卦爻陰陽之義。顔氏庭誥乃云：『馬、

①「大」，依文淵閣四庫本應作「夫」。

陸得其象數，此亦耳食何異？』李鼎祚集解及釋文，詩、二禮①、春秋義疏，後漢書，文選注，康成説往往散見；朱子發、郭子和、丁易東、吴幼清及道者流周易鈎深圖等，世多傳有其書，皆得失參半。黄楚望最後出，最以象學自名，其言曰：『古者占筮書即卦爻，取物類象，懸虛其義，以斷吉凶，上古聖神所爲，自然之理也。立辭者時取以明教，九簭法亡，簭人所掌者不復可見，而象義遂不可復通。』如楚望言，是古未嘗無類例矣，今沿辭而求翼説，廣八卦之象具在，在學者引信②觸類耳。雙湖胡氏乃云：『孔子取八卦象，有括文王、周公象、爻例者，有自括大象例者，又有於説卦别取者。』胡氏於象，豈可謂會通於簭人所掌之遺乎？若楚望象外之象，竊意謂陰陽盛衰，即所乘而生大業者，本無言之易，蓋今象之源，亦時露其微，不欲比同而語，使讀者更增塗轍。程、朱易，學官盛行，童而習之，當二先生時，其爲工力深矣。要其舍象，非易之全也。豈惟非易之全，將使人如燕相説郢書者矣，故在讀焉而擇之。或云：『象一定，則裁成何寓哉？』曰天人，一也。鄭顓天，王乃顓人，學徒病之久矣。有能類萬物之情，會其一源，出入以度，外内而知懼者，是易之道，斯其爲己易也。道術裂，百家出，多緣起於陰陽可推而通，易爲無害也者，與始近而未遂遠者，亦間附焉，以見易藴，猶曰在學者引信③觸類以辨之耳。乃若道器太極，説有不同，古先者約文申奥，據易證焉。庶明達省之，有以相發，其要不越乎類物之情，象其物宜云爾。其升陽子數四，則本易外别傳，然道貫物我，施由身始，亦不可廢也。援類例推而麗之，共諸里師，

① 「二禮」，四庫薈要本作「三禮」。
②③ 「信」，備要本作「伸」。

具訓蒙士，有罪我者，期其諒只。若俟來今以求知，則默而成之，非夫古人，其孰能獲我心者乎？嘉靖辛亥二月。」

劉憎曰：「象旨多聖賢所未發，如形而上、形而下、道器之辨，迥異於古，大抵折衷群言，會歸一統。」

胡氏經**易演義**

姓譜：「熊過，字叔仁，四川富順人，嘉靖己丑進士。」

十八卷。

存。

張雲章曰：「經，號前岡，廬陵人。嘉靖己丑進士，其説好與朱子異。」

黄氏中**易經記蒙**

未見。

括蒼彙紀：「黄中，字文卿，遂昌人。嘉靖辛卯舉人，除知鉛山縣，入爲御史，遷天津兵備副使。」

董氏燧**周易問答**

未見。

陸元輔曰：「燧，號蓉山，撫州人。嘉靖辛卯鄉舉，歷官刑部郎中，師王心齋、鄒文莊，講學不倦，嘗同陳惟濬商訂疑義，著周易問答。」

蔡氏元偉**易經聚正**

未見。

閩書：「蔡元偉，字伯瞻，晉江人。嘉靖辛卯領鄉薦，除知德安縣事，遷杭州府通判、撫州府同知。有四書折衷、易經聚正各若干卷。」

王氏畿**大象義述**

一卷。

存。

人物考：「畿，字汝中，山陰人。學者稱龍谿先生，嘉靖壬辰進士，歷兵部主事。」

吳氏悌**易説**

十卷。

未見。

曹溶曰：「悌，金谿人，嘉靖壬辰進士，歷官南京刑部右侍郎。」

洪氏垣**周易玩辭**

未見。

黄虞稷曰：「垣，婺源人，嘉靖壬辰進士。」

周氏滿**易象旨**

五卷。

未見。

楊時喬曰：「受菴自序言程子傳義精矣，獨象未具，故説容有出入。朱子義既專宗程子，而别無所發明，又概以占括之，而象旨益晦。然二先生傳、義，其説皆正。是書以象爲説，未有實見，皆訓詁之訓詁也。」

張雲章曰：「周滿，字謙之，廣漢人。嘉靖壬辰進士，師事涇野呂氏，官至右副都御史，巡撫南贛。」

米氏榮**易説**

未見。

邵武府志：「米榮，字仁夫，三井堠①人。嘉靖壬辰進士，除太平府推官，陞職方員外郎，歷官湖廣布政使司左參議。」

吕氏光洵**易箋**

未見。

紹興府志：「吕光洵，字信卿，新昌人。嘉靖壬辰進士，仕至南京工部尚書。」

盧氏翰**古易中説**

四十四卷。

存。

鄭玥曰：「翰，字子羽，潁川人。嘉靖甲午舉人，司理兖州。其書有王道增、張鶴鳴二序，刊板杭州府學，已亦有序。」

何氏維柏**易學義**

未見。

---

① 「三井堠」，文淵閣四庫本作「三井瑕」。

姓譜：「維柏，字喬仲，南海人。嘉靖乙未進士，歷南京禮部尚書。」

馬氏森**周易說義**

十二卷。

未見。

姓譜：「森，字孔養，懷安人。嘉靖乙未進士，歷户部尚書。」

昝氏如思**古易便覽**

一卷。

未見。

姓譜：「昝如思，字子學，三原人。嘉靖乙未進士，官御史。」

胡氏賓**易經全圖**

一卷。

〔校記〕

四庫存目著録四卷。（易，頁一五）

未見。

曹溶曰：「光州人，嘉靖乙未進士。」

陳氏言**易疑**

四卷。

存。

言自序曰：「易非聖人卜筮之書也，卜筮以聖人之書爾。伏羲畫卦，原神於太乙，起數於陰陽，類象於萬物，通幽於神明，和順於道德，性命無乎弗括。文王於卦，爲之辭以明其象類；周公於爻，爲之辭以盡其變化。孔子於卦爻，爲之彖、象、文言、繫辭、說、序①、雜卦以闡羲、文、周公之義理。使學者修此而吉，悖此而凶，淵乎廣矣，而非作之以卜筮也。子曰：『易有聖人之道四焉。辭、象、變、占是也。』孔子見卦爻之有辭象變占，言焉而廣大，動焉而吉凶，制器焉而網罟舟楫之用，卜筮焉而神物大衍之策斯遍舉之矣，而未嘗專於卜筮也。夫易何止五經之原，天地神化之奧，而於卜筮之技精之，則末矣。秦、漢諸儒考象辭則泥術數，論義理則淪空寂，而不知孔子之易先義理而托象數者也。蓋伏羲之畫，文王之辭，其數其理，占之卜筮則人事之吉凶見焉，用之作爲則天理之吉凶隨焉。體其卦爻之蘊，察乎辭象變占之理，通乎言動制器卜筮之用，吉凶得失用之。所向即理也，理之所協即占也，占之所利即用也，是孔子之易也而非專於卜筮明矣。是故學者索卜筮於卦爻之外，參程傳於本義之中，斯孔子之易

① 「序」，四庫薈要本誤作「圭」。

備矣。作易疑。」又自述曰：『易何疑乎？吾疑於庖犧之卦非使人卜筮也；吾疑乎卜筮之因卦而作也；吾又疑乎文王、周公卦爻之辭未有占也，卜筮者占之也；吾疑乎卦辭論卦之吉凶，爻辭論爻之得失而已也；吾又疑乎繫辭之傳不必上下，其爲章不必皆十有二也；吾又疑乎卦爻之辭，間有未安者也；吾又疑乎馬、鄭、王弼、孔穎達輩明其義而踈，希夷、康節精矣而一於數，伊川得易之用，紫陽得易之深；吾又疑乎羲、文之一理而通之者也，繫辭悉矣。或曰：『子是之疑，其無疑乎？』則吾豈敢。」

錢士升序曰：「鹽官陳仲修與弟則梁刻其王父東涯先生所著易疑，而問序於余，余不知易，安能言易？然竊觀先生序疑之旨矣，以爲重卜筮、推象數者，朱子之易；隨時易事、隨事盡理者，程子之易；而通卜筮於卦爻之外，參程傳於本義之中，斯爲孔子之易。然則程、朱於孔子將無有合而離、離而合者乎？錢子曰：『此陳先生所以深於易也。』夫易者，天地之藏，萬物之契，五經之原也。吾夫子四十而不惑，及晚而好易，韋編三絶，銕①鏑三折，而猶不敢自信，謂：『假我數年，以學易，可無大過。』蓋易之難窺如此。其説易也，曰：『易有聖人之道四焉，以言者尚其辭，以動者尚其變，以制器者尚其象，以卜筮者尚其占。』象也、變也、占也、辭也，皆君子所觀而玩者也。而後之學者，就其見之所及以成一先生之言，不乃執一而廢百乎？漢初言易者本田何，立於學官者有施、孟、梁丘、京氏之學。嗣後鄭、王兩家，頗行於代，其説各有詆諆。弼之譏玄也，曰：『互體不足，遂及卦變，變又不足，推致五行，一失其源，巧喻彌甚。』而譏弼者復謂六爻變化，群象所效，日時歲月，五氣相推，多所不關，將泥大道。李鼎祚云：

① 「銕」，文淵閣四庫本作「鐵」。

『鄭參天象，王釋人事，易豈偏滯於天人哉？』至宋，程氏傳、邵氏説出，而易義愈精矣。乃陳瑩中舉邵説似劉器之，劉不其然。朱子亦以必見意象方可説理，而本義則又觭重卜筮。夫作易以前，民用固也，而易豈止爲占設哉？先生童而好易，覃思旁摭，筆注手疏三十年，始成此書，而猶以疑名，此先生所以深於易也。」

胡震亨序曰：「獻可陳先生湛深儒術，嘗悉取五經爲之説，而名之曰疑。年三十有二，春秋疑成；又三歲，詩疑成；而易疑之成，時年四十有三，爲易簀前一歲。先生之爲易疑也，前後凡二十餘年，稿不啻三四易，生平精力似尤獨注此書者。今觀所爲説，大都因象以顯理，不援占以傳象，撮紫陽氏之勝，而絀其主卜筮者，成爲一家言，則作者大指云爾。先生歿後，是書家户争傳寫之，而世本多所訛謬，學者患焉。聞孫仲修氏、則梁氏取先生手藁，再四校讎，授梓以副士林求，蓋先生是書，八十年而始大顯也。」

曹樹聲曰：「東涯先生討論六經，原原本本，開千古絶學，於易尤精。」

俞汝言曰：「言，字獻可，海鹽人。嘉靖丁酉舉人。」

吴氏紳**易通**

未見。

閩書：「紳，字克服，仙遊人。嘉靖丁酉舉人，由德興儒學教諭遷知桐廬縣事，歷常州府通判，歸講學於鳳山寺。」

王氏春復**周易疑略**

未見。

陸元輔曰："春復，字學樂，晉江人。嘉靖戊戌進士，初令泰和，質學於羅整庵、歐陽南野，累官廣西布政使參政，遷按察使，未仕，卒。著有周易、四書疑略。"

游氏震得**周易傳義會通**

未見。

人物考："游震得，字汝潛，婺源人。嘉靖戊戌進士，歷僉都御史，總督南京糧儲，宗姚江良知之學，學者稱爲讓溪先生。"

經義考卷五十五

易五十四

方氏逢時**周易外傳**

一卷。

未見。

陸元輔曰：「方逢時，字行之，嘉魚人。嘉靖辛丑進士，累官太子少保、兵部尚書。」

張氏鶚翼**易説辨譌**

未見。

陸元輔曰：「張鶚翼，字習之，上海人。嘉靖辛丑進士，累官右僉都御史，巡撫貴州。」

陳氏士元易象鉤解

四卷。

易象彙解

二卷。

俱存。

士元自序曰：「孔子曰：『易之興也，其於中古乎？作易者其有憂患乎？』今觀泰、否、剥、復、損、益、夬、姤之相次也，陰陽消長、治亂存亡之機微矣。先儒傳注，論義理不論禍福，慮人以卜筮淺易也；發明彖、爻，非不顯著，而取象之由，則略而不論。夫文、周繫辭觀象以闡吉凶，占者玩辭稽象以定趨避，朱晦庵、張南軒，善談易者，皆謂互體、五行、納甲、飛伏之數俱不可廢，豈不豁然於蓍變，而歉然於傳、經哉？蓋文、周彖、爻，雖非後世緯數瑣碎，拘拘互體、五行、納甲、飛伏也，而道則無不冒焉。傳注者惟以虛玄之旨例之，有遺論矣。往予爲彙解三卷①，括其大凡，而舊所謬承，尚闕質問者，兹則述之簡篇，題曰鉤解，云鉤曲也，轉取也，本無所見、物而旁通者也。若夫陰陽消息、治亂存亡之幾②，其何能

① 「三卷」，依補正應作「二卷」。
② 「幾」，文津閣四庫本作「機」。

解哉？」

〔補正〕

自序内「往予爲彙解三卷」，「三」當作「二」。（卷二，頁九）

陸元輔曰：「士元，字心叔，應城人，嘉靖甲辰進士。」

沈氏束**周易通解、易圖**

〔校記〕

萬曆紹興府志易圖作易圖説。（易，頁一五）

俱未見。

姓譜：「束，字宗約，會稽人。嘉靖甲辰進士，歷給事中，疏劾嚴嵩，下詔獄十五年，釋爲民。隆慶改元，起復職，擢通政，咸辭不出。」

吴氏文光**周易會通**

未見。

陸元輔曰：「吴文光，字有明，婺源人。嘉靖丙午舉人，除應山知縣，拂衣歸里講學，學者稱爲一源先生。」

陳氏嘉謨**周易就正略義**

五卷。

未見。

黄虞稷曰：「嘉謨，廬陵人，嘉靖丁未進士。」

王氏樵**周易私録**

未見。

〔校記〕

四庫存目著録凡三册。（易，頁一五）

陸元輔曰：「王樵，字明逸，號方麓，金壇人。嘉靖丁未進士，累官刑部侍郎、南京右都御史。卒，謚恭簡。」

李氏先芳**周易折衷録**

五卷。

未見。

陸元輔曰：「先芳，字伯承，濮州人，嘉靖丁未進士。」

梅氏繼勳**周易管闚**

四卷。

未見。

李延昰曰：「宣城人，嘉靖己酉舉人，漢陽知縣，遷黄州府通判。」

張氏四知**易經辯①疑**

未見。

汝寧府志：「張四知，字子畏，信陽州人。嘉靖庚戌進士，歷官四川按察司僉事。」

魯氏邦彦**圖書就正録**

一卷。

存。

王道行序曰：「睢陽魯朝選登第，授行人，以終養歸十餘年，事親之外，殫思六籍，讀易有得，爰著是編。大傳言太極，濂溪先生以無極贊之，參以五行，真爲不類。象山非之，不害其爲象山。然則朝選

① 「辯」，文津閣四庫本作「辨」。

今日之所論辨，初何嫌於異同哉？至謂太極不可見，圖兩儀以見太極，深得古人之意，且衍爲四象八卦，無不脗合。他如論圖、書之理，駁先儒五行經緯之説爲非是；以八卦輪轉明逆順之序，謂易道主變不主生；與夫性善之説，皆平正精確，足以羽翼大易無疑也。嘉靖丙寅二月。」

曹溶曰：「魯邦彦，字朝選，睢州人，嘉靖庚戌進士。」

李氏贄**九正易因**

四卷。

存。

〔校記〕

四庫存目無卷數。（易，頁一五）

贄自序曰：「易因一書，予既老，復遊白門而作也。三年，就此封置筴笥，上濟北讀易於通州馬侍御經綸之精舍，晝夜參詳，更兩年，而易因之舊者存不能一二，改者且至七八矣。侍御曰：『樂必九奏而後備，丹必九轉而後成，易必九正而後定，宜仍舊名易因，而加①「九正」二字。』予喜而受之，遂定其名曰九正易因也。」

閩書：「李載贄，晉江人，嘉靖壬子舉人。」

---

① 「加」，文津閣四庫本誤作「知」。

徐氏師曾**今文周易演義**

十二卷。

存。

師曾自序曰：「余用古文周易作演義，以俟好古君子，復取今文録之，以爲是編。蓋經、傳之亂久矣，漢、魏而下，千有餘年，未聞有正之者。至宋，始定於吕氏，然惟朱子崇信之，而一齊衆楚，卒不能廣其傳。嗚呼！何其難也。方今朝廷之頒布，有司之貢舉，學官之藏，閭童之習，率用今文，而余欲以古文變之，勢必不能，此是編之所爲録也。本義之書，其文簡略，其旨微奥，驟而觀之，猝未見有不合者，而不知毫氂之差，謬以千里，不可不擇也。余爲是書，搜括百家，諮訪衆説，而折衷於朱子，前後十年，始獲脱稿，然中多未定，未敢傳諸人也，間出以質會稽士人，遂刻諸杭。邇來謁告家居，藥物之餘，重加修改，友人董朝獻請刻以傳，余方悔初本未定而誤行也，遂不辭而畀之。隆慶戊辰七月。」

人物考：「徐師曾，字伯魯，吴江人。其學自易旁及諸經，以至洪範、皇極、陰陽、曆律、醫卜、篆籀諸家，皆能通其説。中嘉靖癸丑進士，改庶吉士，授兵科給事中，歷禮科左給事中。」

姜氏寶**周易傳義補疑**

十二卷。

存。

寶自序曰：「秦火六經，易以卜筮故，獲存於太卜之官，而漢儒說易，鮮有得其要領者，惟宋程、朱二氏說爲是。程傳專主理而不盡及占①；朱子本義謂此爲卜筮之書，其說則專主占；愚於是心有疑焉。家居十有五年，日手是書，居乎是，動乎是，觀且玩乎是，日求所以寡過而未能，又日求所以貫通其說而未有得也。乃專主傳、義十八九，旁及諸家十一二；於程、朱二先生之說間有疑者、未詳者，由臆見爲臆說，其或有一得之愚、一隙之明，悉録之，久而成帙，攜以入留曹。侍御潘君維岳、郡守古君之賢，並有志學易者，謂可以傳，相與校正，而刻之新安郡齋。夫孔子能羽翼三聖人之經，程、朱二先生又能羽翼孔子之經，使予之說而可羽翼乎程、朱二先生之傳、義，二君雖許我乎，必以俟諸後來者。」

人物考：「姜寶，字廷善，丹陽人。嘉靖癸丑進士，歷南京禮郡②尚書，加太子少保。」

〔補正〕

人物考條内「南京禮郡尚書」，「郡」當作「部」。（卷二，頁九）

程氏廷策讀易瑣言

未見。

人物考：「程廷策，字汝揚，歙縣人。嘉靖癸丑進士，官辰州知府。」

---

① 「占」，備要本誤作「古」。

② 「郡」，依補正、四庫薈要本、文淵閣四庫本、文津閣四庫本、備要本應作「部」。

江氏一麟**易説**

未見。

陸元輔曰："江一麟，婺源人，嘉靖癸丑進士。"

顧氏曾唯**周易詳藴**

十三卷。

存。

陸元輔曰："顧曾唯，字一貫，號魯齋，吴江人，嘉靖癸丑進士。"

孫氏應鰲**淮海易談**

四卷。

存。

應鰲自序曰："易以著天地萬物之理，天地萬物之理妙於人心。古之聖人，生而明諸心矣，欲人人皆明諸心，於是作易。自經之意晦，於是諸儒爲之傳。愚自學易，嘗求諸儒之説於傳，求諸聖人之説於經，未窺測也。已乃因傳以求經，因經以求心。噫嘻！天地得易以清以寧，萬物得易以生以成；吾人得易，上下四方、往古來今、罔不畢臻。心之理若是，至精、至純、至大、至一也。得其心，斯得其理矣，繼自今，請終身是易也夫。隆慶二年戊辰中秋日。」

陸元輔曰：「應鰲，如皋人。嘉靖癸丑進士，仕至南京工部尚書。萬曆初，謚文恭。」

李氏貴**讀易劄記**

二卷。

未見。

曹溶曰：「貴，豐城人，嘉靖癸丑進士。」

鄧氏元錫**易經繹**①

五卷。

存。

高佑釲曰：「鄧元錫，字汝極，江西新城人。嘉靖乙卯舉人，以南昌守范淶、南國子祭酒趙用賢薦，遂以翰林院待詔徵。自號潛谷，萬曆戊寅繹易於廩②山，既卒，學者私謚爲文統先生。」

① 「繹」，文津閣四庫本作「緯」。
② 「廩」，四庫薈要本脱漏。

顏氏鯨**易學義林**

十卷。

存。

鯨自述曰：「易之爲書，包含萬理，義更四聖，象數具陳，已無餘藴，後儒紛紛之説，非無所見，終墮偏枯。惟伊川傳辭博義該，神理兩得，説莫辨於此矣。朱子復本占法，作本義。竊謂易不專爲卜筮之書，易有君子之道四焉，以卜筮者尚其占，特四中之一耳。今故悉遵程傳解易之法，間采本義，列位①傳後。」

張雲章曰：「鯨，字應雷，慈谿人。嘉靖丙辰進士，其自序謂：『悉遵程傳，而兼采本義。』其意似不滿於朱子，以易有君子之道四，而朱子謂只是卜筮之書也。書中雜引故實，本之誠齋易説，而出自鯨筆者多蕪穢。」

劉氏穩**易義折衷**

佚。

湖廣總志：「劉穩，字朝重，鄙縣人。嘉靖丙辰進士，南京太僕少卿。」

① 「位」，備要本作「於」。

陳氏錫**易原**

一卷。

存。

台州府志：「陳錫，字元之，臨海人。嘉靖丙辰進士，官禮部主事，忤嚴嵩，罷官歸，而杜門著書。作易原，辨陰陽象數之指，證以古今事變，識者謂遠過誠齋楊氏。」

王氏之士**大易圖象參**

未見。

李因篤曰：「王之士，字欲立，藍田人。嘉靖戊午舉人，萬曆中，趙用賢及御史汪以道薦之士與新城鄧元錫、安福劉元卿爲海内三逸，同授國子監博士。除目至，卒已四月矣。」

吴氏福**易説**

十卷。

未見。

長興縣志：「吴福，字常甫。嘉靖戊午舉人，授星子知縣，遷沔陽知州。」

王氏世懋**易解**

一卷。

存。

錢謙益曰①:「世懋,字敬美②。嘉靖己未進士,官至南京太常寺少卿。」

按:王氏易解凡九條,載集中。

蔡氏國熙**易解**

未見。

廣平府志:「蔡國熙,字春臺,永年人。嘉靖己未進士,歷官山西提學副使。」

李氏文纘**易解**

未見。

閩書:「李文纘,泉州南安人。嘉靖辛酉舉人,除知易州,陞常德府同知,轉岷府長史。」

---

① 「錢謙益曰」,四庫薈要本作「錢陸燦曰」,文淵閣四庫本作「陳子龍曰」,文津閣四庫本脱漏。

② 「敬美」下,文津閣四庫本有「太倉人」三字。

孫氏振宗**易學說約**

未見。

閩書：「孫振宗，晉江人。嘉靖壬戌進士，官行人。」

徐氏元氣**周易詳解**

十卷。

存。

吴同春曰：「方伯徐公易詳解，卑不抗之使高，淺不鑿之使深，近不推之使遠，明不抑之使晦，斯讀易者之標準也。」

曹溶曰：「易經詳解十卷，南京通政使徐元氣撰，弟元太輯。一刻之成都，再刻之□南①，復刻於滇。有汝南吴同春、金溪聶良杞、沔陽陳文燭、長水沈懋孝、順陽李蓘、汝南張九一爲之序，閩東游樸、吴江杜偉爲之後序。」

陸元輔曰：「元氣，號陵陽，宣城人。嘉靖壬戌進士，歷官南京通改使②。」

---

① 「□南」，四庫薈要本作「劍南」，文淵閣四庫本、備要本俱作「汝南」。

② 「通改使」，依四庫薈要本、文淵閣四庫本、文津閣四庫本、備要本應作「通政使」。

萬氏廷言**易説**

四卷。

存。

廷言自序曰：「廷言少讀程先生易傳，頗通其辭。山中三十年，端居深玩，時亦或通其意，懼其忘也，因銓次而識焉，以備觀省，終吾身而已矣。蓋困而不學，民斯爲下，倘亦附於困知之後也可。萬曆庚寅長至日。」

陸元輔曰：「廷言，字以忠，别字思默，南昌人。嘉靖壬戌進士，官雲南提學僉事，降同知。」

張雲章曰：「萬公爲羅文恭弟子，其書語涉禪玄，説者比之楊敬仲己易。有鄧公元錫、楊公起元、管公志道與其門人李杜及自序。」

易原

四卷。

存。

許氏孚遠**周易述**

未見。

陸元輔曰：「許孚遠，字孟中，德清人。嘉靖壬戌進士，累官兵部左侍郎，贈南京兵部尚書。」

鍾氏繼元**四易**

未見。

高佑釲曰：「繼元，字仁卿，桐鄉人。嘉靖壬戌進士，仕至廣東按察僉事。四易者，一曰易竅、二曰易準、三曰易考、四曰易占。」

滕氏伯輪**羲經要旨**

未見。

李延昰曰：「甌寧人，嘉靖壬戌進士，累官右副都御史，巡撫浙江。卒，贈兵部侍郎。」

薛氏東海**易經解醒**

佚。

汾州府志：「薛東海，字元泉，永寧州人。嘉靖壬戌進士，滑縣知縣。」

張氏大雅**易卦緯論**

未見。

平湖縣志：「大雅，字心宇。嘉靖甲子舉人，官海門知縣。」

楊氏時喬**周易古今文全書**

二十一卷。

存。

時喬自序曰：「書記於史臣，詩採①於史氏，春秋記於國史，禮記、魯論爲孔門弟子傳録，皆非聖人手著，聖人手著者，惟易也。自費氏分傳附經，而古易亡；王弼作傳，而象數亦亡；易道微極矣。宋周子明易有太極，作易通，授二程，叔子著易傳；邵子得圖方外，著觀物内外篇；朱子著本義、啓蒙；四聖五儒合，而功重全易矣。乃程明辭、朱明著，於象尚略；元吴草廬明象，混互體，理未瑩；獨變占無言者。先人嘗著略曰：『以正觀，自太極而儀、而象、而卦重、而四、而五、而六畫，是爲羲易六十四卦，先乎天而爲言也。正而反也、變也。以反觀，自六畫而五、而四、而卦、而象、而儀，主乎太極，是爲周易六十四卦，後乎天而爲言也。反而變也、通也。合之，正反變通一畫也，先後一天也，不可岐而二之，二之非易也。』先人第言畫理，未暇闡義，喬不肖，自隆慶庚午屢假山中，取自漢至今儒論著考據闡之，乃以經、傳、十翼古篆書之，復古文；漢儒所分經、傳楷書之，從今文；朱子啓蒙注釋補備，復著法；各著論例於前，自漢至今諸儒言各存之；著傳易考，又附龜卜考；合名周易全書。述卦系第一、卦理第二、卦數第三、卦占第四、卦象第五、卦變第六、卦辭第七、卦贊第八，以上統於全卦者也；述卦體第九、卦

---

①「採」，文津閣四庫本作「采」。

位第十、卦主第十一、卦德第十二，以上分於各卦者也；述卦名第十三、卦字第十四、卦韻第十五，以上見於全體各爻者也；述卦序第十六、卦義第十七、卦圖第十八、卦説第十九、卦學第二十；此二十篇，盡全易之旨。凡二經、四傳、十翼，首復古文，又從今文，各考訂注釋之，又舉所以注釋，述凡例冠於前。喬於此三十餘年，稿凡數十易，尚未敢以自信，妄謂可信於群聖諸賢之心哉？」

張雲章曰：「上饒端潔楊公，號止庵。嘉靖乙丑①進士，萬曆朝，官通政。時留都建羅汝芳祠，公抗疏論其異學，詔毀之，後遷至吏部侍郎，銓法清平，卒於官，家無寸絲。著此書，論例二卷、古文二卷、今文九卷、易學啓蒙五卷、傳易考二卷，附龜卜考一卷，卷首各冠以序文及論例。書中採輯諸家，而自所發明處特多，間有繁複，不害正義。公學宗程、朱，深闢當時心學之傳，故作傳易考，分別宗傳、衍傳、正傳、輔傳、異傳、別傳，而系以古今易家之書，具列其源流支派，學者潛玩於此，不惑於異説，則公之功也。」

按：楊公周易全書引據諸家，姓氏訛舛甚多，如以陰弘道爲洪道世、東鄉助爲唐東卿、晁公武爲武子正。以公用力之勤，摭采之博，不應紕謬如是，殆校勘者不得其人也。非敢形前人之短，慮誤後學，故識於此。

伊氏在庭**周易筆記**

未見。

① 「乙丑」，備要本作「己丑」。

陸元輔曰：「伊在庭，號繼山，吴縣人。嘉靖乙丑進士，官南京兵部員外郎。」

來氏知德周易集①注

十六卷。

存。

知德自序曰：「乾坤者，萬物之男女也；男女者，一物之乾坤也；故上經首乾、坤，下經首男、女。乾、坤、男、女相爲對待，氣行乎其間，有進有退，有往有來，有常有變，有吉有凶，不可爲典要，此易所由名也。盈天地間莫非男女，則盈天地間莫非易矣。伏羲象男女之形以畫卦，文王繫卦下之辭，又序六十四卦，其中有錯有綜，以明陰陽變化之理。錯者，交錯對待之名，陽左而陰右，陰左而陽右也；綜者，高低織綜之名，陽上而陰下，陰上而陽下也。雖六十四卦上②乾、坤、坎、離、大過、頤、小過、中孚八卦相錯，其餘五十六卦皆相綜而爲二十八卦，并相錯八卦，共三十六卦。如屯、蒙之類，雖屯綜乎離，蒙綜乎坎，本是二卦，然一上一下，皆二陽四陰之卦，乃一卦也。故孔子雜卦曰：『屯見而不失其居，蒙雜而著。』是也。故上經止十八卦，下經止十八卦。周公立爻辭，雖曰：『兼三才而兩之，故六。』亦以陰陽之氣皆極於六，天地間窮上及下，循環無端者，不過此六而已，此立六爻之意也。孔子見男女有象即有

① 「集」，文津閣四庫本作「雜」。

② 「上」，依四庫薈要本、文津閣四庫本應作「止」。

數，有數即有理，其中之理，神妙莫測，立言不一而足，故所繫之辭多於前聖。孔子没，後儒不知文王、周公立象皆藏於序卦錯綜之中，止以序卦爲上、下經之次序，乃將説卦執圖求迹。自王弼掃象而後，注易諸儒皆以象失其傳，不言其象，止言其理。本朝纂修易經、性理大全，雖會諸儒衆注成書，然不過以理言之而已，均不知其象，不知文王序卦，不知孔子雜卦，不知後儒卦變之非，於此四者既不知，則易不得其門而入。不得其門而入，則其注疏之所言者，乃門外之粗淺，非門内之奥妙。是自孔子没而易已亡，至今日矣，四聖之易如長夜者二千餘年，不甚可長嘆也哉？夫易者，象也；象也者，像也；此孔子之言也。曰像者，乃事理之彷彿近似，可以想像者也，非真有實事也，非真有實理也。若以事論，金豈可爲車？玉豈可爲鉉？若以理論，虎尾豈可履？左腹豈可入？易與諸經不同者，無此事、無此理，惟有此象而已。有象則大小、遠近、精粗之理，咸寓乎其中，方可彌綸天地。無象則所言者止一理而已，何以彌綸？故不知其象，易不注可也。又如以某卦自某卦變者，此虞翻之説也，後儒從而信之，如訟卦『剛來而得中』，乃以爲自遯卦來，不知乃綜卦也。需、訟相綜，乃坎之陽爻來於内而得中也，孔子贊其爲天下之至變，正在於此。蓋乾所屬綜乎坤，坎所屬綜乎離，艮所屬綜乎巽，震所屬綜乎兑，乃伏羲之八卦，一順一逆，自然之對待也，非文王之安排也。惟需、訟相綜，故雜卦曰：『需不進也。訟不親也。』若遯則綜大壯，故雜卦曰：『大壯則止。遯則退也。』見於孔子雜卦傳昭昭如此，而乃曰訟自遯來，失之千里矣。德去孔子二千餘年，且賦性愚劣，又居僻地，無人傳授，因父母病，侍養未仕，乃取易讀於釜山草堂，六年不能窺其毫髮，遂遠客萬縣深山之中，沉潛反復，忘寢忘食，數年而悟伏羲、文王、周公之象，又數年而悟文王序卦、孔子雜卦，又數年而悟卦變之非。始於隆慶四年庚午①，終於萬曆二十六年戊戌，二十九年而始成書，正所謂困而知之也。既悟之後，始知易非前聖安排穿鑿，乃造化自然之妙，一陰一陽，内之外之，横之縱之，順之逆之，莫非易也。始知至精者易也，至變者易也，至神者易也。始知繫辭所謂『所居而安者，易之序也』、『錯綜其數』、『非中爻不備』、『二與四同功』、『三與五同功』數語。及作説卦、序卦、雜卦於十翼之末，孔子教後之學易者，亦明白親切，但人自不察，惟篤信諸儒之志，而不留心詳審孔子十翼之言，宜乎長夜至今日也。注既成，乃僭於伏羲、文王圓圖之前，新畫一圖，以見聖人作易之原。又畫八卦變六十四卦圖，又畫八卦所屬相錯圖，又畫八卦所屬自相綜文王序卦正綜圖，又畫八卦四正四隅相綜文王序卦雜綜圖，又發明八卦方正②及上、下經篇義并各字義，又發明六十四卦啓蒙，又考定繫辭上、下傳，又補定説卦傳，以廣八卦之象，又改正集注分卷，又發明孔子十翼。其注先訓釋象義、字義及錯綜義，後加一圈，方訓釋本卦本爻正意。象數言於前，義理言於後。其百家注易諸儒，雖不知其象，不知序卦、雜卦及卦變之非，止言其理，若於言理之中，間有不悖於經者，雖一字半句，亦必採而集之，名曰周易集注。庶讀易者開卷豁然，可以少窺四聖宗廟百官於萬一矣。」

郭子章序曰：「易之爲書，潔静精微，古今稱知易者，在漢則揚子雲，在宋則邵堯夫。揚之言曰：『宓犧氏綿絡天地，經以八卦，文王附六爻，孔子錯其象而彖其辭，然後發天地之藏，定萬物之基。』邵之

① 「庚午」，四庫薈要本誤作「庚子」。

② 「方正」，依備要本應作「方位」。

言曰：『太極既分，兩儀立矣。陽交於陰，陰交於陽，而生天之四象；剛交於柔，柔交於剛，而生地之四象；八卦相錯，而後萬物生焉。』夫二子之言，非意之也。天地間惟陰陽兩端，獨陽不生，獨陰不成，其氣不得不錯，天道下濟，地道上行，其氣不得不綜，自然之運也。伏羲氏仰觀象於天，俯觀法於地，而作圓圖，圓圖者，一左一右之形也，雖未名錯，而錯義已備。文王繼伏羲分上經爲十八，分下經爲十八，而作序卦，序卦者，一上一下之説也，雖未名綜，而綜義已備。孔子讀易，韋編三絶，鐵擿①三折，窮年兀兀，至於五十，始悟伏羲圓圖爲錯，悟文王序卦爲綜，故曰『錯綜其數』，『極其數』，遂定天下之象。嗚呼！盡矣！顧象極於錯，而未知所以錯，象極於綜，而未知所以綜，即孔子未明言也。王弼掃象，范寧比之桀、紂；伊川專治文義，不論象數，自云：『止説得七分。』朱子直云：『象失其傳，理會不得。』如子雲『綿絡經錯』之語，堯夫『陽交陰交』之訓，似上契羲、文，下闡孔氏，又且眥爲覆瓿，譏爲玩世，上下二千年，易象悠悠，真如長夜。余友來矣鮮起自梁山，生子雲之鄉，學堯夫之學，一舉孝廉，絶意軒冕，晚入求溪萬山中研心圖象，積三十年而易注始成。其言曰：『錯者，陰陽相對，陽錯其陰，陰錯其陽，如伏羲圓圖，乾錯坤、坎錯離，八卦相錯是也。綜即今織布帛之綜，一上一下，如屯、蒙之類，本是一卦，在下爲屯，在上爲蒙，載之文王序卦是也。定天下之象，如乾、坤相錯，則乾馬坤牛之象名；震、艮相綜，則震雷艮山之象名是也。雖然，此猶得之圓圖、序卦中也。其論八卦相錯，爲乾、坤、坎、離、大過、頤、小過、中孚，有四正錯、有四隅錯。論綜有四正綜、有四隅綜。有以正綜隅，有以隅綜正。論象有卦情

---

① 「擿」，四庫薈要本作「撾」，備要本作「鏑」，應作「鏑」。

之象，有卦畫之象，有大象之象，有中爻之象，有錯卦之象，有綜卦之象，有爻變之象，有占中之象。論變如乾初變即爲姤，兑初變即爲困，離初變即爲旅，震初變即爲豫之類。皆抒千古所未發。上而玄黄雨雲，下而龍馬龜羊；巨而國家平陂，細而臀膚天劓；微而復道履道，顯而鳴謙鳴豫；一一從錯綜來。其言似楊之『綿絡經錯』，而無太玄之艱深；其旨似邵之『陰交陽交』，而絶皇極之枝蔓。使王弼、程、朱諸子見之，象不必掃，理自能會。予謂矣鮮易注繼往開來，亘百代而一見者也。其自謂孔子没而易已亡，若至今日始明，豈虚語哉？嗟嗟！子雲見嘲劉歆，而桓譚、侯芭謂其必傳；堯夫見嫉於秦玠、鄭夬，而司馬君實以兄事於洛中。余不佞，結交矣鮮，今且白頭，所爲求溪桓侯、司馬，非余而誰？後世有來矣鮮，當謂知言矣。」

戴誥曰：「先生遠客萬之求溪，探賾索隱，三十年而後悟易之象，又悟文王序卦，又悟孔子雜卦，又悟卦變之非。潔静精微之奥旨，粲然大明於世，羽翼四聖之功偉矣。」

張雲章曰：「知德，字矣鮮，梁山人。領鄉薦不第，入萬縣溪山中，治易三十年而成書。其説專取繫辭中錯綜其數論易象，而以雜卦治之。如乾、坤、坎、離、大過、頤、小過、中孚無反對之卦，所謂錯也，餘五十六卦皆綜。列圖及説於前。自序以爲，文王、周公立象，皆藏於序卦錯綜之中，不知文王序卦，不知孔子雜卦，則易不得其門而入，自孔子没，而四聖之易如長夜者二千餘年。又謂易非真有實事也，非真有實理也，惟有此象而已。吁！斯言也，何其自信之過，而蔑視諸先耶？雜卦反對，上、下經皆十八卦，先儒言之者多矣，非來氏所創獲也。易固聖人設卦觀象之書，要之，有理而後有象，謂易非有實事，可也，謂非有實理，可乎？且其説以卦變爲非，以一分二、二分四、四分八，以至於六十四卦，爲十直死數，未免有意與先儒違異矣。」

讀易寤言

存。

按：瞿塘日録①載之。

① 「日録」，依備要本應作「目録」。

經義考卷五十六

易五十五

任氏惟賢**周易義訓**

十卷。

存。

維賢自序曰：「周易本義著於朱子，而非朱子之私言也。義訓則本義之所有者，加之訓釋焉爾。理備而辭約，言淺而意深。朱子之著本義也，蓋引而不發，欲令天下後世之學易者，皆會之以心而自得之也。然泥於其辭而不達乎理者，傳訛襲誤，耳目漸移，莫知是非之所在，至以屯、坎、蹇、震卦，材爲時事艱難；以乾體在大、小畜者爲疆梁弗順；以深藏速避，言君子剥、遯、明夷之見機；以分野授時，言聖人裁成左右之功化；臣罪當誅，天王聖明，文王事殷之小心也。稱名雜而不越，繫辭危而不發，要亦卦之情僞使然耳。或以爲羑里寓言，抒寫其憂患之慮，易爲君子謀，不爲小人謀，占法視事之可否而決也，如其象者應之，非其象即謂之不應矣。或值凶占而當爲不爲，吉則不當爲者，亦將爲之也。若此之類，棼亂舛錯，不可彊通，豈陰陽變化之道，天地萬物之情，羲、文、周、孔通志定業之本然者哉？愚生兩程子誕育之鄉，易傳、遺書家珍人誦，每從父兄、師友説易於望魯山之雙鳳亭或涵虚亭，推一卦而極之六十四卦，括三百八十四爻而歸之一爻，辨惑解疑，期在至當然後已。二十餘年，庶幾窺本義之要旨。而勉齋黄氏、節齋蔡氏、雲峰胡氏諸儒之説，亦擇而取之，集成此書。因訓本義，不覺其言之多也。嘉靖乙卯。」

高世泰曰：「任惟賢，字功懋，黄陂人。嘉靖庚子舉於鄉，謁選知茌平縣，尋知廩延，中蜚語，謫嘉興儒學教諭。著五經注釋以傳，鄉人私謚曰廉毅先生。」

張氏獻翼**讀易紀聞**

六卷。

〔四庫總目〕

朱彝尊經義考載獻翼易注凡五種，惟讀易韻考註存，其讀易約説三卷、易雜説二卷、讀易臆説二卷及此書六卷，均註曰：「未見。」今蒐采遺編，惟得讀易韻考及此書。（卷五，頁十二，讀易紀聞六卷提要）

周易約説

三卷。

易雜説

二卷。

讀易臆説

二卷。

俱未見。

讀易韻考

七卷。

存。

王世貞序曰：「治周易者，伊川傳理，紫陽傳數，而他注疏盡廢。余友張幼于獨能於二傳、注疏之外，援故發微，而爲三易説，業已行矣。幼于復謂古卜筮之書，未嘗不韻；其爲龜者，如懿氏之卜妻，楚丘之卜子，晉獻之卜姬，秦徒父之卜戰；而爲易者，若晉史之筮成王，東方朔、管輅之射覆，京房、焦贛之係①繇；皆渢渢可誦，何獨至於文、周爲不然？於是訂其韻之正者，盡搜他史籍，而援其韻之古者與

① 「係」，文淵閣四庫本俱作「繫」。

可叶者，則文、周之卦、繇辭且十九，而吾夫子之彖、象，亦且得十之六，名之曰周易韻考，而屬序於余。余謂古之通於詩者，寧獨易也，惟書辭亦然。以堯、舜、禹之相禪受，少者數言，多者數十言，又與益稷、皋陶相訓戒，皆有韻，而竟以賡歌終之。故樂記云：『歌者，長言之也。説之，故言之；言之不足，故長言之。』夫易以道陰陽，陰陽之用，通於五音十二律，而聖人之係①言，有不可諷詠者耶？世人名治易，居恆守訓故，爲文辭取仕宦。其最上者，玩消息盈虛之理，以自成其德。凡二端盡之矣，何暇考韻？雖然，余竊憫幼于之意，而稍著其用，世毋以玄②之例覆瓿可也。」

獻翼自序曰：「昔人謂古之文章自合律度，未主音韻。然音韻之正，皆本之諧聲，有不可易者。尚書賡歌、五子之歌、仲虺之誥，佑賢輔德，伊訓聖謨，洋洋洪範，歲日月時，皆韻。周禮量銘祭侯文，鄭注『如某之言某也』之類，皆韻。禮記曲禮『將即席』，禮運『後聖有作』，樂記『子夏對樂』，孔子閒居『五起』，皆韻；鄭注寓韻與周禮注同。然則周易象、小象、雜卦、爻辭，孰非韻耶？信乎聖人之聲爲律也。余所記憶，爲易音者三人，王肅、李軌、徐邈，音譜則沈熊，是易未嘗無韻。惜其書不存，無由考證。焦贛易林法古爻辭，無不韻者；楊雄太玄擬易，亦韻；以此言易韻可徵矣。韓愈元和聖德詩與此日足可惜，皆止用一韻，擬史記龜策傳而作論者，謂能讀龜策則能讀此詩，能讀此詩，則能讀張藉③祭愈詩。韻

①「係」，文淵閣四庫本作「繫」。
②「玄」，文淵閣四庫本脱漏。
③「張藉」，依補正、文淵閣四庫本、文津閣四庫本應作「張籍」。

可弗知哉？至朱子注易，有云：『叶韻可見。』又云：『今以韻讀之，良是。』又云：『考上下韻，亦不叶。』魏了翁云：『易經皆韻。』然則宋儒讀易，又何嘗無韻耶？余學一先生之言，所專羲經，竊注三易以解此經，而未得其讀也。再考毛氏之學，如『弋言加之』，『加』叶時、孤①二音；『其新孔嘉』，『嘉』叶宜、俄二音；『如②反收之』，『收』叶守、狩、寥三音；『亨以騂羲③』，『羲』叶□、翕④二音。何疑易韻之紛紛也？且秦、漢以來，字書未備，既多假借，而音無反切，平仄皆通用，如慶雲、卿雲，皋陶、咎繇之類，庶可以讀易矣。予稍定其韻，廣引證之門，舉胸臆之論，所未喻者，以待來兹。噫！安得如沈約者，而賞王筠之辨雌霓哉？」

楊時喬曰：「讀易韻考，以一部易皆有韻，每舉漢、唐、宋史書及釋書、詩、賦等書叶韻、諧韻以實之，謂句句皆韻。或有強通，有未盡通，易韻賴以傳矣。」

〔補正〕

自序内「張藉」，「藉」當作「籍」。「如反收之」，「如」當作「女」。「亨以騂羲」，「亨」當作「享」，「羲」當作「犧」。（卷二，頁十）

張雲章曰：「獻翼，字幼于，崑山人，太學生。讀易紀聞、羲經三義及此書，皇甫汸、王世貞、錢有威

① 「孤」，四庫薈要本作「狐」，備要本作「微」。
② 「如」，依補正、四庫薈要本、文淵閣四庫本、文津閣四庫本應作「女」。
③ 「亨以騂羲」，依補正、文淵閣四庫本應作「享以騂犧」。
④ 「□、翕」，四庫薈要本作「娑、翕」，文淵閣四庫本作「移、俄」，文津閣四庫本作「熹、翕」。

皆爲之序。」

葉氏素**易經羨記**

佚。

兩浙名賢録：「葉素，字尚文，青田人，由選貢生任訓導。」

許氏聞至**易經微言**

未見。

兩浙名賢録：「許聞至，字長聖，海鹽人。學官弟子，以孝友聞，及卒，祀鄉賢祠。」

吴氏道升**易義臆解**

未見。

長沙府志：「醴陵人。」

周氏循**周易童答**

未見。

長沙府志：「湘潭貢士。」

沈氏亨**易學啓蒙疏、卦畫圖**

佚。

閩書：「沈亨，字體敬，晉江人。嘉靖中，以貢授新會訓導，遷宜山教授。作卦畫圖，論、孟辨，太極解，啓蒙疏，以發先賢之藴，士尊尚之。」

章氏文禄**周易啓蒙通釋正誤**

未見。

台州府志：「章文禄，字秉道，黄巖人，嘉靖初貢士。」

曾氏士傳**正易學啓蒙**

一卷。

存。

士傳自序略曰：「元晦啓蒙之作，明白而淵深，精密而疏暢，有非太玄、洞極、潛虚之所能及者。不揣庸昧，微者闡之，闕者補之，庶乎由辭以得意，觀象以明理，而天地之化、聖賢之心，亦或可見矣。」

張雲章曰：「曾氏書僅見抄本，又有洪範皇極内篇，俱嘉靖己酉自序。」

葉氏山八白易傳

十六卷。

存。

山自序曰：「八白易傳成十越月，又易稿，初説幾略盡焉。夫聖人之畫，確定不易，而天地之變化無窮；聖人之言，自古以宣，而吾心之感應萬起；温由故用，則知以時新，心同化感，故神隨精入。莊生之言曰：『其應於化而解於物也，其理不竭，其來不蜕，芒乎昧乎，未之盡者。』豈不信哉？追感韋編之絶，以爲歎息。」

張雲章曰：「山號八白，嘉靖間人。作此傳，屢易稿，自序凡四。其言出入子史，殊多踳駁，大要以楊誠齋爲宗者。八白本末無所考見，詳其自序，當是一老諸生。」

〔四庫總目〕

經義考引張雲章之言曰：「八白本末無所考見，詳其自序，當是一老諸生。」是書屢易其稿，自序凡四。其初序略云：「予十歲讀周易，越十年，能厭學究語。又十四年，爲嘉靖丁卯。又六年，從鹿田精舍見楊誠齋易傳。又九年，爲今壬子。」云云。再序題「癸丑六月」，三序題「丁巳三月」，四序題「嘉靖三十九年七月」。攷壬子爲嘉靖三十一年，由壬子逆數十六年，當爲丁酉。序云「丁卯」者，由原本「酉」字用古體作「丣」，故傳寫誤也。據其所言，此書始於壬子，迄於庚申，凡九年而蕆事，以初序年月考之，山當生於宏治十七年甲子，至庚申書成時，年已五十七矣。」（卷五，頁十三，八白易傳十六卷

提要）

金氏瑤**六爻原意**

一卷。

存。

瑤自序曰：「周公作爻辭，説者謂公因爻之吉凶以示意。斯言也，猶未盡得公繫爻之情也。夫爻固有吉有凶，而數止於六爻之意，則吉凶悔吝，雜揉不可數。公之繫之也，必先得一卦之意，然後因爻而布之。此爻是此意，則以此意屬此爻；彼意合彼爻，則以彼爻繫彼意。吉則繫以吉意，凶則繫以凶意，吉凶半則以吉凶悔吝意雜繫之。意盈則一爻而兩意不爲贅，意盡則兩爻而一意不爲歉。是故意與爻相匝，而易道成。後世乃有謂辭不盡爻意者，而公繫爻之意病矣，作六爻原意。萬曆辛巳五月。」

陸元輔曰：「金瑤，字德温，别字栗齋，休寧人。嘉靖辛卯貢士，授會稽縣丞，再補廬陵丞，遷桂林中衛經歷，以母老不赴，教授鄉里，卒年九十有七。」

朱氏自強**易經破愚**

四卷。

未見。

括蒼彙紀：「朱自強，字體乾，遂昌人，以貢授莆田縣學訓導。」

王氏埜**周易衍義**

佚。

紹興府志："王埜，字貞翁，山陰人。絶意仕進，築室臥龍山南，教授自給。太守洪珠屢造其廬，扁其堂曰逸士。晚自號蜕巖道人。壘石爲生礦於亭山之麓，題曰小芙蓉城。著有周易衍義。"

謝氏憲**周易竹書**

未見。

黄虞稷曰："憲，字汝慎，歸善人。嘉靖中歲貢，嘗於郡之西湖臺畔，折竹枝濡赤土注易，葉春及受而録之，故名。"

徐氏棉**周易通解**

八卷。

未見。

黄虞稷曰："閩縣人，嘉靖中貢士，官永寧知縣。"

龐氏嵩**圖書解**

未見。

姓譜：「嵩，字振卿，南海人，嘉靖間官應天府治中。」

張氏綸**圖書考**

一卷。

揲蓍考

一卷。

易談

一卷。

未見。

陸元輔曰：「綸，字宣甫，汶上人。以歲舉訓秀水諸生，官終肅府長史。綸生平於書無所不讀，而尤深於易，嘗著三圖説諸書，多前人所未發。」

周氏聰**周易講義**

二十四卷。

未見。

黄虞稷曰：「周聰，樂平人。嘉靖中貢士，官英山教諭。」

毛氏仲**易經辨疑**

未見。

括蒼彙紀：「毛仲，字時正，松陽人，以貢授海陽知縣。」

龔氏持憲**易象影**

一卷。

未見。

太倉州志：「龔持憲，字行素，州學生。」

陳氏中州**易意**

未見。

括蒼彙紀：「陳中州，字洛夫，青田人，廬江教諭。」

顧氏起經**易囈語**

佚。

嚴繩孫曰：「顧起經，字長濟，無錫人，榮僖公可學嗣子。以國子生謁選，除廣東鹽課司副提舉，兼署市舶。所撰著甚多，凡六十八部，共四百餘卷。」

袁氏仁**大易心法**

未見。

仁自序曰：「天壤間品物流形，新新非故，靡一時無易也。學者仰而觀、俯而察，遠而稽、近而取，孰非易理哉？若必挾策玩爻，尋文索象，則其於易也淺矣。吾祖吾父世精易，演吉凶，談休咎，時時中竅，俗人心異口諱之。然而非其至也，至者乃在神會玄機，手握造化，終身用易，而天地鬼神有不能測不能違焉。宋儒談易，謂有交易、變易之義，而以陰陽爻象當之，陋矣。大父嘗語余曰：『養吾之真，任彼之假，守吾之正，礪彼之邪，而交相化焉，此交易之義也。凶者轉而爲吉，咎者轉而爲祥，此變易之義也。是故易者，聖人有憂患而作，君子履之，詎可一日廢哉？』余自十五受易，取先世遺文熟究之，茫然若秦、越之不相識也。二十而僅達其詞，又十年，始通其意。偶有所得，筆記之，歲久成帙，命之曰大易心法。卮言靡當，詮敘無倫，而蠡測管窺，時有至者。如曰：『善易者不言易。』則主臣不敏，皇恐死矣。」

李氏逢期**易經隨筆**

三卷。

存。

按：易經隨筆三卷，晉江李逢期維徵撰，從孫伯元、仲元、叔元校而刊行之。其論雜卦傳，大過以下，卦不反對。謂大過與頤一爲四陽在内、二陰在外，一爲四陰在内、二陽在外，與坎、離、中孚、小過同，皆兩卦對待而相反者，其義則一顛一正，亦相反也。姤與夬，漸與歸妹，既濟與未濟，皆以一卦反覆而成兩卦者，其義則柔遇剛與剛決柔反，女之終與女之待反，定與窮反。蓋此八卦雖不反對，而反對之義未嘗不存。若以爲錯簡，則女之終、男之窮，又似交互之辭，而歸妹爲震、兑合體之卦，未濟爲離、坎合體之卦，亦頗相反，似非誤者。要之，聖人讀易，至於韋編三絶，見得易道無窮，分看合看，横看直看，方看圓看，序看錯看，莫不各有至理存焉。聖人固覺其意味之深長，不以一定求之，讀易者誠得其意，則亦不必妄生議論也。其辭頗辨。伯元兄弟皆萬曆中舉人。

甯氏戚**易象四編**

未見。

黄虞稷曰：「戚，衡陽布衣，講學，學者稱太虚先生。」

任氏慶雲**易略**

二卷。

易圖集覽

一卷。

俱未見。

鄧氏戟**易解**

一卷。

未見。

黄虞稷曰：「戟，嘗熟①人。」

王氏夢麟**北山讀易記**

十卷。

---

① 「嘗熟」，依四庫薈要本、文淵閣四庫本、備要本應作「常熟」。

未見。

黃虞稷曰：「夢麟，字維振，閩縣人，官廣西桂林通判。」

洪氏受**易經從正録**

未見。

高兆曰：「受，同安人。嘉靖乙丑以貢歷國子助教，終夔州府通判。」

金氏隆**圖書定則**

七卷。

圖書易指

一卷。

俱未見。

阮氏琳**圖書紀愚**

未見。

〔四庫總目〕

朱彝尊經義考列諸嘉靖之末，由未見其書故也。經義考載此書不著卷數，註曰：「未見。」（卷七，頁十七，圖書紀愚一卷提要）

〔校記〕

四庫存目著録一卷。（易，頁一五）

黄虞稷曰：「莆田人，官教諭。」

屠氏本畯**卦玩**或作「卦疏」。

二卷。

未見。

錢謙益曰①：「本畯，字田叔，鄞縣人。尚書大山之子，以父任官太常典簿，官至運使。」

方氏社昌**周易指要**

三卷。

存。

① 「錢謙益曰」，四庫薈要本作「錢陸燦曰」，文淵閣四庫本作「陳子龍曰」，文津閣四庫本作「趙吉士曰」。

子時化序曰：「先高祖居貞先生，於盛明之始，崛起新安，雖高隱不仕，德孚於鄉，先君初庵先生復以真儒名世。然四世矣，遺籍僅存易指要在塵埃中。先君以付時化，遺命曰：『吾學易無常師，汝亦不必泥一法。』時化泣而受焉。顧汩没於制舉，捍格於傳注，比年始漸知所疑。出故櫝閱之有味，其言如有寤者，化乃幡然曰：『先人固命我矣，此一書也。豈非翕受證入之基乎？』遂題而識之，以自勗焉。」

任氏經**易學歸趣**

二卷。

未見。

陳氏林**周易圖**

一卷。

未見。

張氏燧**易筏**

六卷。

未見。

鄭氏圭**易臆**

三卷。

未見。

祁承㸁曰：「圭，字孔肩，錢塘人。」

王氏應遴**易贊**

六卷。

未見。

姜氏玉潔**圖學淺見**

一卷。

未見。

黄虞稷曰：「劍州人。」

黄氏懋策**大易牀頭私録**

未見。

王氏鎡易象寶鑑

佚。

王圻曰：「鎡，池州人，官中書舍人，兼侍講。」

張氏文選易經講義

佚。

朱氏質易説舉要

佚。

胡氏説易説

佚。

鄭氏思易説

佚。

倪氏元**易說**

佚。

陳氏允士**易集注**

佚。

徐氏琦**周易發微**

佚。

李氏直方**易象數解**

佚。

李氏楗**易說**

佚。

王圻曰：「李楗，昭信人，官國子博士。」

以上十部見續文獻通考。

郭氏澹周易理數通考

二卷。

未見。

張氏其湜易卦類選四成

四卷。

未見。

饒氏可久易潤

十二卷。

未見。

以上三部見祁氏澹生堂目。

經義考卷五十七

易五十六

沈氏懋孝**周易程朱傳①義箋**

未見。

懋孝自序曰：「疏易義者多矣，惟程先生正叔作傳、朱先生元晦作本義，二書並垂，博士家危坐説之，歛衽奉之。余爲擇兩先生平日所爲易，與其弟子所説者，各箋所作傳、義下，其他氏語悉簡去不陳。雖言或重複，旨有出入，要以旁詣互見，無所不極，若坐兩先生於一堂，執經前席也。程大指謂體用、顯微無二理，以人事著易道，故曰：『卦者，事也。爻者，事之時也。』此程先生以易發己所學，其不合孔子遺文者，殆十之半。朱先生尊信經學，覺其與孔子稍殊，故於彖、爻之前，掇取孔子彖、象之義者十之

①「傳」，文淵閣四庫本誤作「博」。

七，裁約程傳者十之二，參入他疏所得者十之一，而稱曰本義。至於孔子彖、象，則皆略而不著，若以論大道、通神明，毋乃令高明特達之士，猶有遺論乎？然而兩先生之傳、義，無異兩曜之明乎天也，吾豈敢謂易道盡乎此？後生可畏，來者起予，安知無起而代之明①者？」

周易四聖彖詞

未見。

懋孝自序曰：「孔子之道，總於六籍，尤②粹精於易。易非詩、書、禮、樂、春秋比也。詩、書論而存之，有删有逸。禮、樂攷而定之，有次有補。魯史裁而斷之，有筆有削。其於易也，尊之讚之，不敢議焉。退與門人雅言，未嘗一及易。其列於復之讚者，獨顔氏之子，而曾參氏亦嘗稱説艮之象辭，聞易者二子耳。觀其生平所自著書，魯論皆門人所述，詩、書、禮、樂傳之往昔，春秋亦本舊文，惟十翼爲手筆全書。嗚呼！孔子之道，何假傳注而始明？後之學者，奈之何求之百家傳注？馳騁雜博之場雖多，奚以爲？余晚而好易，抱其圖象、卦象爲一卷，彖爻之詞爲一卷，孔子之贊爲一卷，藏之笥中，以俟洗心退密，神明其德，庶幾旦暮遇之也夫。」

① 「明」，文津閣四庫本脱漏。
② 「尤」，備要本誤作「先」。

周易博義

未見。

懋孝自序曰：「余既玩易有年，乃敢論次其書，敘述己意，俟之將來，以備聖人君子者之一擇，其大義有八。首羲皇之象，則列二儀、四象、八卦而止，此孔子所謂庖犧氏始作八卦者也；次文王、周公之彖、爻辭，此孔子所謂興於殷之末世，因貳濟民行者也；次彖、象、繫辭等作，此孔子自謂學之可無大過者也，四聖人之學備於此，上智觀之，可思過半焉；故述象辭第一。程正叔之易傳，朱元晦①之易義、啓蒙，天下學者宗之，今箋二先生平日語，今②學者精求而參論之；故述箋文第二。漢、晉下諸注疏家，輯而次之，與宋疏並存，令學者時時遡觀，別當有得於象教；故述古疏第三。余所著者無他，特循孔子贊義，一一疏其文，若孔子所以疏文王、周公之文者，無添減焉，即不盡合程、朱，不敢諱也；故述孔子贊疏文第四。兒子鐘③以爲文不必一一分疏，特疏所缺而宜特④論者自成一氏言；故述補義第五。近世楊廷秀之易說、蔡介夫之蒙引，皆疏證明備，因輯他氏所論可益補其義者次成之，以庶幾⑤蔡氏之志；

---

① 「朱元晦」，文津閣四庫本誤作「朱光晦」，備要本誤作「宋元晦」。

② 「今」，依四庫薈要本、文淵閣四庫本、文津閣四庫本、備要本應作「令」。

③ 「兒子鐘」，文淵閣四庫本作「倪子鐘」。

④ 「特」，文淵閣四庫本作「持」。

⑤ 「庶幾」，文津閣四庫本作「足夫」。

故述蒙引補第六。至乃①周茂叔先生之太極易通，邵堯夫先生之皇極經世，張子厚先生之西銘、易傳、正蒙，楊敬仲先生之己易等書，皆含義廣博，後學不可不論；故述儒論第七。河圖、洛書、八卦、六十四卦等圖，傳自堯夫，得之陳、穆輩，元晦先生特以冠書首，不具言其義，然其學淵微，不可不深考；故述博義第八。其老、莊、太玄、參同②等題爲外義，亦皆有輔於易，他日者別傳焉。嗚呼！易之道，自此有傳也夫。」

〔補正〕

自序内「其老、莊、太玄、參同等」，「同」下脱「契」字。（卷二，頁十）

李延昰曰：「晴峰③沈先生，平湖人。中隆慶戊辰進士，改庶吉士，授編修，歷修撰，遷南京國子監司業，謫兩淮運判，起河南巡撫致仕。」

孫氏從龍**周易參疑**

十卷。

存。

---

① 「乃」，文津閣四庫本作「如」。

② 「參同」，依補正，四庫薈要本、文淵閣四庫本、文津閣四庫本應作「參同契」。

③ 「晴峰」，文津閣四庫本作「靖峰」。

王世貞序曰①：「學易者，商瞿、馯臂子弓、田、楊、二何之流，斤斤守其師說，歷數十傳而不變，彼豈能盡當於心哉？以爲吾師授之，而吾受之，吾所出口而入耳者，如是足矣。蓋至伊川氏而後稱得理也，至紫陽氏而後晳於象占。明興，益尊大其說，布之學官，天下逢掖之士，習易而不由二氏者，罷弗用，諸逢掖之士，旦旦而習之，毋亦商瞿、馯臂之流之守其師說者耶？吴江孫化光爲易說若干卷，名之曰周易參疑，其於伊川、紫陽之說，初不爲牴牾，乃其發於象占之外，而理之所未備者，雋永乎其言之。世之真能信易者，孫君也，可以不辱易矣。」

陸元輔曰：「孫從龍，字化光，吴江人。隆慶戊辰進士，歷官江西按察副使。」

沈氏一貫易學

十二卷。

存。

顧起元序曰：「蛟門先生以易起家，歷官詞林，至踐綸扉、參大政，而讀易猶不休。蓋韋編鐵摘②，未嘗去手者數十年，始以所得筆而爲書。及予告歸田且十年，所摩研編削，又不知凡幾更，乃板而行

---

① 「曰」，文津閣四庫本誤作「所」。

② 「摘」，依四庫薈要本、備要本應作「鏑」，文淵閣四庫本誤作「擿」。

之，而先生遂厭人間世矣。仲子泰泳①等，奉治命函書，以序屬起元，起元未嘗學易也，安能贊先生之易學？雖然，請妄言之。易之爲道，有理有數，人亦求之理與數焉耳矣。理在天則不已之命，在人則未發之中，與發而中節之和，惠迪吉，否則凶悔吝。數則陰陽奇耦之畫，時六位以乘之，因以爲六十四卦、三百八十四爻，而測夫吉凶悔吝者也。數本乎理，理主乎數，理實而數乃不虛也。學易者，數學少，理學尤少。先生之爲易學也，求諸理之大②通而正者，而不言所利，求諸理之可從不可從，可求不可求，可貞不可貞者，衡之以正，而大通於天下，非必諄諄語象占也，豈以理而絀數哉？參而伍之，擬而議之，易在是矣。故可以開物成務，可以斷疑定業，可以學問變氣質，可以人事回造化，此先生之學所以能建天地、質鬼神，繼聖人與民同患之志也。惜乎！先生不可作矣，踰二年，而起元始得其書，又踰二年，而始序其書，無繇面③質先生，裁其可否。作者既難，知者又自不易，起元竊有志而未之逮也。」

陸元輔曰：「一貫，字肩吾，別字蛟門，鄞縣人。隆慶戊辰進士，以禮部尚書入閣，歷少保、中極殿大學士，兼太子太傅、吏部尚書。易學十二卷，蓋進呈講義也。」

〔四庫總目〕

經義考引陸元輔之言，以此書爲進呈講義。案：顧起元序稱：「予告歸田且十年，研摩編削，又不知

---

① 「泰泳」，備要本誤作「參□」。

② 「大」，文津閣四庫本作「可」。

③ 「面」，四庫薈要本、文津閣四庫本俱誤作「而」。

凡幾更，乃板而行之，而先生遂厭人間世矣。」則其晚年所作，非進呈本也。（卷七，頁三十八—三十九，易學十二卷提要）

賀氏沚**圖卦臆言**

未見。

〔校記〕

四庫存目著録四卷。（易，頁一五）

黄虞稷曰：「沚，字汝定，廬州人。隆慶庚午舉人，官蘇州府同知。」

劉氏元卿**大易觀**

二卷。

未見。

高佑釲曰：「劉元卿，字調父，江西安福人。隆慶庚午舉於鄉，萬曆中，徵授國子監博士，遷禮部主事。」

馮氏時可**易説**

五卷。

存。

時可自序曰：「易之爲書，聖人所以寡過也，其所以寡過，在於扶陰抑陽①乎？陰陽之運行也，不能無過，而我以其道扶抑其間，則天地之無過也，即我之無過也，是三聖人之爲易也。孔子之學易，則於春秋見其用矣。尊天王而卑列侯也，内中國而外吴、楚也，褒君子而貶小人也。是亦所以寡其過於天下，而幽贊天地也。故曰：『假我數年，可以無大過。』彼大過，惟聖人而後可無也。聖人以萬物爲一體，則天地之間有所過也，皆其過也。是以孜孜汲汲，而必欲補之也。善學者，其亦以聖人之補天地者而補吾心也。端之微者，吾扶之；流之横者，吾抑之。陽明用事，陰濁退聽，爲治於方寸之内，自寡其過，而後以治人過，則亦聖人也。嗚呼！吾心之剥復，天地之剥復也。可懼孰甚焉？以剥復而懼者，君子也；不剥復而懼者，聖人也。聖人之心，即易也，而未嘗不學也；聖人之動，皆學也，而無往非易也。繫辭不云乎：『危者使平，易者使傾，其道甚大，百物不廢，懼以終始，其要無咎。』心之危也，心之易也。陰陽，貞②勝之機也，此聖人所懼也，惟懼而無過也。夫陰陽者，聖人之所不容不勝也，而況吾人乎？甚矣，學易之不可已也。既著説五卷，復爲之序，以自儆焉。」

〔補正〕

自序「扶陰抑陽」當作「扶陽抑陰」。又云：「陰陽，貞勝之機也。」「貞」當作「争」。（卷二，頁十）

---

① 「扶陰抑陽」，依補正四庫薈要本應作「扶陽抑陰」。

② 「貞」，依補正、四庫薈要本應作「争」。

陸元輔曰：「馮時可，字元成，華亭人。隆慶辛未進士，官至湖廣布政使參議。」

唐氏鶴徵周易象義

四卷。

存。

劉曰寧序曰：「易家自王、鄭而降，主理者黜象，主象者亦黜理，是二者皆非也，而象固近之。顧儒者疑之曰：『理立於陰陽之前，象表於形氣之後。』荆川先生言之矣：『易之爲書，以象證理。』良然哉！奉嘗①先生者，荆川先生子也，蓋嘗發百家之藏，殫三截②之力，稟過庭之訓，而益暢其説，作周易集義。其大要合爻象以觀理，因彖義以辨爻，别二卦於一卦而内外正，定主爻於六爻而君臣位。至於互卦、倒體，其爲説益博，而義益精。所謂參伍以變，錯綜其數者邪？」

鶴徵自述曰：「易須象與理合，彖與爻合。鶴徵少嘗讀易，先君子訓之曰：『易之爲書，以象證理之書也。論象不論理，易失之穿鑿；論理不論象，易失之浮泛。必象理合，始有確據。自先儒據「易不可典要」之言，彖與爻各自爲訓，不惟爻象常相悖，而六爻之中，或本爻以明君子，他爻目之爲小人，所以先儒謂六爻似累世仇殺，豈易義固然耶？故必爻、彖合，始爲定論。』鶴徵細求之，則孔子之彖傳蓋備

① 「奉嘗」，四庫薈要本作「奉常」。

② 「截」，備要本作「絶」。

矣，正所以合象、理、彖、爻而一之者也，學者於此求之，可矣。」

陸元輔曰：「唐鶴徵，號凝庵，武進人。隆慶辛未進士，官至太常寺少卿。」

張雲章曰：「鶴徵，荆川之子，能世其學。其自述曰：『先君子之訓曰：「易之爲書，以象證理之書也。論象不論理，失之穿鑿；論理不論象，失之浮泛。必象理合，始有確據。自象與爻各自爲訓，不惟爻象常相悖，而六爻之中，或本爻以爲君子，他爻目之爲小人，所以先儒謂六爻似累世仇殺，然豈易義固然耶？」鶴徵細求之，則孔子之彖傳備矣，正所以合象、理、彖、爻而一之者也。於此求之，從入有道矣。』其書大旨如此。」

黄氏洪憲**周易集説**

三卷。

未見。

俞汝言曰：「公諱洪憲，字懋忠，號葵陽，嘉興人。隆慶辛未進士，改庶吉士，除編修，陞侍讀，遷右庶子，充日講官，歷少詹事，掌翰林院。」

黄氏正憲**易象管窺**

十五卷。

存。

正憲自記曰：「聖人作經，將以順性命之理，使後世學者由之以成性成身。彼卜筮乃易中之一事，當亦爲日用不知者設，以啓其趨避之門，故曰『以前民用』，若論進退存亡之道，倏忽變遷，與時偕行，非心通易道者，孰能貞夫一而不失其正哉？故易之占，乃吾心觀省之占，非卜筮占筮占斷之占也。孔子曰：『五十學易，可無大過。』其所學何事，其無過豈待卜筮而後知耶？或曰：『虞廷枚卜，周家定鼎，非耶？』曰：『帝王大事，未嘗不卜。然曰「朕先定志①」，謀及乃心。則亦以人謀爲主。所謂幾者，動之微，吉凶之先見者也，豈專主卜筮哉？』」又曰：「商瞿而下，易道多岐，自王弼疏行，文義頗著，求其發明切實，則莫若程、朱傳、義。然亦不能無齟齬處。憲豈敢妄立異説，惟因傳、義以體彖、爻、象辭之意，有不相合者，則沉潛玩索，融會貫通，庶幾闡程、朱未發之蘊，不特羲、文、周、孔之旨爾。語云：『以管窺天。』其憲之謂與？」

俞汝言曰：「正憲，字懋容，葵陽先生之弟。」

郭氏子章**蠙衣生易解**一作「郭氏易解」。

十五卷。

〔校記〕

四庫存目作十四卷。（易，頁一五—一六）

① 「朕先定志」，文淵閣四庫本作「朕志先定」。

存。

子章自序曰：「『子所雅言，詩、書、執禮，皆雅言也。』獨不及易。易，難言也；惟難言，故罕言。子罕言命，易，性命之書也。子言性與天道，不可得聞，中人以下，不可語上，何輕與人雅言易也？微獨難言，亦難學，孔子五十以前，豈不學易？而不以學易名，其曰：『假我數年，五十學易，可以無大過。』孔子將縱之聖，五十學易，僅可以無大過，何晏、王輔嗣諸人，奈何以輕俊少年謾言易耶？孔子之可仕可止，學艮；可久可速，學咸、恆；不厭不倦，學乾；多識多聞，學大畜；寧儉寧戚，學小過；故易惟孔子能學也。然韋編三絶，鐵鏑①三折，如此其勤；河不出圖，鳳鳥不至，如此其憂；而僅云無大過，易其可易學耶？子章幼習易，先君手書程傳、朱義而口授之，因之竊一第。今犬馬齒七十五矣，歸養以來，日極研而旁鑽之，爲論若干篇，爲解若干條，總名之曰易解。嗟乎！荀子有言：『善爲易者不占。』管輅謂：『易安可注？』信斯言也，予茲解贅矣，予之過大矣。」

陸元輔曰：「郭子章，字相奎，號青螺，又號蠙衣生，泰和人。隆慶辛未進士，累官都察院，巡撫貴州。」

吴氏中立**易詮古本**

三卷。

---

①「鏑」，文淵閣四庫本誤作「摘」。

存。

陸元輔曰：「中立，字公度，浦城人。隆慶辛未進士，父没服闋，絶意仕進，以著述爲事，結廬於武夷山中十有七年。南禮部尚書袁洪愈等疏其節，詔府縣起送赴部，辭，乞終隱，授禮部儀制司主事，俟病痊録用，尋卒。所著有易銓古本、中庸大旨諸書。」

鄒氏德涵**聚所先生易教**

一卷。

未見。

曹溶曰：「德涵，江西安福人，隆慶辛未進士。」

李氏天植**易經疏義**

未見。

陸元輔曰：「天植，字性甫，廣德州人。隆慶辛未進士，歷四川布政司參政。」

殷氏子義**易經會義、讀易别記、易説**

未見。

陸元輔曰：「殷子義，字集卿，嘉定人。隆慶二年貢生，爲淮安儒學訓導。其學出入朱、陸，務溯孔、孟之傳，著書必根理要，學者稱方齋先生。所撰易解外，有春秋大旨、詩經疏解、家禮纂要諸書。」

潘氏鳴時**讀易偶見**

未見。

閩書：「潘鳴時，字徵求，海澄人。隆慶戊辰以恩貢入太學，判信陽州。」

周氏坦**易圖説**

一卷。

存。

陸元輔曰：「隆慶三年夏五月，博羅周坦著於羅浮山中。」

戴氏廷槐**易學舉隅**

六卷。

〔校記〕

四庫存目著録作學易舉隅，六卷。（易，頁一六）

未見。

黄虞稷曰：「廷槐，長泰人，隆慶中貢士。」

仇氏二常**周氏本義翼**

四卷。

未見。

姜氏震陽**易傳闡庸**

一百二卷。

未見。

〔四庫總目〕

經義考作一百二卷，註曰：「未見。」此本惟一百卷，殆彝尊偶誤歟？（卷七，頁四十四，易傳闡庸一百卷提要）

〔校記〕

四庫存目作百卷。（易，頁一六）

朱氏篁**居易齋讀易雜言**

一卷。

未見。

鏗鏗齋易郵

七卷。

存。

錢謙益曰①：「朱仲子之説易，取途於博士家言，而以管先生志道之微言奥義，折而入焉。」

熊秉鑑曰：「仲修爲大中丞秋崖公孫，世以易名家。易郵一書，旁采諸家，衷以獨見，縷析條分，每卦六爻，撮其大旨，揭爲總斷，情僞得失，令觀者洞然，可謂善言易者。」

朱一是曰：「篁，字仲修，吴人。其書載澹生堂目，蓋祁氏之客也。」

李氏應辰易經庭訓

佚。

休寧名族志：「應辰，字仲拱。」

汪氏玠易旨

佚。

休寧名族志：「玠，字朝用，邑諸生。」

---

① 「錢謙益曰」，四庫薈要本作「錢陸燦曰」，文淵閣四庫本作「黄虞稷曰」，文津閣四庫本作「陸元輔曰」。

經義考卷五十八

易五十七

朱氏載堉**先天圖正誤**

一卷。

未見。

朱氏謀㙔①**易象通**

八卷。

存。

①「㙔」，四庫薈要本誤作「瑋」。

李維楨序曰：「昔者孔子晚而學易，而爲之十翼。其指曰：『易者，象也。象也者，像也。』由周迄漢，治易者率先明象；迨晉王弼尚名理，而宋邢恕輩因之，至欲棄卦畫不用；程氏傳專言理義，邵氏說畫主象數矣。然而識者多有遺議，李鼎祚謂：『鄭康成參天象，王輔嗣釋人事。』馮當可謂：『王與人事疎，程與天道遠。』天人寧可偏廢耶？陳瑩中舉邵說似劉器之，劉不其然。朱子亦以必見意象，方可說理，而與劉君房、滕珙言本義，有模印之戒，其定論如此。人情畫狗馬難，而鬼魅易，是以爲象數之學者卒不勝，而自舉子業出，易象益置不講矣。友人朱鬱儀讀易，而嘆曰：『說易者莫如孔子，孔子曰：「八卦成列，象在其中。」此象之始也。書契興而結繩遠，後聖廣爲之象以開物。象有數，故曰：「極其數，遂定天下之象。」象有辭，故曰：「彖者，言乎其象。」聖人設卦觀象係辭焉；吉凶者，失得之象也；悔吝者，憂虞之象也；變化者，進退之象也；剛柔者，晝夜之象也。易之爲書，安往而非象？書不盡言，言不盡意，立象所以盡意，象之不明，意言何有？』乃爲易象通八卷，近取身，遠取物，揆人事以合天道。使讀者占者犁然各當於心，而始信夫聖人吉凶與民同患之理。彼訓詁支離與索之窈冥昏默者，皆非孔子指也。易無方而象有方，象有定體而無定用；陽一君而二民爲君子，陰二君而一民爲小人；三畫之象，八卦小成之體也；二與四、三與五，同功而異位，重爻之象，六位之體也，因而重之，不可勝象矣。八卦之象既已爲天、地、風、雷、山、水、火、澤矣，而說卦更廣之，見天下之賾而擬諸形容，象其物宜，因而廣之，象不可勝用矣。鬱儀之名象曰通，有以也。見乃爲之象，往來不窮①謂之通；化而裁之存乎

①「窮」，備要本作「言」。

變，推而行之存乎通。變則通，通則久，要之，範圍於孔子，孔子之指不明，天下始遺象而言易。遺象而言易，則狥象而言易者，階之過也。有狥象，而後有遺象；不遺象，而後象通興焉。通也者，懲於狥與遺之弊者也，不曰：『得心而忘象乎？』惟通而後能得，惟得而後能忘，惟忘而通之，能事畢矣，亦孔子之指也。」

曹學佺序曰：「古注易不下數百家，罕有以繫辭說易者。說易而不本之繫辭，如挈衣而不得其領者也。繫辭不云乎：『君子所居而安者，易之序也；所樂而玩者，爻之詞也。』易卦、爻皆序也，卦、爻詞皆象也；樂斯玩，玩斯無窮矣。豫章友人鬱儀氏作周易象通一書，其道主變，其說順乎本文，而不爲穿鑿，大要本之繫辭者也。」

陳氏第**伏羲圖贊**

二卷。

存。

焦竑序曰：「易始庖犧，有畫而無文，世所傳先天圖是已。迨夏、殷、周三易遞興，要不出圖之範則；顧夏、殷以象數爲宗，無言說可尋；周易則文王、周、孔推明圖之旨趣，詳哉其言之也。乃昧者至沿流忘源，日遠於圖而不知，甚者取圜圖而矩之，析之爲八、爲六十四，棼棼紜紜，而古人渾然天成之妙，不可復覩矣。孔子曰：『易有太極，是生兩儀，兩儀生四象，四象生八卦。』夫易，一太極也，太極亦環中也。而兩儀四象八卦，靡不備焉。其摹爲羲圖，奚啻指掌？周子太極圖適得此意，但變兩儀爲陰陽、四象爲五行，爲稍異耳。而於八卦顧略而不言，何與？豈其引而不發，以待人之自寤與？周子之圖本爲易設，觀易通可見，而語焉不詳，至令學者謂①周自爲圖，與庖犧絶不相涉，亦已謬矣。陳子季立尚友古今，潛心道妙，恍然如見羲皇於千載，而閔②支離者之病道也。乃創爲此圖，不必奇之耦之，離且析之，而萬千五百二十之策相逼而成。以爲固然，則前此未有；以爲臆見，又何其愜於人心，而不可更置之若是也。觀圖贊答問，反復數千言，靡非抉剔真詮、解剥衆説，大率規方以爲圜，融異而歸一，拂有以取無；至於拂有取無，而洗心之學至矣。竊謂易自太極而兩而四而八也，聖人之吉凶，與民同患，不得已也，此自無而之有，所謂『數往者順』也。至於通志決疑，壹寄諸蓍龜，而聖心無事焉，無思無爲，澹然獨與神明居，則理窮性盡而命以至，此自有而之無，逆也，故曰：『易，逆數也。』嗟乎！卦寓於蓍，而卦非蓍，故得卦者忘蓍；數托於圖，而數非圖，故得圖者忘數；非知道者孰識之？周子之圖得之希夷先生，張忠定論公事陰陽源流，髣髴亦自可見。季立特起數千載之後，不繇見聞，獨契羲③易，殆天啓其衷，以明聖人之絶學，與周子之圖，未知孰爲先後。昔子瞻讀子由解老，謂不意晚年見此奇特，余於此編亦云。」

第自序曰：「余少讀易，主朱義，又主程傳，後又頗考馬、鄭、荀、王及唐、宋諸儒之説，大都程傳爲近，蓋程本之孔子者也。乾、坤有文言，繫傳又有『鳴鶴在陰』一十八解，詳哉名理之譚大矣，引伸觸類，

①「謂」，文津閣四庫本誤作「讓」。
②「閔」，文淵閣四庫本作「憫」。
③「羲」，文津閣四庫本誤作「義」。

卦爻可例知也。余獨疑易書之作，本於庖羲氏，乃其圖析六十四卦而畫之，豈惟奇耦易譌①，即楮筆之具，若後世猶病其繁且難也，況泰②古乎？且陰陽流行，無有間斷，乃斷析著此，不足以明三極之妙矣。於是以朱筆爲陽，黑筆爲陰，兩畫即成兩儀，四畫即成四象，八畫即成八卦，十六畫之即成十六卦，三十二畫之即成三十二卦，六十四畫之即成六十四卦。儻於六十四之上，各加陰陽，則爲一百二十八卦，而乾、兑、離、震、巽、坎、艮、坤之位，皆不易也。儻再重之，即成二百五十六卦，三重之，即成五百一十二卦，而其位亦皆不易。余始深嘆其妙，且不敢極其數也，惟以六十四卦者，繪爲三尺之圖，縣之座右。久之，坐臥行立，常若圖之在目也者。又久之，若見陰陽消長之數，天地鬼神之機也。噫！自漢以來，傳易者不可勝數，其言圖實鮮，兹謬爲之贊，或有因余言而繹夫圖，庖羲氏之易，庶幾復明於世矣。」

張雲章曰：「第，字季立，連江人。初爲學官弟子，俞大猷召致幕下，勸以武功自見，言之譚襄毅，官遊擊將軍，尋棄去。著書自喜，焦狀元竑見之，深歎服焉。是書焦爲之序，第亦有先後自序。其爲圖不用奇耦，以黑白爲陰陽，而兩儀、四象、八卦皆規方而爲圜。蓋其學從禪門證入，率由心得，與諸儒異。」

鄧氏伯羔**古易詮**

二十九卷。

①「譌」，文津閣四庫本作「僞」。
②「泰」，四庫薈要本作「太」。

今易詮

二十四卷。

俱存。

史孟麟序曰：「吾友鄧孺孝，少治博士家言，心不懌，而攻詞賦。繼又少其技，而歸之六經，六經中尤喜易，自漢暨明，自注疏傳義而外，靡所不窺。當於心，輒書人所未發，輒附以己意，其説百家，理在則不畫一而求，言善則不因人而廢，竭力於兹者，蓋積有日月矣。先是輯今人言，爲今述若干卷，藏於家，兹乃裒古今人言及己所論著，合爲一帙，命曰易詮。孺孝曰：『詮，具也，擇言也。言具古今、擇鑒美忒，蓋竊附乎述以傳經。』孺孝之旨深矣哉。」

伯羔自序曰：「按説文：『詮，擇言也。』古今説易，何啻數百家？何啻數萬言？言人人殊，所貴擇善而執，合異而同矣。予少爲諸生，攻尚書，迨今五十，當學易之年，銓次成帙，爲上、下經若干卷，爲彖、象、繫辭、文言、説卦、序卦、雜卦諸傳若干卷，一遵東萊古易，其外詮則以廣未盡之旨也。嗟乎！醯鷄遊甕中，蚍蜉撼大樹，並取譏往喆，不佞爲此學也者，徒憎口耳。」

〔四庫總目〕

朱彝尊經義考載其古易論①二十九卷、今易詮二十四卷，并載伯羔自序，謂：「詮次成帙，爲上、下經

---

① 「古易論」，依上下文及朱彝尊經義考應作「古易詮」。

若干卷，爲彖、象、繫辭、文言、説卦、序卦、雜卦諸傳若干卷，一遵東萊古易，其外詮則以廣未盡之旨。」云云。今觀此二十四卷，前無自序，而有自述例十條，云：「前詮從古，此改從今。」則彝尊所引，蓋其古易詮之序也。然此書雖用註疏本，而其總論一卷、外詮一卷，則仍與前序之言相應。經義考又載史孟麟序，云：「先是輯今人言，爲今述若干卷，藏於家，茲乃裒古今人言，及己所論註①，合爲一帙，命曰易詮。」此本但有今易詮，非完帙矣。（卷七，頁四十四—四十五，今易銓二十四卷提要）

陸元輔曰：「鄧伯羔，字孺孝，嘗州②布衣。」

〔補正〕

陸元輔曰：「鄧伯羔，字孺孝，嘗州布衣。」「嘗」當作「常」。（卷二，頁十）

傅氏文兆義經十一翼

五卷。

存。

〔四庫總目〕

明史藝文志載此書五卷，經義考亦註曰：「存。」此本僅有上古易一卷、觀象篇一卷，其玩辭、觀變、觀

① 「論註」，依朱彝尊經義考應作「論著」。

② 「嘗州」，依補正、四庫薈要本、文淵閣四庫本、文津閣四庫本應作「常州」。

占三卷並闕，其近時始佚歟？（卷七，頁四十六，羲經十一翼二卷提要）

〔校記〕

四庫存目但存上古易及觀象篇各一卷。（易，頁一六）

文兆自序曰：「圖、書者，數之祖也；犧畫者，象之祖也；並出於太古之世，而諸儒獨詳言之。噫！夏、商之禮，至夫子且無徵矣；周室班爵禄，至孟子且不得聞其詳矣；況上世之圖、書乎？吾於諸儒之詳言圖、書，而益知其無考也。言其所可考者，故作太古易冠於首。圖以蓍筮、書以龜卜，若存若亡。至犧畫以立象，則詳具於説卦篇中。是説卦其源也，出於太古之後也；二篇其流也，興於中古之後也。而世儒遡其流，不窮其源，徒遡其流，故虛而無據，卒亡其源，故辭多不解，奈何以所自有者而并忘之也。作上古第一。易以觀象爲主，辭者因象而繫也，變者因象而通也，占者因象而斷也，但説卦之象，文王二篇，十用其三四，其間多有不合者，於是世儒疑之。疑則因置之而不講，并其所可通者，而亦莫之考也。作觀象篇第二。其次莫若玩辭。蓋象也者，有形貌，無文字，故象不可見，以辭而見，或遠取物、近取身，皆所以像其象也。匪辭則烏知其象之所在。故曰：『君子觀象，亦於其辭觀之而已矣。』作玩辭篇第三。其次莫若觀變。蓋一卦能涵萬象。一卦止言一象，果爾，則得此遺彼；各卦均此陰陽，諸卦均此爻位，果爾，則執此泥彼，故須通變。隨時通變，因時化裁，有不窮之妙焉。故可以象事，亦可以知來。不然，縱卦辭、爻辭，終爲有盡；即之卦本卦，終屬有限。作觀變篇第四。其次莫若玩占。蓋占者，占其吉凶而已。吉凶因乎事之得失，事之得失因乎象之當否。故事之得也非他也，貞而已；事之失也非他也，不貞而已；事之得而失、失而得也，又非他也，悔與不悔而已；故總而一之以貞悔。而世儒以辭占之，遇吉則吉，遇凶則凶，吉凶將何所憑乎？作玩占篇第五。夫易，孔子十翼言之詳矣。茲復又有十一翼者何？曰：『非於十翼之外別有增加也，亦不過就十翼中闡明之而已矣。』雖然，此亦學易之筌蹄耳，至於得心忘象，得意忘言，又有在於善悟者。」

陸元輔曰：「金谿傅文兆撰，曰太初易、古周易、玩辭篇、觀變篇、觀象篇，推明古易次第，有上下二篇，十翼十篇。闡發三聖易學，力主文王作爻辭之説，絶與周公無涉，而辨漢儒費直爲亂易。」

黄虞稷曰：「文兆，金谿人。以孔子傳易爲十翼而已，又翼孔子，故謂之十一翼。」

林氏兆恩**易外别傳**

一卷。

存。

浦大治序曰：「易外别傳者，乃三教先生龍江林夫子之所傳，傳之而未嘗得其傳者也。而其徒復嬰子林翁者，先生入室弟子也，倡教於吳，乃以先生平生所談易旨散於論著，裒集成之，衍爲圖説，圖凡六十説，本指歸誠，繼往開來之學也。蓋嘗聞之，吾身之天地，則具吾身之河圖、洛書。人惟能得吾身之何圖①，則便能與太虚同其體。太虚之體寂然不動，太極本無極也。非命與？而性在其中矣。人惟能得吾身之洛書，則便能與天地同其用。天地之用，感而遂通，無極而太極也。非性與？而命在其中

① 「何圖」，依補正、四庫薈要本、文淵閣四庫本、文津閣四庫本應作「河圖」。

矣。然則吾儒性命之學，歸根於易學。易之道，當自艮背始。夫艮者，止也。『艮其背』者，止其所也。艮其背，而吾心止乎其所矣。止其所止，自能忘乎其身也。故曰：『不獲其身。』不獲其身，而吾心之神明寂照，元神自復矣。元神自復，而真空之體見性，全乎天矣。謂非真儒之能事歟？先生闡易之精義入神，窮神知化，正惟追宗四聖，而默成參贊之至道、位育之全功也。天之未喪斯文也。復嬰子聞之，默然微笑，拱而立曰：『旨哉言乎！子爲我識之簡端。』萬曆丁巳。」

〔補正〕

浦大治序内「吾身之何圖」，「何」當作「河」。（卷二，頁十）

閩書：「林兆恩，字懋勳，莆田人。補諸生，棄去，游湖、湘者十年，歸而講學。謂聖人之道所以不明者，二氏蠹之也。二氏之學，觕者吾儒所不屑，精者不出吾範圍。則莫若先之以三綱①，本之以四業，使世無遊民，民無廢倫，群而趨聖人之教，則其民莫不士農工商，其道莫不仁義。嘗作書，擬詣闕上之，不果。著書積萬言，從學者稱爲三教先生。」

王氏宇**周易占林**

四卷。

存。

① 「三綱」，文津閣四庫本、備要本俱誤作「二綱」。

辭。張雲章曰：「宇，字永啓，泉州人。倣焦延壽著占林，廣六十四卦爲四千九十六卦，隨卦紀所用之辭。自云：『觀象玩占，若指諸掌。』此書宜入占筮門。」

彭氏好古**易鑰**

五卷。

存。

好古自序曰：「夫易者，性命之書也；以性命言易，易之正也。而莊言性命，則人惑。余之言易，因卦體、卦象、卦德、卦才，據之爲辭；一卦一義，一句一義，一字一義，各求其當，名曰正義，與朱子本義列而爲二，以待人之自求，而其要不失性命之正。顧性命可易言耶？統論其綱，取坎填離盡之矣。離之填一，而坎之取百；或取之內，或取之外；或取之己，或取之人；或取之順，或取之逆；或取之捷，或取之徐；未可一言述也。言取則人思，不言其所以取，則人茫昧而難入。譬之户然，範金冶鐵，飭鍵①疏簧，其扃固矣，而非鑰以導之，則不開。夫易者，四聖之扃也，四聖扃其户，以俟後人。後之人更無造其户而入之者，則以鑰之亡耳。余著易正義，並著易鑰，啓四聖枕中之鑰於千百載之下。其誰曰然，而余非無據也。易不在畫，不在彖，不在爻，而在人心。人心有真鑰，悟則鑰在，不悟則鑰亡。余以心爲易，亦以心爲鑰，即去四聖千百載而遥，猶面受也。余受之，余啓之，然未敢出以授人，將藏之名

① 「鍵」，四庫薈要本作「鍵」。

山，聊備他日著述之闕爾。」

方氏時化**易疑**

一卷。

〔校記〕

四庫存目作四卷。（易，頁一六）

易引

九卷。

周易頌

二卷。

學易述談

四卷。

俱存。

張雲章曰：「時化，字伯雨，歙縣人。官敘州府同知，以野狐禪亂經，可謂無忌憚矣。指要云：『是其高祖以來家藏，而時化爲之繹。』易疑以下諸書，皆其所自著。」

樊氏煒**周易外傳**

佚。

郭正域志墓曰：「公諱煒，字仲光，别字崙川，黄岡人。以明經除漢陽儒學訓導，精於易，著周易外傳數十卷，以授孫子藩。藩明其説，以費、孟、焦、京之旨而微有異同。以爲易有天道，有地道，有人道，易與天地準，故能彌綸天地之道；輔嗣以後，程、朱、蘇、楊之屬，泥人蔽天，故其象不明；象不明，故其變難周；變難周，故其辭無據；辭無據，故不可得占也。其法以卦爻象周天，周天三百六十，乾策二百一十有六，坤策百四十有四，凡三百六十當期之日，六十四卦三百八十四爻當閏之日，閏歲之日餘二十四，赤黄道相去之數，盈縮遲疾之差，易之所積也。先天六十四卦之序有位，能按圖而述之，後天六十四卦之序無位，不能測其分至啓閉，故難述耳。後天八卦獨於兑言正秋，乾、兑兩卦先、後天皆相次，陰陽之始終、剛柔之分際也。今正立兑當秋分，則乾、坤居戌未，坎、離居辰中。是以魁步奎婁而履始，杓攜龍角而發春，四正既齊，推移靡忒；然後乾、坤、屯、隨、臨、无妄、革七卦之元亨利貞，蠱、升二卦之元亨，可得而言；履、謙、復、恆、損、益、困、井、巽九卦之藴，可得而測；先甲、後甲，先庚、後庚，己日乃革之旨，十年、三年、八月、七日、三日之數，左腹、左股、右肱之方，可得而辨。大都以日星爲紀，以月爲量，并六十四卦以爲天數，去四卦以爲日數，去八卦以爲月數，而損益盈虚變化在其中矣。非通周髀算經、靈憲天體，不能善解其義。」

方氏學漸**易蠡**

十卷。

未見。

史孟麟表墓曰：「桐城方先生，諱學漸，字達卿，本庵其别字。學者以其學宗性善，謚曰明善先生。以子大鎮貴，累贈大理寺少卿。」

張氏元蒙**讀易纂**

五卷。

未見。

黄虞稷曰：「元蒙，字叔正，萬曆壬午自序。」

程氏元初**周易韻叶**

二卷。

未見。

繆泳曰：「新安程元初，字全之。精韻學，撰周易韻叶二卷，又作季周書，萬曆癸卯自序。」

楊氏士顯**周易存言**

八卷。

未見。

黄虞稷曰："士顯，字用晦，奉先人，萬曆二十八年自序。"

王氏鑄**易解**

佚。

閩書："鑄，萬曆中晉江諸生也，所解有論語、易、詩三書，皆六七易稿乃定。"

程氏嗣光**易經發微**

六卷。

未見。

章氏潢**周易象義**

十卷。

存。

潢自序曰：「孔子生生之語，易奚自而生哉？陰陽是也。一陰一陽之謂道，陰陽不測之謂神，象若不足以盡之矣。然易也，道也，神也，一也，不可得而見也。惟神明於衷者，真見形上形下，道氣渾融，則知象即陰陽不測、生生不窮之易矣。何爲象？一奇與一耦也：⚊者，奇也，陽之象也；⚋者，耦也。陰之象也。天垂象，見吉凶。聖人象之，象此者也。是故盈天地間，莫非陰陽之翕闢，莫非陰陽之變化。伏羲俯仰遠近，通神明，類物情，見陰陽有奇耦之數，故畫⚊以象陽，畫⚋以象陰，奇耦各三畫，名之曰乾、坤。乾，陽物；坤，陰物；象其物宜，此其概也。乾、坤各三索，而成六子，名之曰坎、艮、震、巽、離、兑，所謂八卦成列，象在其中是也。又於八卦錯綜而重之，爲六十四卦焉。然周易則①有反對次第，其對者八，如乾與坤，頤與大過；坎與離，中孚與小過；其餘屯，蒙，既、未濟，則皆相反而成也。合之爲三十六，析之上、下經，各取十八卦，易之書備是矣。孰非天地陰陽自然之象乎？故因象異名，名以象而定；因名異義，義以象而顯也。蓋易雖無文辭，而六十四卦卦象各殊，三百八十四爻爻象各别，郁郁乎天下之至文矣。文王總一卦而繫之彖，周公分六爻而繫之辭。孔子彖傳所以釋彖辭也；象傳，所以釋爻辭也；繫辭、文言、説卦諸篇，所以統論卦、爻之旨也。可見伏羲六十四卦之畫，畫以象也。文、周、孔子之辭，辭以象也。象雖至隱至賾，至雜至動，其變化不齊，而元亨利貞、吉凶悔吝、厲无咎，占亦不一，要亦因其象之變而異其占耳。故曰：『易者，象也；象也者，像也。』又曰：『聖人設卦觀象，繫辭焉而明吉凶。』信乎三百八十四爻，莫非一奇一耦之變化，而

① 「則」，備要本作「而」。

耦又奇之變也。聖人懼其義有難明，間又取諸物以象之，其所爲類物情、象物宜，亦皆卦畫原有此象，非聖人故爲此以發其義也。是故文王於各卦舉牝馬、牝牛、豚魚、飛鳥之類，以見其例；周公於各爻舉六龍飛躍、履霜堅冰之類，以極其賾；孔子又於文、周辭外，設天行健、地勢坤之類，以廣其義。且曰：『吉凶者，失得之象也；悔吝者，憂虞之象也；變化者，進退之象也；剛柔者，晝夜之象也。』雖辭之吉凶悔吝，亦孰非象乎？其設象繫辭或不同，孰非發明伏羲所畫之卦辭乎？然則由孔子之彖傳、象傳以求文、周，由文、周之卦辭、爻辭以求伏羲，而易象其庶幾矣。噫！非求之羲、文、周、孔也，吾心固有未畫之象、無言之辭，即所謂易與道與神之謂也。以此洗心密藏，得其所謂生生不測焉，則居觀動變，無一非變，無往非占，而天地之法象，無一非教。吾亦無往非法天之學矣。」

張雲章曰：「潢，字本清，南昌人。嘗主白鹿書院，學者稱斗津先生，以薦授順天府儒學訓導。其書亦主言象，視熊南沙、來瞿唐立說較近理。」

劉氏子立**易經新義**

未見。

李延昰曰：「子立，字以中，高安人。與鄒東谷、鄧潛谷論學，里人稱曰劉夫子。以歲貢廷試，卒於京。」

張氏從徵易粃補註

未見。

錢德震曰：「華亭諸生。」

經義考卷五十九

易五十八

姚氏舜牧**易經疑問**

十二卷。

存。

舜牧自序曰：「孔子學易，韋編嘗三絶矣，以是終日言而不置。後人因别爲彖爲象，繫各卦爻下①，又②分其餘爲上、下繫傳，伏羲、文、周之旨，斯真闡無餘藴哉。後世學易者，具有發明注疏，然惟程傳、本義，盛傳至今。顧二子之書，間有異同，而後來訓解者，或多拘泥於其辭，曰：『易不可爲典要也。』嗟

① 「爻下」，文津閣四庫本誤作「下爻」。
② 「又」，文津閣四庫本誤作「爻」。

乎！獨不曰：『初率其辭而揆其方，既有典常乎？』且孔子論易，嘗曰：『六爻之動，惟其時物。』又曰：『智者觀其彖辭，則思過半。』是知卦與爻之辭，其大旨必相符合無疑者，何後來者之紛紛哉？且孔子於卦、爻辭發出一『時』字，繫傳又拈出一『幾』字，意在前民之用也，故於諸卦下曰時義、曰時用，不一而足。而用九、用六，特發於乾、坤二卦，其用昭如矣，後人誤解變柔變剛，大戾二聖①之旨。且幾者動之微，吉之先見者也，後人妄於吉字下填入一凶字，乃若其情，則可以爲善矣。變化云爲，吉事有祥，曾聞凶之先見乎？幾善惡之説，蓋發之宋儒爾。周公所謂君子幾，孔子所謂可與幾，其旨似不如是。書曰：『惟時惟幾。』又曰：『惟幾惟康。』吉之先見，茲可證②矣。誤解一幾，又誤解二用，易道不幾於晦蝕哉？余小子無知，蓄疑思問二十年，今復裁訂，求正於海内君子。倘謂牧今所問，或言之幾於易，俾藏諸名山，竊附諸儒訓詁之末，則皓首窮經之幸也，而非所敢望也。萬曆庚戌閏月。」

高佑釲曰：「姚舜牧，字虞佐，號承庵，烏程人。萬曆癸酉舉人，新興知縣。以子祚端貴，封四川道御史。」

顔氏素**易研**

六卷。

① 「二聖」，依四庫薈要本應作「三聖」。

② 「證」，文津閣四庫本作「見」。

存。

曹溶曰："顔素，字質卿，懷寧人。萬曆甲戌進士，易研六卷，朱之蕃序之。"

范氏守己**周易會通**

十三卷。

未見。

黄虞稷曰："守己，字岫雲，洧川①人。萬曆甲戌進士，歷官陝西布政司參議。"

唐氏伯元**易注**

未見。

范路曰："伯元，字仁卿，廣東澄海人。萬曆甲戌進士，官吏部文選郎，有易注、禮編。"

曾氏朝節**易測**

十卷。

存。

---

①"洧川"，文津閣四庫本誤作"岫州"。

朝節自序曰：「孔子聰明睿知，聖人也，好古敏求，四十而不惑，晚年學易，説者以爲韋編三絶。其難如此，以節之愚，學之遲暮，其不能解，何怪乎？於是取漢、魏注疏，伊川之傳，文公之本義，既又得慈湖先生之傳相參伍，有當於心，已而疑慮融釋，明夫聖學不外乎一中之傳，以此玩易，遂相契合。就蠡測之所及，反覆紬繹，以筆於紙，用備朝夕之觀覽，就有道以是正焉。」

張雲章曰：「植齋曾公，衡州臨武人。萬曆丁丑第三人及第，仕①至禮部尚書。其爲學出入於薛、胡、陳、王之間，蓋主調停之説者。其治易亦然，觀自序略可見矣。馮祭酒夢禎、馮尚書琦皆有序。公同年進士也。」

鄒氏元標**易毂通**

一卷。

存。

陸元輔曰：「吉水鄒南皋先生，諱元標，字爾瞻。萬曆丁丑進士，官至都察院左都御史。」

沈氏瑞臨**易義**

十卷。

---

①「仕」，文津閣四庫本誤作「任」。

未見。

浙江新志："沈瑞臨，字夢錫，仁和人。萬曆丁丑進士，歷官四川按察司僉事，備兵川東。歸田講學，鄉黨稱曰約庵先生。"

徐氏三重**庸齋易義**

一卷。

存。

高層雲曰："公諱①三重，字伯同，青浦人。萬曆丁丑進士，官刑部主事。研精理學，以晦庵爲的，自稱崇晦老人。"

蘇氏濬**周易冥冥篇**

四卷。

存。

濬自序曰："余少而學易，今皤然白首矣，時而蒐羅，綜及百家，時而鑽研，穆焉以思，九天九淵，莫知其倪，然後知易之冥冥也。入粵西以來，案牘甚稀，每詰朝，焚香一柱，讀韋編數帙，偶有所觸，援筆

① "諱"，文津閣四庫本誤作"達"。

而書，未幾，輒復削去。又復書，又復削去。又復書，如是者再且①三焉。亡何，而橐中之牘滿矣。一日，讀「生生之謂易」，不覺廢書嘆曰：『嗟夫！孰知冥冥者之爲生生哉？』然余知其生生，而不知其所以生生，則終於冥冥而已。」

陸元輔曰：「晉江蘇紫溪先生，諱濬。萬曆丁丑進士，官廣西布政司參政。」

易經兒説

四卷。

存。

韋編微言

一卷。

未見。

王氏豫**周易翼**

未見。

---

① 「且」，文淵閣四庫本脱漏。

烏程縣志：「王豫，字介夫。萬曆丁丑進士，官至福建按察司僉事。免歸，講學桐川，方演艮卦而逝。」

沈氏孚聞**周易日抄**

十一卷。

存。

繆泳曰：「沈孚聞，字貞孺，號翼亭，吴江人，萬曆丁丑進士。」

屠氏隆**讀易便解**

四卷。

存。

錢謙益曰①：「隆，字長卿，鄞縣人。萬曆丁丑進士，除潁上知縣，調青浦，陞禮部主客主事，歷儀制郎中。」

隆自序曰：「予自束髮受易，苦其難解。至以易博一第，而猶憒憒不得其解。然則易終不可解乎？考亭氏解其可解，不盡解其不可解。予按：本義條解之可解者，仍本義之舊，不可解者，暢以己

① 「錢謙益曰」，四庫薈要本作「錢陸燦曰」，文淵閣四庫本作「陸元輔曰」，文津閣四庫本作「寧波府志」。

見，而大義了然，俾來學讀之便解云。」

楊氏啓新**易林疑説**

二卷。

存。

黄鳳翔曰：「同里楊稺實著①易林疑説，采摭詳而考訂覈。如謂九疇子目脗合河圖，則取諸胡方平；謂洛書可以敘疇，亦可以畫卦，則取諸陳器之；皆非創己見爲臆説者。至於横圖、圓圖，逆數、順數，與夫五行之推遷生尅、縱横錯綜、左右逢源，尤超然言銓象數之表。」

查慎行曰：「楊啓新，字稺實，晉江人。萬曆己卯舉人，官左州知州。」

李氏登**易知齋易説**

一卷。

未見。

陸元輔曰：「登，景陵人，萬曆庚辰進士。」

①「著」，文津閣四庫本誤作「者」。

鍾氏化民**讀易鈔**

十四卷。

存。

徐剛振曰：「化民，仁和人。萬曆庚辰進士，累官都察院右僉都御史，巡撫河南。」

袁年曰：「侍御鍾公讀易鈔，壹宗程、朱傳、義，而於諸家之説，摘而録之，簡約精核，洵學者之指南也。」

孟氏化鯉**讀易寤言**

未見。

陸元輔曰：「化鯉，字叔龍，河南新安人。萬曆庚辰進士，歷文選司郎中。其易説大都以心體立説，未免與程、朱訓異，學者稱雲浦先生。」

李氏廷機**易經纂注**

四卷。

存。

陸元輔曰：「廷機，字爾張，晉江人。萬曆癸未第二人及第，官至大學士，謚文節。」

易答問

四卷。

存。

曹溶曰：「李廷機易答問四卷，四明沈一貫序之。」

鄒氏德溥**易會**

八卷。

存。

德溥自序曰：「易者，象也，八卦以象告固矣，彖爻之辭，亦所謂觀象而繫之者。辭以象生，必按象而後可繹其辭，不察象而以臆説者，漫也。象也者，聖人之所立焉以盡意者也。道有不可言述，或言而不克盡者，夫故寓諸象。彖、爻之辭，非必盡卦之旨也，象之所含，固不可以辭盡也；傳之辭，非必盡彖、爻之旨也，彖、爻之所藴，固不可以傳盡也；參而玩之則得矣。夫易，非四聖之易，霄壤自然之易也。又非霄壤之易，而心之易也。故諸家以其鑽研之所及，各有會焉，非會夫聖人之心，會於己心也。余黯淺，不足以窺易，姑就心所會者而述之。」

陸元輔曰：「四山鄒先生德溥，安福人。萬曆癸未進士，改庶吉士，歷官司經局洗馬。」

錢氏一本**像象管見**

七卷。

存。

〔校記〕

四庫本九卷。（易，頁一一六）

一本自序曰：「『易者，象也；象也者，像也。』舍是無可言易矣。萬曆癸未，筮仕廬陵，於是塘南王先生輯衛道編①以辨異闢邪，蒙山陳先生著就正稿以發明易道。二先生語本曰：『子盍進而讀易？』遂手易而讀之，出入必於是，寢食必於是。積之二十年，象則茫然而矧於像，然而半生之精力在此矣。龜山先生云：『自漢、魏以來，以易名家者，殆數千百人。觀其用力之勤，自謂能窺天人之奧，著爲成書，足以師世。然其書具在，不爲士大夫譏評訕笑，用覆醬瓿者，無幾矣。』本曷不量，而又踵是。蓋庶幾就正於有道君子之前，而醬瓿亦効一覆之用也。」

啓新齋易象鈔、續鈔

共六卷。

---

① 「編」，文津閣四庫本作「篇」。

存。

一本自序曰：「萬曆丙戌，余復任螺川，受教王、陳兩先生，始知讀易。積之幾二十年，不忍投之水火，名曰像象管見。至於今又幾十年，筆既秃，手亦顫矣。因友人相勉，隨讀隨抄，積與前等，復不忍棄去，名曰像抄①。孫盛有言：『易之爲書，窮神知化，非天下之至精，其孰能與於此？世之注解，殆皆妄也。』此亦足以箴余之失焉。」

四聖一心録

四卷。

存。

〔校記〕

四庫存目作六卷。（易，頁一六）

陸元輔曰：「錢一本，字國端，一字啓新，武進人。萬曆癸未進士，由廬陵知縣擢福建道御史，巡按廣西，建言爲民。天啓初，贈太僕寺少卿。」

張雲章曰：「公以建言落職，歸而談道著書，與光禄顧端文公分東林講席。初宰廬陵，即潛心易學，積二十餘年，成象像管見一書，晚年復著象抄，皆自爲序，鄒忠介公元標亦序之。」

①「像抄」，文淵閣四庫本、文津閣四庫本俱作「象鈔」。

姜氏應麟**周易容光、易會**

俱未見。

陸元輔曰："慈谿姜公應麟，字泰符，號松槃。萬曆十一年進士，改庶吉士，授户科給事中。十四年，加封鄭貴妃爲皇貴妃，公上正名定分别嫌明疑疏，上怒，謫廣昌典史，量移知餘干縣。光宗立，起太僕寺少卿，贈太常卿。"

徐氏常吉**易解**

未見。

黄虞稷曰："常吉，號儆弦，武進人。萬曆癸未進士，官至浙江按察司僉事。"

饒氏伸**周易彙解**

未見。

陸元輔曰："伸，進賢人。萬曆癸未進士，官吏部主事。"

潘氏士藻**洗心齋讀易述**

十七卷。

存。

陸元輔曰：「士藻，號雪松，婺源人。萬曆癸未進士，官至尚寶司少卿。」

焦竑序曰：「聖人洗心退藏于密，而吉凶與民同患者，莫辨於易。故處而修身，出而經世，率由此出，而退藏者，其體也。但動之變者，百姓可與能，而静之微者，賢智未易知。聖人於是立象倚數，探賾索隱，而寓之於書，使人拂有以取無，立於陰陽之先。而陰陽之用，動乃不窮，措諸事業，施諸天下國家，豈虚也哉？蓋易周萬變，而卦止六十有四，卦六十有四，而用止九六：藉令陽爲九用，而不能用九則亢，陰爲六用，而不能用六則戰。參同契云：『二用無爻位，周流行六虚。』非古之微言，道家者流，猶得而聞之故耶？余友潘去華，耑心孔、孟之學，晚獨研精於易，仰思有得，時時私草其事緒正之。每就一章，未嘗不津津有味其言也。已而歎曰：『易如鴻鵠，然一人射之，不若合衆力射之，猶有中也。』乃盡取諸家説究之，博攷前聞，精思其義，而加折衷焉。大抵主理莫備於房審權，主象莫備於李鼎祚，去華裒而擇之，補不足，表未明，以指南來學，可不謂勤乎？去華談易不去口，求其書輒拒而不出，蓋其意方進而未止也。不幸被疾而歿，顧其所就者，已可傳矣。子師魯輩，不以自私，梓而公諸同好，有能由諸象數契其根源，出入以度外内而不懼者，斯其爲己易也夫。萬曆丙午冬日。」

岳氏元聲**潛初子易説**

三卷。

存。

俞汝言曰：「石帆先生，諱元聲，初姓樂，後乃更焉。仕至兵部右侍郎，自號潛初子。」

按：石帆先生談易，一曰觀易圖記，二曰觀象微言，三曰探策初籌，四曰探策通，五曰學易數贊，六曰壁記私譚，七曰環中指掌圖訣，八曰玩易巵譚①，九曰問易釆風述，十曰知止方言，十一曰参疑，十二曰研幾私乘，十三曰譚易。

徐氏即登**易說**

九卷。

未見。

陸元輔曰：「即登，號匡岳，豐城人。萬曆癸未進士，官至河南按察使。」②

顧氏允成**易圖說億言**

四卷。

存。

嚴繩孫曰：「先生字季時，涇陽先生之弟。萬曆癸未中會試，丙戌賜同進士出身。坐救海忠介瑞

① 「玩易巵譚」，文津閣四庫本作「玩易巵談」。
② 陸元輔條後原缺空四行，文淵閣四庫本作「闕」，文津閣四庫本不空不闕，備要本作「『使』下原缺四行」。

削籍，尋以薦爲南康教授，遷禮部主事，又以言事謫光州判官。從其兄講學東林書院，每以狂狷自許，叔時進之以中行，對曰：『世之中行，夫子之鄉愿也。』所著易圖說億言四卷，諸經亦皆有之，未刊行。」

許氏子偉**廣易通**

二卷。

未見。

曹溶曰：「瓊山人，字甸南。萬曆丙戌進士，官户科左給事中，以言事謫。」

鄒氏德泳**湛源子三讀易**

一卷。

未見。

易林説疑

二卷。

未見。

曹溶曰：「德泳，江西安福人，萬曆丙戌進士。」

羅氏大紘**周易古本**

一卷。

未見。

黄虞稷曰：「大紘，字匡湖，吉水人。萬曆丙戌進士，官禮科給事中，以建言謫潮陽典史。」

袁氏黄**周易補傳**

四卷。

河圖洛書解

一卷。

俱未見。

俞汝言曰：「嘉善了凡袁先生，萬曆丙戌進士，知寶坻縣，陞職方主事，被劾回。所著易補傳、圖書解，里中罕有傳者，而功過格、祈嗣真銓盛行於世，不可解也。」

萬氏純忠**周易箋疏**

未見。

南陽府志：「萬純忠，鄧州人，萬曆戊子舉人。」

經義考卷六十

易五十九

焦氏竑易筌

六卷。

存。

〔校記〕

四庫存目尚有附論一卷。（易，頁一六）

竑自序曰：「聖人之微言，備載於易，所謂窮理盡性至命之書也。儒者習而弗察，矜激於名義，没溺於訓詁，而失之遠矣。二氏因駕其説，而與儒角，不知皆儒學之固然也。善乎李覯之言：『無思無爲之義晦，而心法勝；積善積惡之誡泯，而因果生。』譬諸饑渴之飲食，不可一日無，二氏乘其饑渴而鼓行之，焉往而不利。余竊悲之，晚而學易，戛戛乎難入也。時與同志者講焉，研味久之，知褆躬涉世、窮深入微，理無弗具，而異學之果無以爲矣。會同學者漸以散去，所聞恐至於遺忘，輒命兒子籍記之，爲就正之地。嗟乎！是編出，學者知二氏所長，乃易之所有，而離類絶倫，不可爲家國①者，則易之所無也。彼攻乎異端者，其病可少瘳矣乎。」

陸元輔曰：「焦竑，字弱侯，別字澹園，學者稱爲澹園先生。萬曆己丑賜進士第一，除翰林院修撰，尋遷東宮講讀官，謫福寧州知州。」

高氏攀龍**大易易簡説**

三卷。

存。

〔校記〕

四庫本作周易易簡説，善本書室藏書志周易乾義三卷云：「與易簡説一書兩名。」（易，頁一六）

俞汝言曰：「公諱攀龍，字雲從，無錫人。萬曆己丑進士，歷官都察院左都御史，贈太子少保、兵部尚書，謚忠憲。」

攀龍自序曰：「夫易豈難知者哉？天高地下，萬物散殊，吾於其中具形而爲一物。天地之大，未嘗不備於我，静而成象，動而成占。成象者退藏焉而爲密，成占者神明焉而爲德。吉凶悔吝，如日月彰彰

① 「家國」，文淵閣四庫本作「國家」。

焉，而冥行者不知也。聖人惻然患之，莫能致力，則以易示之，又詔之曰占，故曰：『易者，卜筮之謂也；卜筮者，占之謂也。』静而不密，則不占；動而不德，則不占。至將有爲也，將有行也，問之以蓍，則卜筮之一事云爾。謂蓍不足以盡占，可；謂占不足以盡易，不可。雖然，不見易而能占者，鮮矣。則謂蓍爲占也亦宜，於何見易？曰：『其知易知，其能簡能，易簡而天下之理得矣。』於是作易簡説。夫五經注於後儒，易注於夫子，説易者明夫子之言而明易矣。」

周易孔義

一卷。

存。

攀龍自序曰：「周易孔義者何？孔子之義也。人每言易最難讀，余謂不然，見易難耳。見易則見道，道豈易見哉？若讀之而已，六經惟易易讀，何者？經非注則無門入，注非經則從門入者注也，非經也。惟易注自夫子，故即注即經，非夫子而吾烏知易之所語何語哉。學易者當以夫子之注學，字繹而句味之，經不難讀也。然而經者，易也，易非經也，存乎其人。夫子固曰：『聖人以此洗心，退藏於密。聖人以此齋戒，以神明其德。』此者何也？見易之謂也。易以孔義明，孔義又以易明。以目前事，故不易見，然以目前事，初非難見也。」

郝氏敬**周易正解**

二十卷。

存。

易領

四卷。

存。

敬自序曰：「八卦以序相循環，君子所居而安者，易之序也。易之序者，造化變通，往來理數之自然。羲皇始作，文王演之，範圍曲成，精意全注於此。連山、歸藏亦各有序，而其義未備，故文更演。非序則三易混同，先後雜越，無不可矣，豈作者之意歟？特其象義圓妙，無所不貫，夫子作傳，循循易簡，提挈其大較，引伸而曲暢之，存乎其人。後儒反疑序卦傳爲淺率，朱子作本義遂略之，博士家因廢而不講。若是，則易道淩亂，無復條理矣，豈其然乎？余解易，於彖、爻前冠以序卦傳，略加敷衍，如著衣者挈其領，而前後襘如，命之曰易領。」

問易補

七卷。

存。

敬自序曰：「余幼授毛詩，疑朱傳淺率；與同學受易者聽説易，其淺率尤甚於詩；聽説春秋，其穿鑿又甚於詩、易也。竊怪先輩稱師儒明經道①古，如斯而已乎？顧國家功令相承，可若何，而浮湛一第，私心恥之。比釋褐，又不得與讀中秘書，供文學校理之役，而鬱鬱簿領，經義荒閣，於心終不忘。癸巳，調永嘉，邂逅學博鮑士龍氏，渠嘗受易於先輩，就而問焉，爲余説乾、説咸、説艮，總之，老生常談耳。别後十餘年，風塵奔走，明師良友，不復可逢，而五十之年，忽焉將至。乃抽簪下帷，求自得師，首解詩，次解春秋，最後易。易，吾見其難爲，怵然遲之，久而復削草，浹旬而後乾事竣，再浹旬而後坤事竣。乾、坤辨，而他卦離披矣。管子云：『思之思之，又重思之。思之不通，鬼神將通之。』亶其然乎！比殺青，同學取觀，無一人一辭助我者。余甥曰：『文宰氏以諸生學易。』取余易解，字比而句櫛，摘疑義若干條，請益屬余。諒闇廢業久之，温故補其闕略，非必洪鐘，大叩小叩，一一鳴合，然心誠求之，不中不遠。羲、文始作，於今幾千載，傳注千家，雖未徧覽，而錚錚者六七家，已嘗染指。莊生謂千載而下知其解者，旦暮遇之矣。窮經難，窮易尤難哉。」

學易枝言

二卷。

① 「道」，文津閣四庫本作「通」。

存。

〔校記〕

善本書室藏書志載明刊本四卷。（易，頁一六）

敬自序曰：「余於易，有解有問，有談有領。晚更三思，得一則舐筆書記，久之，狼藉巾笥，道士章憨取以編入，别爲學易枝言。經曰：『中心疑者，其辭枝。』余學未忘疑，道其實而已矣。先儒云：『煩則枝。』何晏謂管輅説易，要言不煩，一面而盡二①難之美。故經曰：『吉人之辭寡。』老眀亦云：『多言數窮。』夫夫是也。我過矣，書以志余過。」

陸元輔曰：「敬，字仲輿，號楚望，京山人。萬曆己丑進士，官户科給事中，謫宜興縣丞，移知江陰縣。」

張氏納陛**學易飲河**

八卷。

存。

〔校記〕

四庫存目作易學飲河。（易，頁一六—一七）

---

① 「二」，四庫薈要本作「三」。

錢一本序曰：「昔有爲飲河之喻者，謂河無盡，而飲之者其量有盡，如鼹滿腹，所飲幾何？亦猶之河伯望洋之見①也。若以劵之易，易，河源也，蓋人人之心，莫不具有全河之量焉。有不待渴而甘飲焉者，以夫子之聖，何過可言，且願有數年之假、五十之學，然又僅謂可以無大過，易顧可以勿學乎？大過，大者過也，必先於大者無過，而後可以覬望小者耳。予友張以登，起家名進士，任儀曹，值並封議起，偕于、薛、顧、陳、賈諸公，抗疏回天，時號六君子。奚啻泰二用馮河之勇，一入錮籍，遂數十餘年，而心精無一少滲，舉涓滴之流，悉匯爲天漢之章。其飲河所述，蓋用馮河之全力出之，匪第自飲，亦以飲人，可謂窮其源者已。」

陸元輔曰：「張納陛，字以登，宜興人，萬曆己丑進士。」

方氏大鎮**易意**

四卷。

未見。

錢士升作墓碑曰：「公諱大鎮，字君静，號魯岳，桐城人。萬曆己丑進士，除大名府推官，入爲江西道御史，由大理丞晉本寺少卿。璫禍作，具疏乞休，陞南京光禄寺卿。未仕時，方毁首善書院，公筮，得『同人于野』，遂引疾歸。自號野同翁，性至孝，居父喪，盡禮，及禫而卒。鄉人謚曰文孝先生。所著有

① 「見」，備要本作「意」。

易意、詩意、禮説諸書。」

陳氏幼學**周易管闚**

佚。

嚴繩孫曰：「公字志行，無錫人。萬曆己丑進士，官至太常卿。癸丑冬，錢先生啓新談易東林，公善其説，遂歸撰周易管闚以相質。曰：『吾雖八十老人，誠樂此不知疲也。』竟以此成疾，卒時猶未成書。」

王氏述古**易筌**

未見。

黄虞稷曰：「述古，字信甫，號鍾嵩，禹州人。萬曆己丑進士。官常州知府，遷山西按察副使，進布政。」

吴氏烔**周易繹**①**旨**或作「易旨質疑」。

八卷。

---

① 「繹」，文津閣四庫本作「經」。

存。

李廷機序曰：「仲尼之於易也，韋編三絶，而後有十翼，以闡伏羲、文王、周公三聖人之旨。歐陽公乃以繫辭非夫子所作，韓魏公不以爲然，終身不與歐陽公談易。夫彖、象以疏卦、爻，文言、繫辭又以發揮彖、象之所未盡，而歸之羽翼三聖。自漢以後，諸儒注疏又其羽翼爾。華亭懷野吴君，以所著繹旨一編眎余，余受而讀之，卦、爻、彖、象彙而不析、連而不間，無深求、無費辭，第就聖人語，稍加訓繹，而大旨了然，如指諸掌。朱晦翁教人觀書，到通融後都不見注解，但見正經有幾個字，若是編者，殆庶幾焉。而余又以爲易理惟是消息盈虛，在仲尼爲仕止久速，故其繫彖，每嘆時義也①大，而孟子稱之曰聖之時。至於既老，猶欲假數年之學，以無大過，夫士大夫不明易理，潛見躍亢違其時，進退存亡失其正，過斯大矣。篇中如曰：『豐，亨。』『豫，大君子畏之。』曰：『進退相倚，成敗相伏。』曰：『死生旦暮，如浮雲之適往適來，何與我事？』此語出自達識，必能用易者，豈獨能繹易之旨已哉？」

董其昌跋曰：「向子讀易，至損、益二卦，嘆曰：『吾已知貴不如賤，富不如貧，超然霞舉，志在五岳。』彼所用者，老子之易爾，非文、周、孔子之易也。孔子贊易於乾之潛龍，以爲得聖人之德，他日見老子，其尊之也似師與，稱之也曰猶龍。猶之者，疑之也。聖人之進退存亡，期於不失其正而已；知益而不知損者，危機也；知益之爲損而去之，知損之爲益而居之者，盜機也。夫乾，純乎陽者也，有機焉而陰氣不盡，故疑於龍，向子所用之易如此。予友吴晉明蓋跡於損者，十九在家，十九在官，歸奉太夫人

① 「也」，備要本作「之」。

養，著書談道，有終焉之志。予觀其忠孝大節，恬淡姱修，灼然有用於世，非徒虛曠自喜而詭於正者，可謂深於用易矣。向子云乎哉？」

陳九疇曰：「今之談易者，爭言象矣，不合則多方以求之，而易始瀰。夫卦有理，理有象，順理求象，則自然脗合，執卦求象，則牽合難通。乾潛見飛躍稱龍，而說卦曰：『乾爲馬，震爲龍。』象胡可執也。同人之初曰門，節之二曰門，爻之象亦豈定法乎？隨時度理，象自合矣。茲繹也，以卦之二義立大象，以位分小象，如升階一級進一步，如車轂轉而軸不轉，一洗變互比應之說，而易旨躍如。故曰：『吴子之易，解粘①釋縛之書也。脱二千餘年之牽纏，撥雲霧而大明之，是之謂懸解。』」

炯自序曰：「粤自伏羲畫卦，文王衍辭，周公益以六爻，孔子贊以十翼，易更四聖，而道始□□□□□□□□□□□□□②。惟昔歲在甲子，予甫成童，以占筮見易之辭。迄垂髫，讀宋儒理學諸書，見易之藴，竊謂易道廣大，無所不包，而淺見薄識，茫然不得其畔岸者，凡歷五甲。姑去箋注，直探文王、周公之辭，以辭合象，以象合先天之畫，似有見其一斑者，敢攄己見，以與文王、周公發揮其微義。余不敢知經世之大用，直就辭衍義，以爲神道設教之小助云耳。乃若孔子之傳，本以釋經，而王輔嗣分列各爻，使經意不貫串。予倣乾卦例，以傳列於各卦經辭之後，卦如統領，六爻如貫珠，而傳如宫商之相應，亦以復古本之繙閲。甫就，搦管題其梗概。萬曆甲辰秋八月觀潮之夕也。」

① 「粘」，依四庫薈要本、文津閣四庫本、備要本應作「粘」。
② 「□□□□□□□□□□□□□」，四庫薈要本作「明易之爲書，夫豈易言者哉」。

陸元輔曰：「烔，字晉明，華亭人。萬曆己丑進士，南京太僕寺卿。」

笪氏繼良**鵝湖讀易編**

十二卷。

未見。

高佑釲曰：「繼良，字我箴，丹徒人。萬曆辛卯舉人，初署寧國教諭，遷知鉛山縣，講易鵝湖，著書十二卷，官至山西按察僉事。」

萬氏尚烈**易贊測、易大象測**

各一卷。

存。①

尚烈自序曰：「不佞結髮從里中章布衣先生游，聞先生論易，曰：『不知易，不可以爲學。』不佞因取易讀之，沉潛反覆者廿餘年，乃信易之爲書，雖成於三聖，而實統於孔子之贊。誠於孔子之贊，不背而馳，則周公、文王、伏羲之意，可遡而得矣。每有所聞，便即劄記，日積月累，不覺成帙，因名之曰易贊測，蓋謂測孔子之贊周易者也。故於彖辭、爻辭不苦爲講說，非故略之，正以求彖辭於彖傳，求爻辭於爻傳。彖傳、爻

① 「存」，文淵閣四庫本誤作「序」。

傳明，而彖辭、爻辭之旨，其盡是乎。至於六十四大象，原與卦、爻之辭不相發明，故又別爲一簡，亦名之曰周易大象測。又有讀易，附於其末。大約管蠡之見，有觸而存。而二測之旨，其裏言云。」

陸元輔曰：「尚烈，新建人。萬曆辛卯舉鄉試①，初署建昌教諭，陞高州府推官，歷濟寧知州，再補昌平知州，轉邵武府同知，學於布衣章潢。」

徐氏曰仁**周易翼注**

未見。

黄虞稷曰：「永豐人，萬曆辛卯舉人。」

吴氏默**易説**

六卷。

存。

默自序曰：「易不云乎：『引而伸之，觸類而長之，天下之能事畢矣。』此詮②易之宗旨也。今寓内以明經爲功令，乃士之挾策者，往往格於章句之陋，守其師説，以爲易盡在是也。試叩之程傳，茫如捕

① 「辛卯舉鄉試」，文津閣四庫本「辛卯」誤作「卒卯」，「舉鄉試」作「進士試」。

② 「詮」，四庫薈要本作「銓」。

風，又況乎大全諸家乎？予往者輯群書，而衷①之以程、朱傳、義，隨復散佚，今彙而成是編。希夷有言：『善學易者當以羲皇心地馳騁，無於周、孔注腳下盤旋。』旨哉言也！予亦何敢以言易自任？聊以俟夫引伸觸類者，則又何言非易也耶？」

陸元輔曰：「默，字因之，吴縣人。萬曆壬辰進士，太僕寺卿。」

姚氏文蔚**周易旁注會通**

十四卷。

存。

黄虞稷曰：「文蔚，字養谷，錢塘人。萬曆壬辰進士，仕至南京太僕寺少卿。」

李氏本固**古易彙編意辭集**

十七卷。

存。

〔校記〕

四庫存目作古易彙編，分三集，曰意辭，曰象數，曰變占。此但舉其一，誤矣。（易，頁一七）

---

① 「衷」，文津閣四庫本作「終」。

李維禎序略曰：「治易者有章句，有傳，有注，有集注，有義疏，有論説，有類例，有譜，有考，有數，有圖，有音，有擬，號爲繁蔓。清源李維寧統彙編輯，其大綱三，曰意辭，曰象數，曰變占。而意辭之目八，曰古易，曰辭會，曰明意，曰釋名，曰詳易，曰玩辭，曰誤異，曰易派。象數之目八，曰圖書象，曰圖書數，曰總論，曰畫象，曰三易，曰廣象，曰觀象，曰衍數。變占之目十，曰蓍變，曰之變，曰反對，曰變例，曰小成，曰觀變，曰不卜，曰玩占，曰卜筮，曰斷法。廣大悉備矣。」

高出序略曰：「易道之暢，莫今日。若以予耳目所及，若焦先生之易筌，意象兼舉，超超玄著。又有黔南來氏之易，淄川高氏之易，咸自名家。而李維寧氏辭會一書，包總古今，始無餘蘊，所采輯漢、唐諸家頗衆。其論象甚備，而覈其序，前卦、爻，而後彖、象。其體先之以意辭，而象數繼之，變占繼之，雜論敘述繼之，秩秩乎有則，確乎有據。」

余叔純曰：「自費長翁以彖、象傳釋經，總附卦爻之後，於是康成以彖傳連經文，輔嗣以象傳移綴彖辭之後。王原叔、吕汲公、晁以道、李巽巖、吕東萊、朱考亭，皆以分經合傳爲非古，故程子因今經作傳，而朱子獨因古經作本義。至永樂間，又抑古經以從今經，後本義而先程傳。成化間，成君矩乃始去程傳，獨刻本義，然彖、象傳猶附各卦經文，仍非古也。萬曆間，楊止庵分別經、傳爲古易，又内多改彖傳入文言，改『天行健』等象傳入繫辭，改『天尊地卑』等繫辭傳入説卦，亦非古也。近李維寧分别經、傳爲古易，而内止改『居室』七條、『祐助』一條，『何思』十一條入文言，既無分裂之虞，亦無差訛之患，古易於是乎復矣。」

陸元輔曰：「本固，字維寧，臨清州人。萬曆壬辰進士，官至太僕少卿。」

楊氏廷筠**易顯**

六卷。

存。

易總

一卷。

未見。

孫枝芳曰：「淇園先生周易顯義不主一家，亦不拘拘於卜筮，所著有易微、易總、易顯，皆以己意解易，不以訓詁①舊聞解易。余嘗謂易經宋儒表章，程、朱等傳，翼經者也，顯義一書，翼傳者也，玩之，可識盈虛消息之理矣。」

陸元輔曰：「廷筠，字淇園，仁和人。萬曆壬辰進士，仕至順天府丞。」

劉氏一焜**周易略義**

一卷。

① 「詁」，文淵閣四庫本誤作「祜」。

未見。

祁承㸁曰：「乾、坤至比，凡八卦。」

高佑釲曰：「一焜，南昌人。萬曆壬辰進士。」

湯氏賓尹**易經翼注**

四卷。

存。

陸元輔曰：「賓尹，宣城人。萬曆乙未賜進士第二①，官至國子監祭酒。」

孫氏愼行**周易明洛義纂述**

六卷。

存。

愼行自序曰：「愼行素不敢玩易，戊申歲，忽若有示之圖如②世局盤者，從北坎、乾、兑宮三點，從南坤、巽宮二點，若天三地二，尋卜，以爲將來於易當有聞矣。至癸丑，將詣部，卜艮之四：『艮其身，止諸

① 「第二」，四庫薈要本作「第」，文津閣四庫本誤作「管二」。
② 「如」，文津閣四庫本誤作「加」。

躬也。』心止是易，便可潛通，專欲講求文王後天周易，兀坐述之，果一月成。卦述外復有①二十餘章，仍卜，五年後可再述；又五年後，可三述。迨戊午、壬戌，兩②述如言，二易比初贏十餘章，三易缺十五章，十餘年來，未輕③示人。會丁卯春，謫戍，神復指示之，卜此生還日，刻前所述易。俄戍遣寧夏，未及行，召還起用，因衰病，三疏請放，旨不下，得以虛閒歲月，長坐齋中，反覆玩繹。思易道廣大，漢、唐以來，承用後天者，習其數不知其義；至宋以來，搜探先天者，又昧其例并汩其辭。是用尋夫子之十易④，宗箕子之九疇；以一中爲握，而後卦得以運行；以二五爲中，而後爻有所統攝。應非象所明言，不得旁及；用非象所專指，不得泛⑤推。使玩易者因文王大象，便見爻之變化一源。又使用易者得夫子小象，更知象之貫穿萬緒。自北行南，則天尊地卑之義；生上返初，則原始要終之義。其數相錯，其象多危，所爲命易以包陰陽，命周易以别夏、商者。言各有物，物各有方，一爻得一爻之義，一卦明一卦之用，不至臆揣無據，牽引多門。名曰明洛三易，凡一十四萬餘言，章凡二百四十篇，大約得自止躬中者，初什之九二，則什之六三，則什之四，間有見聞攙者，義便不倫，蓋亦多從汰焉。念年幾耄矣，述易凡十八載，志慮尚清，視聽未惛秋毫，皆神賜也。」

① 「有」，備要本作「自」。
② 「兩」，文津閣四庫本作「而」。
③ 「未輕」，四庫薈要本作「未經」，備要本作「不敢」。
④ 「十易」，依補正、四庫薈要本、文淵閣四庫本、文津閣四庫本應作「十翼」。
⑤ 「泛」，文淵閣四庫本誤作「乏」。

〔補正〕

自序内「夫子之十易」，「易」當作「翼」。（卷二，頁十）

不語易義

二卷。

存。

陸元輔曰：「愼行，字聞斯，武進人。萬曆乙未賜進士第三，歷官禮部尚書。年四十六，始受易，有初易、二易、三易、四易，題曰周易明洛義，又有不語易義，學者稱淇澳先生。卒，贈太子太保，謚文介。」

曹氏學佺周易通論

六卷。

未見。

〔四庫總目〕

朱彝尊距學佺最近，而經義考註曰：「未見。」殆當時已不甚行歟？（卷八，頁十三—十四，易經通論十二卷提要）

〔校記〕

四庫存目九卷。（易，頁一七）

周易可説　七卷。

存。

高佑釲曰：「學佺，字能始，侯官①人。萬曆乙未進士，易可説七卷，前有總論八卷②，同安蔡復一序之。」

〔補正〕

高佑釲條内「前有總論八卷」，當作「八篇」。（卷二，頁十）

史氏記事**讀易夢覺**

九卷。

未見。

高佑釲曰：「渭南人，萬曆乙未進士。」

張氏汝霖**周易因指**

八卷。

① 「侯官」，四庫薈要本誤作「候官」。

② 「八卷」，依補正應作「八篇」。

存。

〔校記〕

四庫存目作易經澹窩因指。(易,頁一七)

高佑釲曰:「山陰人,字明若。萬曆乙未進士,江西布政司參議。」

張氏維樞**澹然齋易測**

十二卷。

未見。

黃虞稷曰:「維樞,字子環,晉江人。萬曆戊戌進士,累官工部左侍郎。」

喻氏安性**易參**

五卷。

未見。

陸元輔曰:「安性,字養初,嵊縣人。萬曆戊戌進士,累官都察院右副都御史,總督薊、遼軍務。」

黃氏國鼎**易經初解**

未見。

葉向高志墓曰：「公諱國鼎，字敦柱，别號九石，晉江人。萬曆戊戌進士，官右春坊右庶子兼翰林院侍讀，掌坊事，著四書質問、易經初解。」

崔氏師訓**大成易旨**

二卷。

存。

〔校記〕

予藏明鈔本三册，不分卷。八千卷樓目載存澤堂刊本四卷。（易，頁一七）

曹溶曰：「師訓，字弘臺，南直隸太平縣人。萬曆戊戌進士，仕至福建參政。易旨二卷，止説上、下經，仁和黄參議汝亨爲之序。」

按：崔氏有讀易八條，其一曰：「讀易須認典禮，故曰：『聖人觀其會通，以行典禮。』繫辭以斷吉凶，則典禮所在，乃六爻吉凶從出之門，一卦之大義也。如乾以元爲典禮，坤以貞爲典禮，餘卦利貞則皆典禮所在。貞無往不在，因時制宜，謂之時義，因時致用，謂之時用。各隨其時，如屯之時以動爲貞，需之時以静爲貞，咸以止爲貞，恆以道爲貞，旅之貞在柔，兑之貞在剛。未有一卦而無典禮者，智者觀象辭而思過半者此也。」頗能詳人之所略。

經義考卷六十一

易六十

劉氏宗周**周易古文鈔**

三卷。

〔校記〕

四庫存目作二卷。（易，頁一七）

讀易圖記

一卷。

存。

易衍

未見。

宗周自述曰：「周易者，文王本伏羲畫卦，而爲之繫彖辭，周公又繫爻辭而得名也。至夫子乃繫彖傳及大、小象傳，則傳體也，合之皆得稱周易。然三家次第本是秩然，後人混而錯之，遂令古文不傳於世。幸乾卦尚存古文之舊，今姑推其例，以及其餘，一一爲之更定①，凡爲經二卷，夫子繫辭傳仍載後如舊。」

陸元輔曰：「山陰劉念臺先生，中萬曆辛丑進士，仕至都察院左都御史，聞南京不守，不食死。」

薛氏三省**易蠡**

二卷。

存。

黄百家曰：「公字魯叔，號天谷，定海人。萬曆辛丑進士，累②官南京禮部尚書。卒，謚文介。」

---

① 「定」，文津閣四庫本脱漏。

② 「累」，四庫薈要本、文淵閣四庫本、備要本俱作「歷」。

程氏汝繼**周易宗義**

十二卷。

存。

朱之蕃序曰：「往歲辛卯，蕃偕程敬承及諸同志邂逅於天界禪林，方以易學應制舉，咸嘆其微詞奥旨，非一經生家言所能殫究，安得彙輯諸家講解，參酌採録，務得其旨趣、曲暢旁通，而覽者不苦其玄奥難窮、龐雜無統。斯亦一伐①之鴻裁，非積累歲月，未可幾已。敬承氏既成進士，宰劇邑，此念未嘗少忘。比擢南曹，乃得乘其政暇，羅列諸家之説，不泥古，不執今，句櫛字比，必求其融會貫通，可安於吾心，以契諸人心之所共安，而後録之。各標姓氏，不敢襲爲己之獨見也；參舉所長，不忍廢人之成説也。敬承氏可謂任一人以勞，貽衆人以逸，役三載之神，成千秋之業者矣。孟氏有言：『經正則無邪慝。』此書之流布於世，其所關係，豈淺尠哉？」

黄虞稷曰：「汝繼，字志初，婺源人。萬曆辛丑進士，官袁州府知府。」

王氏三善**周易象注**

九卷。

① 「伐」，依文淵閣四庫本、文津閣四庫本、備要本應作「代」。

存。

曹溶曰："王三善，字彭伯，永城人。萬曆辛丑進士，累官右僉都御史，巡撫貴州，死寇①難，贈兵部尚書。"

魏氏濬**周易古象通**

八卷。

存。

王在晉序曰："易義古象通，建溪蒼水魏公所論述也。公於易道有深契，合元會運世之終，以觀無始，遡天地人物之始，以極無終，一理渾涵，散殊萬象，萬象歸根，統會一理，故曰理無形也。假象以顯，聖人開物成務，見天下之賾，以擬形容，象萬宜，故謂之象。然非自聖人始也，河出圖，洛出書，顯然以象示矣。又非自圖、書始②也，太極分陰陽，陰陽分動静，兩儀、四象、八卦，漸次而生，又顯然以象示矣。一奇一偶，而天下之萬象生焉。一奇一偶之變，而天下之萬變生焉。變者，生乎象者也；通者，生乎變者也。天地間自然之易爲象，無象不可以言易；天地間自然變易之理爲通，無通不可以言象。聖人觀會通以行典禮，通其變以成天地之文，使民不倦。變則通，通而後能久，恆久不已，而天地萬物之情見

① "寇"，四庫薈要本脱漏。

② "始"，文津閣四庫本誤作"示"。

矣。此易古象通所由述也。昔呂東萊氏存古易十二篇，紫陽氏因之；魏公之存古象也，漢、魏、晉、唐諸家之説具在，後有作者，百世不能易矣。」

黄虞稷曰：「濬，字蒼水，松谿人。萬曆甲辰進士，累官都察院右僉都御史，巡撫湖廣。書八卷，前有明象論八篇。」

樊氏良樞**易疑**

一卷。

存。

易象①

〔補正〕

案：或作易象通。（卷二，頁十）

二卷。

存②。

---

① 「易象」，四庫薈要本作「易象通」，文淵閣四庫本二字俱脱漏。

② 「二卷。存」三字，文淵閣四庫本脱漏。

朱謀㙔序曰：「説易者不難於得理，而難於得象；不難於六十四卦、三百八十四爻，而難於十翼。夫河圖四象，天文也；六十四卦、三百八十四爻，人文也。伏羲則四象而卦之，天文昭矣；周文王彖而爻之，人文昭矣。然而微言妙理，察乎天人之際，非有尼父大聖，極深研幾，以作十翼，其孰能通之者乎？自漢以來，説易者無慮百家；鄭、虞求象而不得，則爲支離荒怪之言，以炫惑學者；王輔嗣疾其誣誕，而以義理勝之。至於十翼，則一字不敢措手，豈以尼父文章高深，不可得而聞乎？夫十翼者，大易之門户，大聖人三絶韋編之所得也。入其門，升其堂，而後可以入室。今舍十翼而獵①等以生義，多見其不知量也。學使樊致虚先生，窮六經之奥，有非唐、宋諸儒所能及者，於河、洛象數尤極其精，作易象②八卷，有圖有贊有説，陰陽造化之理，天人性命之學，思入微渺，若有神助。昔尼父以十翼贊文王之所未備，今學使又以易象贊十翼之所欲言，千載蔀覆，一旦發明。使學易者由易象以達十翼，由十翼以通周易，其於聖門紹述之功，豈不大哉？不佞少而好易，潛心四十餘年，嘗作易通八卷，僅存訓詁而已，至於象數之妙，百不得一。讀學使所著，如飲上池之水，見垣一方人，五苦六辛，霍然在目矣。天啓四年，歲次甲子仲春。」

良樞後序曰：「易之爲教也，曰通志，曰斷疑。既通矣，曷云：『疑吾所謂疑，非稽疑也。』羲、文之義，既不可窺，吾求之十翼而不得，遍求之説易之家，疑其誕且枝也。疑而思問，不敢謂能疑爲明也。

---

① 「獵」，依文淵閣四庫本應作「躐」。

② 「易象」，四庫薈要本作「易象通」。

既疑矣，又曷云：『通吾所謂通，非能神而明之也。』通其變，可以成文；通其意，可以精義；通其象，而天地鬼神之奥，君民事物之賾①，五官百體之動，鳥獸草木之名，金木水火土穀之用，禮樂刑政之屬，不勝窮矣。夫易，開物成務之書也，吾患夫學易者之不通於物務也，即其象辭，引而伸之，以通於史，可以彰往，即可以知來，可以準古，亦可以酌今。庶乎存疑而得解②，觀會以求通，是易之爲民用也，吾苟能前用之，雖以通天下之志、斷天下之疑，可也。此易疑③、象通之所以述也。」

易贊

二卷。

未見。

陳繼儒序④曰：「豫章致虚樊使君精於易，其學傳之渠上老人⑤。老人，君祖也，年七十，猶纂易傳義，手觸寒暑，細書盈篋⑥，夜則坐使君燈下授之，使君以明經得通籍，而老人學易，至九十不少衰。使

① 「賾」，文津閣四庫本誤作「積」。
② 「解」，文津閣四庫本作「改」。
③ 「易疑」，備要本誤作「斷疑」。
④ 「陳繼儒序」，四庫薈要本作「雲間陳氏」。
⑤ 「渠上老人」，備要本作「梁上老人」。
⑥ 「篋」，備要本作「帙」。

君衍而廣之，遂成一家言。所爲易贊，大抵義[1]多者約之使少，理幽者張之使著，辭簡韻雋，惟京房、焦贛之衍繇，東方生、管輅之射覆，差足以當之。漢儒之易，率門生弟子更相學習，罕有家傳。家傳莫盛於仲翔虞氏，零陽太守光授[2]之平[3]輿令，輿令授鳳，鳳授歆，歆授翻，五世受易，爲孔融、陸續所推重。翻講論於戎馬之上，而使君習經於簿書期會之間，其苦心好學同也。余遇使君於西湖，其氣静幽而清審，非有道不能，今而後，知其發痞於易者深也。」

陸元輔曰：「良樞，字致虚，進賢人。萬曆甲辰進士，累官廣東右布政。」

高氏捷易學象辭二集

十二卷。

存。

蔡復一曰：「菑川大行高君著易學象辭二集，以苦思入懸解，其辭則薈傳注諸家，疏擇采削，附己意以爲發明。尤潛觀於陰陽消息盈虚、進退離合之際，以變動不居爲宗，而不執於一局，非博通深詣者不能也。」

① 「義」，文淵閣四庫本誤作「易」。
② 「授」，文津閣四庫本誤作「守」。
③ 「平」，文淵閣四庫本誤作「乎」。

黃虞稷曰：「高捷，字中白，淄川人。萬曆甲辰進士，官至河南按察副使。」

陸氏振奇**易芥**

十卷。

〔補正〕

案：「十」或作「八」。（卷二，頁十）

〔四庫總目〕

是書經義考作十卷，與此本不符，然所引鄭之惠說，稱陸庸成爲諸生時，著易芥八卷，與此本合，則十卷乃字之悮也。（卷八，頁十七—十八，易芥八卷提要）

〔校記〕

四庫存目作八卷。（易，頁一七）

存。

浙江新志：「陸振奇，字庸成，錢塘人，萬曆丙午舉人。」

葛寅亮曰：「亡友庸成易芥，不執象，亦不執理。」

鄭之惠曰：「陸庸成爲諸生時，著易芥八卷。丙午，庸成舉孝廉，未及上公車，即世。庸成故工逢掖業①，而所爲易芥，獨不爲逢掖言。」

宿氏夢鯉**易纂**

未見。

嚴繩孫曰：「夢鯉，字龍吉，無錫人。萬曆丙午舉人，松陽知縣，學者稱仁寰先生。」

楊氏瞿崍**易林疑説**

十卷。

〔校記〕

四庫存目無卷數。（易，頁一七）

存。

黄鳳翔曰：「稈實易林疑説，采摭詳而考訂覈，如謂九疇子目脗合河圖，則取諸胡方平；謂洛書可以敘疇，亦可以畫卦，則取諸陳器之；皆非創己見爲臆説者。至於横圖、圓圖，逆數、順數，與夫五行之推遷生剋、縱横錯綜、左右逢源，尤超然言詮象數之外。」

---

① 「業」，備要本誤作「棄」。

〔補正〕

丁杰曰："此書及所引黄鳳翔語，已見前五十九卷五頁，其名字、籍貫、科第、官爵及書之卷數，或異或同，前後當有一誤。"（卷二，頁十一）

黄虞稷曰："楊瞿崃，字稺實，晉江人。萬曆丁未進士，歷官江西提學副使。"

王氏納諫**周易翼注**

三卷。

存。

黄願素曰："五經之教，莫精於易。乃依象守筌，摭言竄句，以副帖括，則是五經之學，莫悗於易也。吾友觀濤王君，精易理，言簡而便，理約而精，宜公之學易者。"

高佑釲曰："納諫，字聖俞，號觀濤，江都人。萬曆丁未進士，除行人，歷吏部稽勳司員外郎。"

陸氏夢龍**易略**

三卷。

存。

陸嗚勳序曰："漢、魏、晉、宋諸儒論易，或言象數，或言占驗，或言卦氣，或言理解，或言圖學，以至吞爻拆①角之家，箍桶賣漿之士，推演師説，言人人殊，學者如游溟渤，亡津梁，汎汎然流轉而無所適從，則要略不精，而指歸未定也。君啓先生盡屏衆説，於潔静精微之中，有廣大悉備之藴。昔楊雄之瑩玄也，曰：『不約則其指不詳，不要則其應不博②，不渾則其事不散，不沉則其意不見。』合數言，而易略之藴可見矣。」

黄虞稷曰：「山陰陸公夢龍，字景鄴③。萬曆庚戌進士，累官廣東按察使，降補河南布政司參議，尋備兵固原。崇禎七年，死寇難，贈太僕寺卿，謚忠烈。」

文氏翔鳳**邵窩易詁**④

一卷。

存。

李因篤曰：「先生字太青，西安三水人。萬曆庚戌進士，南京光禄少卿。」

翔鳳自述曰：「邵子安樂窩在天津之畔乎⑤？屢以祀謁先天堂，則登皇極之臺，北眺邙、洛，南揖

① 「拆」，備要本作「折」。
② 「博」，四庫薈要本作「神」。
③ 「鄴」，文津閣四庫本作「業」。
④ 「詁」，文淵閣四庫本誤作「祜」。
⑤ 「乎」，四庫薈要本誤作「予」。

嵩、伊，想見皇帝王伯雪月風花之襟，聊爲從者繹河圖、洛書象數之略云。」

卓氏爾康**易學全書**

五十卷。

〔校記〕

四庫存目載易學殘本十二卷。（易，頁一七）

存。

錢謙益①志墓②曰：「去病，姓卓氏，名爾康，杭之塘西里人。萬曆壬子舉鄉書，授祥符教諭，入爲國子學録，轉兵部司務，陞南京刑部主事、工部屯田司郎中，左遷常州府簡較③，徙大同推官，移兩淮運判。作易學五十卷、詩學四十卷、春秋辯義四十卷。」

林氏齊聖**易編**

未見。

---

① 「錢謙益」，四庫薈要本作「錢陸燦」，文淵閣四庫本作「高攀龍」，文津閣四庫本作「卓爾康」。
② 「志墓」，文津閣四庫本作「墓志」。
③ 「簡較」，依四庫薈要本應作「檢校」。

齊聖自序曰：「易有聖人之道四，首曰：『以言者尚其辭。』故得其辭不達其意者有之，未有不得其辭而能通其意者。予今所習辭也，觀玩之餘，手編成帙，畫而後彖，彖而後爻，爻而後傳，總一篇之要旨，彙四聖之大全。至如上傳下傳之參合，正解覆解之群分，時或出自己意，總期不詭於聖經。若夫因文見道，因其可傳以索其不可傳者，象外之意，畫前之易，不言而會諸心，則是集也，又寧徒以其辭而已哉？」

高兆曰：「林齊聖，字司一，莆田人。萬曆壬子舉人，官同知。」

繆氏昌期**周易會通**

十二卷。

存。

張雲章①曰：「公江陰人，萬曆癸丑進士，歷官左春坊左諭德。殉璫難，贈詹事，謚文貞。其書弟子饒秉鑑等所述。」

羅氏喻義**讀易内篇問篇外篇**

共七卷。

① 「章」，文淵閣四庫本誤作「韋」。

存。

喻義總序曰：「往官南中，有讀易内、外二篇，山中晏坐，或日説數卦，或數日一卦，當其領解，欣然獨笑。家人問之，不以告也。初有卷如指，漸大如瓠，乃撰定諸篇。内篇爲上，問篇爲中，外篇爲下。」

又序内篇曰：「易用二，玄用三，皇極經世用四，潛虚用五。經世學易，潛虚學玄，而玄不敢望易。用三者圜，用二者方也。理，至圜也，喻如流珠，惟方者可以奠之。書曰：『地平天成。』此之謂易。雖然，方畫既陳，妙在無方，故十翼所繫，皆圜義也。嘗取二畫規而圜之，以著其旋之義，而往來下上，活潑潑地。嗚呼！可以觀矣。内篇約略言之，其解剥文義在問篇。」

又序續内篇曰：「歲庚辰，天子居門之月，深夜春寒，剪燈閒語，客問余内篇三圖，余爲畫爐灰，詮解指明，客以爲佳，宜別作圖，余亦欣然相與共營之。其斜界一綫道，庶幾剖破混沌。凡圖一首，繫若干言，仍附諸内篇。」

又序問篇曰：「讀易問篇設客難而應之，客曰：『卦有單複，爻有順逆，九師以來，未之聞也。惟子内篇言之，何以爲卦有單複也？』曰：『易自有之，人未之玩耳。卦有單複，即圖之對者是也。邵子詩①曰：「天地定位，否、泰反類；山澤通氣，咸、損見義；雷風相薄，恒、益起意；水火相射，既濟、未濟；四象相交，成十六事；八卦相盪，爲六十四。」故易者，博易之義，東西互換，往來不窮者也。何獨於乾、坤疑之？請觀同人、師。同者類族而有伏莽乘墉之事，師者臨戎而有丈人弟子之名。卦在此，辭在彼

① 「詩」，文津閣四庫本誤作「曰」。

也。』客曰：『唯唯，何以爲爻有順逆也？』曰：『爻有順逆，即圖之反者是也。易緯曰：「卦者，掛也，垂掛物象，以示人也。」固有一正一反之事矣。易繫之撰爻也，曰：『其初難知，其上易知，本末也。』爻固有本末也。曰：『雜物撰德，非中爻不備。』爻固有中也。曰：『二多譽，四多懼，三多凶，五多功。』爻固以二五爲中也。故順不過五，逆不過二，以就中焉，而卦以成，又寬立一爻爲之地，則本末具矣。當其正也，初辭擬之，卒成之終；及其反也，卒反在下，初反在上，請觀損、益。損下益上，損也，至五或益之十朋之龜，而益成矣。損上益下，益也，至二或益之十朋之龜，而益成矣。舍所益之初上不繫，而繫二五，且以知上之无位也。故夫剛柔相易者，卦也；上下无常者，爻也。對者言乎其變也，反者言乎其動也；變動不居者，易之道也。乃徧及易象對體六十四卦，其合三十二，反體十有八，其別三十，是爲問篇。」

又序外篇曰：「讀易外篇，不經不傳，自爲一家。興於天啓末造，予屬嬰世患，退而學易，庶幾同死生之變，以无怵惕於胸中爾。時予乃或言不及易中事，而一皆易中事，百物不廢，易之道也。古无其書，聊以當一丸弄之，以頗涉方外，題曰外篇。」

張雲章曰：「喻義，字禹鐘，號英江，益陽人。萬曆癸丑進士，官至户部侍郎。讀易二篇，各自有序，大抵言剛柔相易之義，而問篇爲詳。曰卦有單複。爻有順逆，單複即圖之對者，順逆即圖之反者。對者言乎其變也，反者言乎其動也；變動不居，易之道也。」

程氏玉潤**周易演音**①

〔補正〕

案：當作周易演旨。（卷二，頁十一）

六十五卷。

存。

林增志曰：「玉潤，字鉉吉，正叔夫子裔也。冠進賢後不數年，輒隱去。取易象反覆諦思，暢正叔微旨，成一家言，豈非子程子順孫也與？」

倪長玕曰：「程鉉吉先生，以進士爲郎中。歲輒引退，潛心易學，取正叔先生傳，而益廣之爲演旨，接數百之祀，而全一家之説。」

陸元輔曰：「玉潤，常熟人，萬曆癸丑進士。」

俞氏士瑛**周易眇説**

佚。

---

① 「周易演音」，依補正、四庫薈要本應作「周易演旨」。

葉向高志墓曰：「君諱士瑛，字子偉，新會人。萬曆癸丑進士，甫登第而歿，所著有周易眇①說。」

姜氏山斗**大易闡庸**

三十卷。

未見。

陸元輔曰：「山斗，字文河，直隸通州人，萬曆乙卯舉人。」

馮氏洪業**易羨**

六卷。

未見。

高佑釲曰：「洪業，字茂遠，平湖人，萬曆乙卯舉人。」

錢氏士升**易揆**

〔校記〕

四庫存目作周易揆。（易，頁一七）

---

① 「眇」，文津閣四庫本誤作「渺」。

十二卷。

存。

許譽卿序曰：「四經皆有定論，易不可以定論。非不可定，至定者存於畫，遂能包天下不定之論，而無所不有，無所不通。商瞿而後，言易者多，鄭釋天象，王疏人事，説者猶或非之。趙宋以來，易學大明；邵子之言曰：『易，於時配春，於事屬皇，於性係仁。』是揆諸氣者也。程子之言曰：『易，變易也，隨時變易，以從道也。』是揆諸理者也。或問卦象於朱子，朱子曰：『便是理會不得。』是揆諸象者也。三賢各得其一，而易之大全，無不畢見。然則以定論論易者，拘於易之辭，未通於易之畫者也。年友塞庵錢先生，立朝當否泰之交，則爲包荒，出世丁興亡之會，則爲碩果。以故學識所至，既過前賢，晚年耽味益深，所著易揆①一書，余受而讀之，時抒獨見，旁輯諸家，潔静精微，直與易契。而余所服膺者，尤在卦前設互卦，後設對卦，兩説分合，直舉所謂氣與理與象，莫不兼融而並攝之，何也？三才分六位，初、二爲地，三、四爲人，五、上爲天。天地位居其盡，無事於互，人則上下乘承，可合可離，相生相接，而消長之道伏焉。故六位分屬，則二賢五君，三爲諸侯、令長，四爲太子、大臣、近臣，四爻皆得以事互；初未主事，上已謝事，故不得互。自有互而變通無窮，舉凡人事得失，正不能見者，互潛②見之，此氣所蓄然也。是編首揭互卦，則一定者既不阻其旁通，已然者并不遏其未見。是先生之論氣，簡於邵而詳於

①「易揆」二字，文津閣四庫本脱漏。
②「潛」，文津閣四庫本誤作「前」。

邵矣。卦有反對，所謂綜也。有四正綜，而氣之定者見；有四隅綜，而氣之變者見；以正綜隅，以隅綜正，而氣之平者見；順逆既得，象隨以立，變化多寡，均適其平。上經陰多於陽者八爻，下經陽多於陰者亦八爻；是象之大中隨時，非若太玄、潛虛以艱深疑人也。且乾，坤，坎，離，中孚，頤，大、小過，有錯無綜，先生特設反覆爲對之義，即以錯爲綜，而以十二爻合斷其旨，則又窮其變而通其理。觀乎象外，以發先賢所未發。是先生之論象，變於朱而深於朱矣。若六十四卦之合而爲三十二，蓋數之相周，自有乘除，此即天運之終始也。閱正忘反，是知進不知退也；閱反遺正，是知退不知進也。兩卦交繹，其旨彌變；如屯、蒙易位，在屯則雷，在蒙則山矣；如小畜、履易位，在履則澤，在小畜則風矣。必兩卦分卷，而後非偶者不相雜；如屯可繼坤，必不可合坤，本與末之見也；師可繼訟，必不可合訟，兵刑不可偏①見也。卷數之分合明，則有分而井疆備，有合而關隧通。是先生之論理，備於程而嚴於程矣。昔孔子韋編三絶，始悟羲之圓圖爲錯，文之序卦爲綜，嘆其不可典要。先生深悟此意，則對互分合，極盡易②畫之妙，而無所不有，無所不通。是以委心任運，流行坎止，無非易理也。」

子棻曰：「先府君方諸生時，即留心易學，邇年以來，閉户覃思，耄而彌篤。一義未安，累日不寐，及其既得，忻然忘餐。又復廣羅諸家之説而是正之，刪其煩蕪，衷以己意，因爻探象，因彖觀爻，別二卦於一卦，定主爻於六爻，至於互體、側體，靡不該盡。稿凡屢易，始克成書，名曰易撰，蓋府君所自命也。

---

① 「偏」，文津閣四庫本作「偏」。
② 「易」，文津閣四庫本誤作「入」。

夫易，憂患之書也，文之翼翼，周之几几，孔之無可無不可，皆當悔吝憂虞之地，而能知阻知險，故處困得亨。府君丁流極之運，悵家國之已非，攀弓髯而莫逮，匿影空門，栖神漆簡，其於涉世濟險，進退存亡之道，倘亦有異代而同揆者乎？」

錢氏繼登**易簣**

三卷。

存。

魏坤曰：「龍門錢先生撰易簣三卷。先生中萬曆丙辰進士，官至右僉都御史，總理兩淮鹽法江防。」

吴氏極**易學**

五卷。

存。

極自序曰：「宋蘇季明以治經爲傳道之實，而六經之道，尤莫實於易。程正叔亦云：『治經，實學也。』極幼治詩，長好讀易，尋究萬思默先生易原等篇，實獲我心。迨三任南中，官邸多暇，日以樂玩爲業。研證既久，繙搜亦侈，其不甚異意者，宋程先生易傳外，惟楊敬仲、蘇子瞻，明則焦弱侯、鄒汝光四家而已。顧其書，猶囿訓故例，予欲不遺訓故，更以擬議發明爲主。乃嚴擇衆解，并出素所契於理學諸儒者，參以己見，鎔會而爲此本。因憶幼讀夫子五十以學易語，未知劉元城以五十作卒，竟何所據，而朱晦翁據史記稱是時孔子年七十，直判五十字之誤。洵如年已七十矣，又安知非轉思無過於五十之年，以追學之所歷乎？而加我數年，則顯然過此以往，未之或知也之深意矣。夫易，窮理盡性，以至於命也，而夫子不自道五十而知天命乎？即五十以前，夫子何嘗不學易，或如仁者見之謂之仁，智者見之謂之智，以至命不無有間。至於五十，夫子通體是命，則通體是易，通體是易，則通體是學，了不作二見矣。要以神窮知化，非韋編三絕，而學之不厭，不及此，則志道者之於易，有終身焉云爾。若語夫褆躬涉世，洞機赴節，理無不備，然皆道之用，學之事也。故曰：『學莫實於易。』而學人務以道之見，實體易學之微而已。」

張雲章曰：「吴極，字元無，漢陽人，萬曆丙辰進士。」

方氏孔炤**周易時論**

十五卷。

〔校記〕

四庫存目作周易時論合編，廿二卷。（易，頁一七）

存。

孔炤自述曰：「少侍先廷尉之側，負牆而已。筮仕嘉州，鋭身解綬，救出一高孝廉，未免自喜。先廷尉示之曰：『謙之平稱，一言而可終身者也。』天啓甲子，以不覆魏良卿之伯，忤璫削籍，禍且不測，始自痛省，先廷尉教之曰：『而知三陳九卦之生於憂患乎？以世道言，後更有甚於此者。滅理以言天，諱善以夸道，人心之幾如此，邪風大行，能無亂①乎？』忽忽廬白鹿之墓三年，重讀祖父之書，述成時論，優游丘壑足矣。賊鋒②甚熾，江北爲墟，居鄉守禦，不能弢晦，而危楚之任，倏爾在肩。議勦穀城，失執政之指，以將屻致逮，琅當西庫者兩年。歸顔環中草堂，且天潰海竭③矣。此生憂患，便爲家常，奉北堂以守此山，終老墓側，筮得『潛龍』，自稱潛老夫。固其時也，衰病之餘，供薪舉火，合編往哲之語，以爲蓍龜。荒鄉僻處，兵燹書殘，遠借甚苦，是以此編未得卒業。惟有農夫幼光、右錞及從子建詒輩間過徑中，老夫何嘗一語人乎？暮年獨子萬里歸省，鑿坎自矢，不出環中，余書誡之，猶是九卦也。鹿湖潛老夫孔炤生萬曆辛卯，奄忽六十四卦之歲，且記此以付子孫云。」

徐芳曰：「先生諱孔炤，字潛夫，號仁植，桐城人。萬曆丙辰進士，除嘉定知州，移福寧，遷職方員外郎，擢尚寶司卿，以都御史巡撫湖廣，爲楊嗣昌所劾，議成，遭亂，歸隱山中，取環中易讀之，著成時論。曰：『此孤臣一縷心血所濡也。』及卒，門人私謚曰貞述先生。」

〔四庫總目〕

案：孔炤父大鎮，字君静。萬曆己丑進士，官大理寺少卿。著有易意四卷，載朱彝尊經義考。則易

① 「亂」，文淵閣四庫本誤作「辭」。

② 「鋒」，文淵閣四庫本作「風」，文津閣四庫本作「兵戈」。

③ 「天潰海竭」，文津閣四庫本作「齒危髮白」。

固其家學也。是編刊於順治庚子，前有李世洽序，經義考作十五卷，或朱彝尊所見之本無圖象及表歟？（卷八，頁二十四—二十五，周易時論合編二十三卷提要）

徐氏世淳**易就**

六卷。

存。

魏禧①曰：「公諱世淳，字中明，嘉興縣人。中萬曆戊午舉人，先任重慶推官，遷知隨州。獻賊攻州城一十三日，公以羸卒乘城，出奇兵殺賊，力竭絶援，身巷戰，攢刃斷脰以死，贈官太僕卿。」

陸嘉徵曰：「公與先子同舉於鄉，後死隨州之難。易就六卷，張吉士溥序之。」

汪氏邦柱**周易會通**

十二卷。

存。

繆昌期序略曰：「汪砥之穎悟絶倫，於易學尤長，初從吾遊，談業數載，至丙午遂捷矣。嘗與論易，迥不作猶人解。癸丑北征，出易解數帙質余，余甲乙之。迄今會通書成，網收百家，櫛比群議，俱本全

① 「魏禧」，文津閣四庫本誤作「魏喜」。

經。引伸觸類，而爻象必核其原，取象悉稽其實，蓋不徒爲舉業階梯，真可作聖經羽翼者矣。」

高佑釲曰：「汪邦柱，字砥之，長洲人。萬曆己未進士，官湖廣參議。」

葉氏憲祖**大易玉匙**

六卷。

存。

黄百家曰：「公字美度，號六桐，餘姚人。萬曆己未進士，仕至廣西按察使。」